学习高手说成长

动力篇

——十余名北大优秀学子讲述自己的成长故事、进步心法和学习方法

牛子希 陈 蕾 编著

北京工艺美术出版社

图书在版编目（CIP）数据

学习高手说成长．动力篇／牛子希，陈蕾编著．——
北京：北京工艺美术出版社，2024.1
ISBN 978-7-5140-2729-7

Ⅰ．①学… Ⅱ．①牛… ②陈… Ⅲ．①学习方法－青
少年读物 Ⅳ．① G791-49

中国国家版本馆 CIP 数据核字（2023）第 221521 号

出 版 人：夏中南　　策 划 人：杨玲艳　　装帧设计：启胜文化
责任编辑：周　晖　　责任印制：王　卓

法律顾问：北京恒理律师事务所　丁　玲　张馨瑜

学习高手说成长　动力篇
XUEXI GAOSHOU SHUO CHENGZHANG DONGLI PIAN

牛子希　陈蕾　编著

出　　版	北京工艺美术出版社	
发　　行	北京美联京工图书有限公司	
地　　址	北京市西城区北三环中路6号　京版大厦B座702室	
邮　　编	100120	
电　　话	（010）58572763（总编室）	
	（010）58572878（编辑室）	
	（010）64280045（发　行）	
传　　真	（010）64280045/58572763	
网　　址	www.gmcbs.cn	
经　　销	全国新华书店	
印　　刷	阳谷毕升印务有限公司	
开　　本	710 毫米×1000 毫米　1/16	
印　　张	36.75	
字　　数	270千字	
版　　次	2024年1月第1版	
印　　次	2024年1月第1次印刷	
印　　数	1～3000	
定　　价	168.00元（全三册）	

　　我从事家庭教育、青少年素质教育已经有近20年了，其间创办了引航者青少年夏、冬令营，在我们的夏、冬令营里一直保留一个大的特色，就是邀请北京大学等名校的优秀学子做孩子们的辅导员，全程陪伴孩子们学、住、行、游、玩。同时，我们会在有限的时间内尽可能多地邀请这些名校优秀学子来和孩子们分享自己的成长经历和学习方法。

　　而每一次每个优秀学子在分享他成长学习经历的时候，不光激励启发了孩子们，也让我一次又一次地被触动，在他们身上，我看到了太多的闪光点，和孩子们一样，发自内心地想"学霸就是学霸"。我记得总有孩子对我说："子希老师，我发现这些北大哥哥姐姐们学习都特别特别刻苦……"，"我以为学霸都是书呆子，现在发现他们不仅学习好，各方面都特别优秀，我想成为他们那样的人"，"子希老师，学霸的学习方法真的特别棒，一下让我茅塞

顿开"。这些优秀学子的榜样力量真的是非常强大……孩子们看向他们的眼神里那种对未来强烈渴望的光芒，深深触动了我，那一刻我觉得自己做的事情特别有价值和意义，这也让我萌生了将这些北大优秀学子的故事录制成音频课程和图书的念头，让更多的孩子能从这些榜样的身上获取力量，助力他们逐梦未来。

于是，从 2017 年 9 月开始，我给上千名学子做了访谈和调查问卷，初步筛选出百余名北大学子进行深入沟通。经过大量、深入、漫长的访谈、总结和分析，我从他们的成长经历是否有代表性；是从小学习就好，还是有什么原因激励了他们成功逆袭；学习的过程中是否有一些难忘的经历；他们的父母是否在他们的成长过程中对其有特殊帮助、影响；是否有自己独到、系统、高效的学习方法；除了学习是否还有其他的爱好和特长；大学学的是哪些专业，以及进入大学之后如何发展；甚至于来自哪座城市等众多的综合素质考量等方面，筛选出来 11 名具有代表性的北大优秀学子。他们每一个人都代表一种成长类型，他们可以说是学霸中的学霸，优秀者中的佼佼者。由他们亲口讲述，我们录制了 68 讲的《北大学霸说》音频课程，并编辑出版了本系列图书。

在这个过程中，我发现学霸们在智力水平方面，和绝大多数的孩子并没有什么差别。到底是什么原因，能让他

们考入北大，并成为佼佼者呢？

　　经过不断总结、分析，我从他们身上发掘出三大共同特点，这正是他们能成为佼佼者的主要原因，也是我现在经常和大家分享的主题讲座——成为学霸的三大秘诀。

　　第一，他们都是自主学习的高手，具有强大的自主学习能力。他们有着主动独立完成学习的能力与方法，不需要被催促，就能进行高效学习。是否拥有自主学习能力是存在优秀和普通差距的根本原因。

　　第二，他们都具备三个关键要素：一是他们都有清晰的目标，在大部分的孩子还处在懵懵懂懂的时候，他们已经清晰地知道自己想要什么，当前对他最重要的是什么，他应该做什么；二是他们会为了自己的目标主动寻找适合自己的实现目标的方法；三是更重要的一点，他们会为了这个目标持之以恒、坚持不懈地努力下去。

　　第三，他们都有支持和信任他们的智慧父母。他们和父母之间都能顺畅沟通，能够很好地向父母表达自己的想法和意愿，并能够得到父母的理解、支持和鼓励，同时自己也能理解并珍惜父母的良苦用心。这些造就了他们健康的心理和积极向上的"三观"，才会让他们不仅具有优秀的成绩，更具有优秀的综合素质和能力。

　　本系列图书，不仅会一一解锁以上三个共同点，另外在每个学霸身上又有着自己独有的特点，书中汇集的这11

名学霸，正是所有典型中的典型，这 11 名学霸集合起来也基本覆盖了所有学霸的类型。我们汇编整理了他们的故事，希望通过了解他们的故事、他们的成长经历、他们的学习方法，以及他们父母的做法，中小学读者朋友们能获得启发、激励，找到适合自己的学习方法，获得成长的力量！同时也让父母们能够反省己身，有所悟、有所得，可以更好地与孩子沟通，更好地为孩子做好引导，更好地理解和支持孩子，为孩子营造更好的家庭成长环境！

最后，在此特别感谢我多年的挚友、本书的另一个编者陈蕾老师，如果不是她的辛苦付出和坚持，可能大家就看不到这本书了；还要感谢北京大学的张智勇教授，是他的支持和鼓励让我一直坚持在做自己想做的事。最后感谢为这本书付出的所有朋友、伙伴和同事们，希望我们友谊长存，携手共创未来。

牛子希 2023.4 于北京

　　我们在深入总结、分析、研究、访谈千余名学霸后，发现他们之所以能够在学习上超越绝大多数人，取得成功，背后多多少少都有他们父母的一份功劳，父母在他们的成长道路上所起的作用，是绝对不容忽视，并应该引起足够重视的。从这些学霸父母的身上我们看到——

　　他们有的给予了孩子足够的信任，让孩子自己去主导自己的人生，作为父母只是坚定地站在孩子的背后做好辅助和陪伴，即便孩子走入低谷，仍然相信孩子能够自己走出来，不放弃，不求全责备，耐心地和孩子一起想办法，突破自我，寻求进步；

　　有的没有过多的说教，只是用自己的实际行动，给孩子树立了良好榜样，给予了孩子无穷力量和信念，成了孩子上进的最强动力；

　　有的帮助孩子从小养成了非常好的学习习惯，并让这种习惯根深蒂固，为孩子以后的学习生活打下了良好基础；

有的虽然在学霸们的讲述中并没有出现，但就从学霸表现出的端正积极的"三观"，以及强大的自主学习能力和多才多艺上便可看出，这类父母对于孩子的管教就胜在了"度"，一切把握得刚刚好，既给予了孩子足够的自由成长、探索思考空间，又很好地防止了孩子走弯路；……

我们从这些学霸父母身上看到的闪光点还有很多，不一而足。也正是因为如此，才能让学霸们的成长之路事半功倍，才能让学霸们除了学习，更有健康的身心。要知道，孩子的成长从来都不只是孩子自己的事。

所以我们在汇编整理本书时，特别加了"编者给父母的话"这部分，希望把从学霸讲述中提炼出来的其父母们的智慧理念与明智做法更清晰地分享给大家，并简单地加以解读，也给予父母们更丰富的信息，希望能够让本系列图书不仅带给孩子们成长进步的力量和方法，同时也让父母们及时反思、自省，开阔眼界，提升自己的理念认知，完善自己的亲子沟通与教育方法，不再说"孩子应该怎样怎样"的。在孩子的成长道路上，父母的作用尤为重要，既不能过度干涉，也不能放任自流；既不能缺席，更不能代劳。作为父母，我们应该不断学习接收正确的观念，找准自己的定位，努力成为孩子翱翔天际时，承托其翅膀助其飞翔的风！

——陈蕾

目录 CONTENTS

1 兴趣赋予学习行为强大的生命力

——从各学科里找到学习的兴趣

李顺吾
——北京大学地球与空间科学专业本科

为你讲述

如何养成正确的学习态度

如何点燃对学习的兴趣

如何把学习变成乐趣

学习是一件值得充满热情的事。

希望大家能够热爱学习，仅仅是热爱学习本身。

人一生要学的东西很多，每学会一样，都是值得欢欣鼓舞的。

我希望每个人能为自己而学，为想学而学，我也相信人们天生好学。

我是李顺吾，来自北京，北京大学地球与空间科学专业。凭心而论我绝对算不上天才，高中之前，我一直都只是按部就班跟着班上的进度走，成绩也就是中等水平。那时候我觉得科目都很简单，所有科目都是听课、做作业、复习、预习一下就过了，感觉并没有遇到什么阻碍，成绩也并不拔尖，也就中等。对待学习我鲜少有自己的规划，都是应付了事，感觉学得不错就没有下更多功夫。而又因为这些并不费劲我也不觉得痛苦，所以时间就在这样平淡无奇中过去了。

　　那么后来的我为何又能够轻松学习，并能发展自己的兴趣爱好，不仅成绩始终名列前茅，而且还能把自己的课余生活过得丰富多彩，并如愿考入北京大学的呢？下面我将和你一一分享我的成长故事，以及在这个成长过程中的感悟和方法。

第一篇

只有兴趣激发而出的学习行为才具有强大的生命力

现在想想，高中之前的我之所以成绩平平，根源就在于：我没有找到学习的兴趣，对学习缺乏热情，只是把学习当成了完成任务。直到后来，我找到了学习的兴趣，发自内心地喜欢上学习，学习也就变得更轻松、更主动、更得心应手。

我喜欢物理，会去主动看大学的物理课本，找偏题难题和老师比赛谁更快找到好解法；我喜欢化学，一道实验题我会尝试找出不同的实验方法；我喜欢生物，我还记得我第一次学 DNA 复制的时候刨根问底，与同学们一起和老师讨论得热火朝天；我还很喜欢数学，会参加自招的培训，错题本上也收集了各种的解法，觉得数学的解题过程是非常有趣和富有挑战性的。找到学习兴趣之后，我的学习热情空前高涨，成绩排名基本保持在年级前十，即使有些科目偶尔考得发挥失常，也仍会稳定在这样的名次上。慢慢地，这让我明白了积累的重要性，它让你有足够的容错能力，也因此让我的心态更加平稳和自信，学习也就变得更加有条不紊、循序渐进，我想这也就是我们说的学习中的正向循环。

学习需要动力，学习动力直接支配了我们的学习行为，决定了我们是否想要学习、学什么、学习的努力程度。学习动力可分为内部动力和外部动力。比如来自高考的压力、家长或者老师规定的任务、自己的某个目标等，这些都是外部动力。

外部动力不可忽视，有时候更会给予我们强大的学习力量。但是外部动力却不能持久，只要这些产生外部动力的因素一旦完成或者失败，就会导致动力的消失，失去了支配我们学习的力量。拿我身边一些同学的实际经历来看，他们在高中，数学成绩非常好，甚至拿了些竞赛奖项，但他们只是将高中阶段的学习和竞赛当成了任务，在这个任务的驱使下，去努力地学习数学以此完成任务。来到北大后，他们再也不必完成这个任务，就失去了鞭策和动力，甚至于因为之前的任务高压产生了厌烦，没有了高压就再也不想学数学了。仅仅一个学期，数学成绩就跌落谷底，高数考试都无法及格。所以外部动力对于学习是有一定作用的，但这种作用无法触及根本，更无法持久。

而内部动力，它是发自我们内心而产生的，比如学习兴趣。有了学习兴趣，在学习的时候就会发自内心地感到快乐，快乐的事情是让所有人都愿意并喜欢去做的，学习也不例外。伟大的科学家爱因斯坦说过："兴趣是最好的老师。"这就是说一个人一旦对某事物有了浓厚的兴趣，就会主动去求知、去探索、去实践，并在求知、探索、实践中产生愉快的情绪和体验。这种主动的意识，就像是赋予了学习生命力，它会源源不断地给予我们学习的动力。而快乐的学习达到了某种成就后，我们便会产生成就感和幸福感，从而让我们对学习产生更大的兴趣，这是一个良性循环的过程。其实，古今中外，凡有成就者无不对自己所从事的事业有着浓厚的兴趣，兴趣推动着他们孜孜不倦地追求而取得成功。比如科学家丁肇中用 6 年时间读完了别人 10 年的课程，最终成为著名的物理学家。

很多人怀疑学习无用或者学到的东西以后用不到，他们可能会迫于考试压力或者老师的要求等原因被动地去学习，去接受这类知识，但因为自身意识里不认可，对此就产生不了兴趣，那他们可能就很难对更多知识或者更多思考产生动力，这也许是很多人成绩无法优异的重要原因之一。

所以，学习兴趣才是学习最大的动力，赋予了学习强大的生命力。有了学习兴趣，我们才具有学习的热情，才会自觉主动地去学习。

其实，古今中外，凡有成就者无不对自己所从事的事业有着浓厚的兴趣，兴趣推动着他们孜孜不倦地追求而取得成功。比如科学家丁肇中用 6 年时间读完了别人 10 年的课程，最后终于发现了"J 粒子"，是第一位获得诺贝尔奖的华人。记者问他："你如此刻苦读书，不觉得很苦很累吗？"他回答："不，一点儿也不，没有任何人强迫我这样做，正相反，我觉得很快活。因为有兴趣，我急于要探索物质世界的奥秘，比如搞物理实验，因为有兴趣，我可以两天两夜，甚至三天三夜待在实验室里，守在仪器旁，我急切地希望发现我要探索的东西。"

所以说，我们只有对学习感兴趣，才能把心理活动指向和集中在学习的对象上，使感知觉活跃，注意力集中，观察细致，记忆持久而准确，使我们的思维敏锐而丰富，激发和强化学习的内在动力，从而调动学习的积极性。

那么兴趣要如何培养呢？兴趣的养成和家庭教育、教师的教学、周围环境的影响、学习者有意识地自我培养都是有关的，这里我想和大家重点分享的是学习者有意识地自我培养。

在讨论如何养成学习兴趣前我们需要清楚什么是学习兴趣。从教育心理学的角度来说，学习兴趣是一个人倾向于认识、研究获得某种知识的心理特征，是可以推动人们求知的一种内在力量。学生对某一学科有兴趣，就会持续地专心致志地钻研它，从而提高学习效果。

学习兴趣大体上可以分为直接学习兴趣与间接学习兴趣两种。

直接学习兴趣是由所学材料或学习活动——学习过程本身直接引起的；间接学习兴趣是由学习活动的结果引起的，具有明显的自觉性。二者常常是融合在一起的，或有主次，或难分主次。

当一个人意识到学习活动产生的结果，也就是学习的社会意义与自己发生关系时，间接学习兴趣就随之产生。例如，为了集体的利益，意识到学习的目的或任务，因而支配自己去坚持学习。或者为了得到父母、教师的赞赏，同学、朋友的尊重，在考试中得到好分数，在竞赛中取得胜利等，这些都能引发间接的学习兴趣。间接的学习兴趣虽然能对学习产生一定的促进作用，但这种促进作用是有限的，并且极易受外界因素的干扰和影响。

从上面的分析中我们可以直观地看到，对学习的直接兴趣是提高学习质量最有利的因素。

直接学习兴趣的养成是循序渐进逐步推移直到成为日常习惯。在这里给大家分享几个培养学习兴趣的方法。

1. 积极期望

积极期望就是从改善学习者自身的心理状态入手，对自己不喜欢的学科充满信心，相信该学科是非常有趣的，自己一定会对这门学科产生信心。这种心理暗示的"兴趣"会推动我们认真学习该学科，从而导致对此学科真正感兴趣。

比如一个学生对学习地理毫无兴趣，怀着一种百无聊赖的心情等待下课铃声，为了培养对地理的兴趣，他做了这样的练习，就是在心里反复大声说："我喜欢你，地理！"几遍下来他觉得对地理似乎也不怎么排斥了。第二天他还去图书馆借了一本有关地理的书，回家后，高高兴兴地读了起来，再上地理课时也开始听老师讲解了，再联系到他看的有关地理书上的有趣知识点，他觉得地理也还是有些意思的。经过一段时间后，他真的喜欢上了地理，总是急不可待地盼着上地理课。

2. 从可以达到的小目标开始

培养学习兴趣。在学习之初，确立一些小的学习目标，学习目标不可以定得太高，应从努力可以达到的目标开始。不断地进步会提高学习的信心。不要期望在短期内将成绩提高上去，有的同学往往努力学习一两周，结果发现成绩提高不大，就失去信心，从而厌恶学习。我们需要持之以恒地努力，一个一个小目标地实现。通过不断实现小目标来获得学习的成就感，感受学习的快乐，从而帮助我们逐步爱上学习，培养出学习的兴趣。

3. 了解学习目的，间接建立学习兴趣

学习目的，是指某学科的学习结果是什么，为什么要学习该学科。当学习该学科没有太强的吸引力时，对这一学科最终目标的了解是很重要的。学习过程多半是要经过长期艰苦努力的，这种艰巨性往往让人望而却步。如何能够对这门学科产生兴趣，克服学习过程的艰巨性，持之以恒，勇往直前，就需要我们认真了解每门学科的学习目的。比如可以看书上的序言部分，或者听老师讲解介绍学科发展的趋势，或从国家、社会的发展前景的高度去看待各门学科。例如，记外语单词和语法规则，

常常是枯燥无味的。但记住以后，会给听、说、读、写、译等技能的培养带来很大的帮助，而且考试中也会得高分。如果我们对学习的个人意义及社会意义有较深刻的理解，就会对这科的学习产生浓厚的兴趣，从而去认真学习这门学科。

4. 培养自我成功感，以培养直接的学习兴趣

在学习的过程中每取得一个小的成功，就进行自我奖赏，达到什么目标，就给自己什么样的奖励。有小进步，实现小目标则小奖励，如让自己去玩一次想玩的东西；有中进步、实现中目标则中奖励，如买一本自己喜欢的书画或乐器等；有大进步、实现大目标则大奖励，如周末旅游等。这样通过渐次奖励来巩固自己的行为，有助于产生自我成功感，不知不觉就会建立起直接兴趣。

5. 把原有的其他兴趣转移到学习上来，以培养新的学习兴趣

我们每个人在年少时期都有自己特别感兴趣的事，如爱玩汽车玩具、爱搭积木等。到了高年级后，就应当去发现、了解与爱好有关的知识，比如怎么样当个好驾驶员？汽车是如何发动的？汽车的构造原理是什么？我所学的知识中哪些和它们有关？这样就把对学习的兴趣在原有的基础上发展起来。爱因斯坦中学时只对物理感兴趣，不喜欢数

学，后来他在向纵深研究物理时发现数学是其基础，便又产生了对数学的兴趣。又如你对语文基础知识的学习不感兴趣，而对写作非常感兴趣。这样你可以通过写作练习，体会出语文基础知识的学习对写作的重要意义，从而增强对语文基础知识学习的积极性。通过这种对原有兴趣的纵深思考和探索，不断培养新的学习兴趣，最终实现对全学科的学习都感兴趣。

6. 在解决实际问题的过程中，确立稳定的兴趣

用学得的知识解决实际问题，一是能巩固知识，二是能修正知识，三是能带来自我成功的喜悦情绪。这种喜悦情绪正是稳定持久的兴趣所必需的。

其实我们平时做题就应该是这个思路。很多同学会因为题目做错了而感到沮丧或者产生挫败感，从而丧失自信心；而我却觉得从另外一个角度看也许会更有启发性。比如，当我们每次有错题的时候，我们就把这个错题当作一个需要解决的实际问题。这当然绝不是一个不可能完成的困难任务，我们可以通过阅读答案重新思索或者与同学老师沟通得到解决问题的方法。解决了这个错题之后呢？我们不应该停留于此，而应该更进一步思索当时为什么做错，是哪个环节出了问题，或者更进一步，想有没有别的更好的解法？这个问题考察的知识点都是

哪些？不同的角度有什么区别又有什么本质上的联系？这样一来我们的知识不但得以巩固和加强、引申，并且我们这种思考的深度所带来的喜悦也不是仅仅改正一道题就可以概括的。这种正面的情绪会一步步激励我们确立稳定的学习兴趣。

7. 保持兴趣的最容易的方法是不断地提问题

当你为回答或解答一个问题而去读书时，你的学习就带有目的性，就有了兴趣。准备一些问题是很容易的，仅仅把每节的标题变成问题就可以了。比如学习阿基米德定律的时候，你可以问：阿基米德定律的内容是什么？它是怎么被发现的，又怎么样证明它的结论是对的呢？它的公式是什么？使用它应该注意什么问题？我能否有其他的办法推导出来呢？为了回答这些问题，一开始你强迫自己详细看下去，但是，一旦你真正地往下看，一步步地去探索你就会被吸引住。

8. 想象学习成功后的情景，激发学习兴趣

当我们满腔热情地去做任何一件事前，一般都会对它的结果有预期的想象，这种成功的情景预想，会让你更有动力去坚持做这件事情。例如你想象某个电影非常好看才促使你去看，如果事先想象这个电影不好看，那么也就不想去了；厨师想象自己做出来的佳肴是如何美味，继而才

能朝着这个预想去辛苦劳作；作曲家想象自己作出的曲子会如何优美，从而激发他的创作热情。你也可以想象你的考试成绩如何优秀，会得到老师、家长的何种赞扬，得到同学们的羡慕等，或者考出什么成绩，顺利进入什么大学，过何种大学生活，开启何种人生，从而不断向着这个预想去奋斗。这些预想也可以称为梦想，是具有鲜活场景的更具象更近的梦想。

古往今来作出伟大贡献的人鲜少是真正的天才，哪怕是爱因斯坦，也不是因为天分凭空就臆想出了相对论。我们大部分人也并不具备学习的天赋，都需要付出艰辛和持之以恒的努力。在这个努力过程中如何坚持、如何提高效率，才是决定成绩好坏的关键，而学习兴趣便是这一关键的决定因素。有了学习兴趣，才能赋予学习强大的生命力和给我们源源不断的学习动力，才能让我们去坚持、去高效地学习。幸运的是，学习的兴趣并不是天生的，完全可以后期培养，培养的办法上面已一一列举。接下来，我就将结合各个学科的特点和我的一些经历与体会和大家详细说说各学科的学习兴趣如何培养。

第二篇

发现物理学习的兴趣

许多同学在还未接触到物理这门课的时候，就听说物理不容易学好，这对刚刚接触这门课的中学生来说无疑是一种无形的压力。其实如果对物理产生了兴趣，这门学科并不难学，而且还非常实用和有意思。

从我初中开始接触物理以来，物理就是我最感兴趣的科目，这也是大学我选择了空间物理这个专业的原因所在。

首先，努力领会每个物理实验背后的物理本质，能让我们更深刻地感受到物理的美好。物理的一大特点是，实验检验在帮助我们直观理解物理问题时发挥了重要作用。以后同学们如果还要学习物理学的话，实验课也是必不可少的。我建议大家不要把实验课看作一种游戏，而要努力领会每个实验背后的物理本质。这样做的话，我们才能逐渐了解到，物理是我们用来分析问题的手段。物理实验能够很形象地验证物理原理与本质，通过不断地分析与论证，我们也可以不断地领悟世界运转的内在规律与法则，甚至运用它们，这样的感受是非常美好的，也是物理学的特色。

其次，积极对物理问题寻求所有可能解法，会有效加深我们对物理问题的理解，也能进一步激发学习物理的兴趣。不但如此，物理学作为理科的一部分，有着理科学习的一个特征，就是有很多的多解问题。当我们可以不把单纯做出一道题作为全部要求，而是更深一步讨论一个问题的所有可能解法的时候，会有效加深我们对物理问题的理解，也能进一步激发学习物理的兴趣。比如，有些题不仅可从能量守恒方面入手，也可从动量守恒方面解答出结果；而有些题不仅可从力学方面入手，也可从电学方面解答。一题多解是开拓大家思维、优化解题方法、理解并巩固知识点的有效措施。特别是在掌握了一题多解之后，应用所学知识的能力得以充分展现，对大家来说更是一种鼓励，成就感油然而生，便会激发兴趣。

再次，去发现物理学的美感是很重要的。

物理学的美主要体现在以下几点。

1.物理学内容体现的形式美，即物理结构和运动形式上的对称美，物理理论体系的简洁和谐美。对称美：例如，物体在竖直上抛运动时上升和下降的时空对称；点电荷周围电场分布的球面对称；正电和负电、电场和磁场、粒子和反粒子等各种自然界的客观存在，处处向人们展示着物理学的对称美。物理世界的美不仅体现在对称上，更是形式的和谐统一，处处闪耀着科学思想的光芒。牛顿创立了经典力学体系，被后人誉为人类科学殿堂中一座"雄伟的建筑"；爱因斯坦的相对论则被许多科学家赞为"本质上是美学的、直观的……是人类伟大的艺术品"；麦克斯韦的电磁理论统一了电现象、磁现象和光现象，而它的结果正是法拉第的力线思想给未知的电磁场描绘出了一幅直观的图像，麦克斯韦在其导师的启发下，以他惊人的数学才能、严密的逻辑推理，给形象的场的概念以数学方程的表示建立了"自然界最完美的方程"——电磁理论方程。接着赫兹以他高超的实验技能证明了电磁波的存在，实现了理论和事实的完美统一。

2. 物理科学研究方法美，即研究方法体现了形象和抽象、感性和理性的辩证统一，是符合人们的审美要求的。

3. 物理学发展的趋势美。物理学的发展是个求真、求美、求和谐的过程。对于物理学的美感整体把握十分重要。想象一下溪流汇入大海是怎样一种情形，物理学所做的也正如此。我们从最基础的物体运动特征出发，引入力、势、能的概念，再引入场，再一步步建立起它们之间的关系。物理学的框架富于逻辑，相对完整，沉浸其中进行思考可以给人很大的满足感。而领会到这种满足感必然能激发对物理的学习兴趣。

最后，我也推荐大家读一读物理史。

学习物理史，不但让我们学习了前人是如何思考问题、提出假设、用实验论证的，更可以激发我们的兴趣，去思考属于自己的问题。

古希腊学者亚里士多德早在两千多年前就提出"力是维持物体运动的原因"。他认为有力作用在物体上，物体才能运动，没有力的作用，物体就要停下来。他的说法跟人们的某些日常生活经验相符合。所以，他的观点在人类的历史上统治了将近两千年。直到三百多年前，人们才对这一观点是否正确提出疑问，并由伽利略、笛卡尔和牛顿等人对力和运动的关系提出了科学的论断。再比如，如果我们知道在爱因斯坦相对论提出之前，有关以太说的猜想和洛伦兹总结的洛伦兹变换，我们就不难发现，相对论的提出绝非爱因斯坦一个人的天才之举，在他之前早就已经呼之欲出，被很多物理学家所推动着。同时，物理史中很多人物也可以给我们做榜样。比如，开普勒创立行星运动三定律的时候借鉴的是物理学家第谷的数据。而第谷做天文观察，数十年如一日并且数据精度十分出色。没有这些科学家的贡献也就没有了我们如今物理学的发展。物理学发展史是一幅理论与实验交叉、失败与成功并存、逻辑与非逻辑并用的丰富多彩的画面。物理学家的生平事迹、高尚情操，物理思想与方法的演变，都可以调动大家的情绪，唤起大家强烈的好奇心和奋发向上的激情，引起浓厚的兴趣和积极的思考。

物理是我的专业，对物理我也有自己深刻的体会。这里我也为大家介绍一下我学习物理的经验。

我认为正确深刻地认识物理的本质、规律及意义是对它产生兴趣的根本。物理最吸引我的地方是它无比纯粹，它完全依赖于逻辑，从一个现象到一个推论，再到一个定理和它的证明、它的应用、它的变形。我往往着眼于最基础的定理和证明，体会物理学变化的过程。对这个过程的痴迷实实在在地吸引我去学习，学习它让我感到我在运用我自己的理性来理解世界，这种愉悦感是无法比拟的。说到底，我们就是对这种自己操控的成就感上瘾。比如，太宰治说："学生乃心之王者"，就因为在这个年龄段的我们，思维纯粹、活跃、适合思考，适合奠定人生的基石。

　　我发现，很多人即使在大学，学物理还是走的类比的路子，也就是说，知道了一个定理，做过一些题目，看出一些规律，剩下的就用类比法把相似的情况进行代入。这在我看来实在算不上学习，也根本不可能喜欢上物理。以这样的态度也基本没可能学竞赛或者考自招。物理自招考的很多是大学的物理问题，如果在高中按照这个方法浅尝辄止，那么恐怕费时费力也得不到效果。回过头来，即使大学的物理问题出在高中，那就意味着这个题用高中理论可解，所以用类比法学习物理可以说是后患无穷。

　　我个人的话，学习物理极为偏爱定理证明。我非常享受一步步把定理，从已知条件和假设，逐步推导到结论的过程。首先我们要明白，整个证明的最终目的是什么，要得到什么；再思考为了得到这个目的，应该要得到什么次级结论。这样一来，整个步骤就成了一个逻辑划分的过程。一个大命题按照逻辑肢解，小命题继续肢解直到利用简单推导可得，这个过程纯粹扎根于理性，仅仅贪婪地依赖着我们的分析。这个过程我觉得是极美的也是极有意思的。推敲定理证明，不但让我们意识到物理学内在的逻辑，也能让我们对每个定理所成立的前提条件的理解极为透彻从而规避很多陷阱，同时我们能清楚地认识到什么时候用这个定理，为什么能用，需要注意什么，用了有什么好处，可以得到什么结果。我觉得这才是学习物理的正确态度：一切以逻辑为准，一切以理性为准。比如我在学习流体力学的时候，发现很多张量有着对称或者反对称的性质，而这种对称性包含着什么物理含义呢？以后我们会接触更多复杂且抽象的物理公式和结论，如果没有这种对待最基础的问题的分析能力和好奇心，我们很容易就会落入为了推导而推导的陷阱之中，从而丧失对物理图像的把握。所以，我建议大家在还有机会的时候，一定要端正态度，像很多人一样，一步步把每个问题拆成逻辑链，明白每个逻辑块之间的关系和它们内在的关系，这是对物理感兴趣的重中之重。

以上就是我认为物理学能激发人们兴趣的关键点，一些物理学的内在美感和逻辑，并且向大家推荐了我学习物理的一种方法。我个人觉得这种方法使我受益匪浅，也能支持着我继续热爱物理，因此很希望大家试试看。

第三篇

发现生物学习的兴趣

上一篇我和大家分享如何发现和培养学习物理的兴趣,这一篇我再和大家聊一聊生物学习的兴趣培养。

首先,把课堂上学到的生物知识拿到生活中去加以体验,成功的喜悦能够大大提升我们的生物学习兴趣。

生物是一门实用性极强的基础学科,它与我们的日常生活实际联系特别紧密。如合理膳食,食物的营养成分,健康地生活,利用微生物制作泡菜和酸奶等,这些知识,老师在课堂上进行理论上的讲解当然是十分必要的,不过那只能算是纸上谈兵。如果我们把课堂上学到的知识拿到生活中去加以体验的话,就能够感受到成功的喜悦,对生物学科的学习兴趣一定会大大提高。比如,在讲解微生物的用途以后，课后自己制作泡菜和酸奶，通过这些活动，我们也能更清楚地认识到生物知识的重要性，就能够培养生物学习兴趣。同时，与生物相关的很多现实问题也值得我们关心。比如结合目前世界上面临的几大社会问题——环境、能源、粮食及人口问题与生物学的密切关系，了解生物学与我们的生活息息相关，从沙尘暴到水体的富营养化，从克隆羊到转基因生物，从关心周围的生物开始到产生关注生物学的兴趣。我的高中老师常常结合课本上列举的生物科学新技术的应用和发展对现实生活的影响的例子来激发我们的学习兴趣，比如人类基因组计划，让我们了解此项计划的重要意义——揭开人类自身生、老、病、死的奥秘。了解生物科学的最新热点、焦点和进展，感知生物科学发展的突飞猛进，促使我们带着兴趣投入学习中去。

其次，生物学习可以使我们在无数的未知之中找到探究的途径，了解生物学独有的魅力，也有利于培养生物学习的兴趣。

如果将生物学习看作是死记硬背自然无法使我们产生兴趣，相反，生物的有意思之处在于我们可以分析平常很难直接观察的事物。不像物理学，我们有着参考点的想象，而生物知识中包括了很多关于细胞哇、遗传哪或者生态系统这些离我们的日常视线更远的东西。我的高中老师会常常放纪录片给我们看，比如在讲细胞的时候，会有生动的动画描绘每一部分在履行着什么职责。这在当时极大地提高了我的兴趣。通过学习生物，我们可以在脑海中描绘出无比细微的生物运动的模样，并且知晓它们的生命规律。在学习生物以前，我们对自己的器官如何运作、我们如何成为现在的模样这类问题毫无头绪，而通过学习我们可以在无数的未知之中找到探究的途径，这便是生物独有的魅力。我们可以时常看一些纪录片，或者查阅一些最新的生物学进展资料，这都有助于培养我们的学习兴趣。同时，我们也可以把生物想象成一种解题游戏。生物出题，无非是在我们已知的基础上提出新的问题，换一个新的形式。学习利用已有的知识解决新情景下的问题也是十分必要的。比如，遗传问题就是数学中简单的概率问题等。这样学起生物会更加得心应手，也会更感兴趣。

再次，认真对待生物实验，观摩生物学领域的神奇，也有助于激发生物学习的兴趣。

生物学是以实验为基础的科学。实验能培养学生的观察能力、思维分析能力、创新能力，能激发学生的学习兴趣，许多学生正是因为爱实验才爱生物学的。实验除了真实、直观、形象、生动，还是一个目的性十分明确的操作活动。它对我们认识和理解生物学概念起着其他任何教学方法均无法替代的作用。当我们可以亲自动手进行实验操作，不仅满足了操作愿望，更重要的是，在操作过程中动手动脑，克服种种困难获得成功之后，因实验成功的喜悦而产生的学习兴趣和愿望能够转化为一种热爱科学的素质和志向，从而刺激我们进行更深入的探求。

例如，在讲血液凝固的原因的时候，补充下列实验：用粗糙的竹条不断搅动刚刚从动物体内流出的新鲜血液，竹条就会缠上许多丝状物，其上粘有一些红色物质，是红细胞。洗去红细胞，丝状物呈现白色，这就是纤维蛋白，余下的血液不再凝固。当时我们一定感到很新奇，并想弄清是怎么一回事，教师就讲述了血液凝固的原因，并就此讲清血浆和血清的区别。特别要说明血浆中有一种纤维蛋白原，它是小分子蛋白质，在血小板释放的某种物质的作用下，能转化为纤维蛋白。做上述实验的同时，启发了我们思考原因，并产生浓厚的兴趣，对于血红蛋白的特性今后再也不会忘记，判断动脉血和静脉血的标准也不会搞糊涂了。

生物这个学科的特点与我们的生活联系紧密，比如遗传学等，天然地能激发我们的求知欲，并且促使我们进一步思考。学习生物的时候不能忽视这一点，很多时候是我们对未知的憧憬刺激着我们静下心来去感受它，所以我建议大家多提问题也多关注现实生活中的生物学问题。

生物学也需要我们的分析。相比较物理数学对逻辑水平的考察，生物学不用大段的推导，它需要我们把握最基本的规则，并灵活地应用，比如有机化学，或者生物的遗传学。重点是在变中发现不变，这种感觉令人兴奋。作为理科生，我相信，能用自己的推理而得到答案的快感应该是令人难忘的。遇到这种问题的时候，及时归纳，找到逻辑也非常重要。

生物学的实验可以更为直接地引申我们的思考，希望大家对待实验不要仅仅是像游戏一样，对实验中每个可能的问题加以思考，是每一个优秀的科研工作者都需要具备的品质。具体例子实在数不胜数，我想大家应该都能明白它的重要性。

遵循这些办法和思路，你尝试一下可能就会发现，生物学真的是一门很神奇、很有趣的科学，对它的学习兴趣也会自然而然地产生。

第四篇

发现语文学习的兴趣

语文与我们的生活是天然联系在一起的，它是反映生活，又反过来服务于生活的一种工具。语文学科的意义绝不仅仅在于教给我们某种知识和技能，更是通过一篇篇凝聚作家灵感、激情、思想和情感的文字，潜移默化地影响我们的情感、情趣、情操，影响我们对世界的感受、思考和表达方式，最终沉淀构建了我们的人生观、价值观。

我记得高中的时候老师给我们讲鲁迅，"两间余一卒，荷戟独彷徨"的鲁迅，他的文章中的隐喻、构造、渗透的绝望和耀眼的希望底色无一不深深震撼我们的心灵，使我们感慨文字力量的强大。鲁迅在我们眼里不但是个受尊敬的文学家，更像是一个可感可知的天才，读他的作品越多，就会让我们对这位伟大作家的认知、解读和喜爱越来越丰满，而我们对他的喜爱也促使我们学习更多他的文章，体会他的感情。语文课本中选用的文章都是文学巨匠的经典代表作，代表了他们所处时代文学的最高造诣，除了他们作品中体现的语言和文字表达技能，他们文字承载的情感和思想也悄悄感染着我们的情感，改变着我们的认知。比如屈原、苏轼，我们都会学，难道他们就只是书上标注的那几句话就可以概括的吗？文字升华了我们的种族，而语文带领我们领略这种古老艺术形式的精华，这个过程是很振奋人心的。所以，培养语文学习的兴趣，要从热爱阅读开始。那么如何从阅读中培养语文学习的兴趣呢？

首先，语文学习最重要的是积累。

语文是一门工具学科，又是一门基础学科，也是最有活力最深奥的一门学科。对语文学习感兴趣，就为你的语文学习奠定了坚实的基础。两千年前孔子就曾说过"知之者不如好之者，好之者不如乐之者"。这句话正说明了"好""乐"对于一个人对某种事物的追求，可以说是精神支柱。如果大家现在暂时对语文不感兴趣，没关系，你可以从"0"开始培养兴趣。可以去背诵、抄录一些精彩的片段、富有哲理的名人名言，以及课外知识。这样慢慢积累，在某一天，你会突然发现自己看问题越来越透彻，表达自己的想法和观点越来越轻松准确时，也就意识到了语文的魅力，对其产生学习兴趣也就是自然而然的事。

其次，多参加一些关于阅读方面的活动，比如演讲、征文等。爱因斯坦说："在学校里和生活中，工作的最重要的动机是工作中的乐趣，是工作获得结果时的乐趣，以及对这种结果社会价值的认识。"比如初中时晨读诗歌，比赛诵读，还会把课文改编成剧本创立剧组互相讨论。高中的时候，高中语文老师在讲卡夫卡的时候，专门讲了不在课本中的卡夫卡的思想。此外，你可以参加社交活动，如果赢了，当然会使我们斗志高昂，兴趣更浓烈；如果失败了，可以自我检讨和反省，是哪里做得不好，问题出在哪里，有何缺陷……之后，我们才会去弥补，才会做得更好。这些经历和活动都有助于提高我们对语文学习的兴趣。

再次，在语文学习中，阅读是极为基础和重要的一环。

我小的时候就喜欢看各种书。我倒是觉得没有必要必须看定义上的好书，比如侦探小说并不一定就比散文缺乏美感，故事书不一定就比科普书缺乏知识性……阅读的过程就是不断地进入一个又一个文字漩涡之中的过程。语言是表达艺术，而我们所学的语文正是研究这种语言艺术的学科，也充满了艺术魅力。比如电影《妖猫传》里的一句"云想衣裳花想容"引起了诸多共鸣，正是对这一点的很好证明。在我看来，文学作品的叙述美感不但是修辞和情节设置，有时候作者的笔触带有独特的温度和气氛，有时甚至是不张扬的压迫感，而领悟到作者这些细微又宝贵的情感正是学习语文的有趣之处。

此外，语文这种语言艺术所要表达的内容也正是一直被人们所探讨的诸多命题，包括自由、人在世界中的地位、情感等。对语文的热情实际上也是对这些命题的热情，而这些命题探讨的就是我们的生活本身。所以我想在培养对语文的热情之前，我们也要先关注生活本身。被纷繁复杂的生活本身吸引，又会引领我们对文学的关注。它在不停地告诫我们停止对生活保持司空见惯的态度，而要怀着敏感的心对待与审视一切，这也许就是所谓的感受力与同理心。拥有它们，就会接触到新奇的人生体验，并以此为根据创造我们自己的生活。这其中的趣味才是语文真正的美妙之处。

关于语文学习的写作部分，也是很容易让人上瘾的。

我想对于写作的热情就是表达自我的热情吧。我觉得时常记录生活是个很好的做法。记录生活不单单是积累写作的素材，更是在不断鞭策我们在每一天中留意到一些什么、记住一些什么，保持对每一天的新鲜感。写作是很容易上瘾的，因为写作的过程本身就是对自己发问并试图回答的过程。刚开始写作，肯定会有词不达意或者没有灵感写不出成品的感觉，每天随身带支笔和小本，随时记录，然后在一天结束之前逐一整理和总结，慢慢地写作能力就会提高，不要急于求成，每件事都有这么一个循序渐进的过程。写作的过程会帮助你成熟心智，同时也可以锻炼你独立思考的能力。而且写作是一种输出，输出的前提是获取，获取知识信息的过程会让自己更加充盈。

语文学习的背诵部分，背诵的都是精华，也是一件十分值得感兴趣的事情。 对于语文学习中的背诵很多人会觉得枯燥，那是因为他们没有真正理解背诵内容的思想和含义。我背诵语文时，经常会想道：我现在背的这些，古往今来多少学子也曾背过，并且以此为基础，丰满了自己的知识和涵养，找到了自己的生存方式，这种微妙的感觉会让我对那些诗词更加有感情，也更加崇敬。语文作为文化的载体，衔接着我们的过去与现在，通过这座桥梁我们有机会一窥作者写作当时的情怀与风骨，甚至当时社会的风土人情，想到这一点，需要背诵的这一个个文字顿时鲜活而充满了生命力，这在我看来也是一件十分值得感兴趣的事情。

最后，关于语文学习需要重点强调的一点，语文学习绝不能仅仅局限于课本，语文课本和语文老师的教导只能作为一个引导者存在，在这个引导之下，我们必须尽可能大地扩充自己的阅读量与知识储备，包括眼界，如此才能真正赢得语文高分。

第五篇

发现英语学习的兴趣

前段时间我刚考完了 GRE 和托福，对于培养英语学习兴趣的体会还比较火热。英语作为一门外语学科，似乎和我们的日常生活距离最为遥远。如果不是考试的需要必须上英语课学英语，我们日常生活中好像基本都用不到。因而对于很多同学来说，英语也成了最难培养学习兴趣、最难学的科目。那么我们应当如何培养英语的学习兴趣呢？

首先，从自己喜欢的各类素材的英文版本入手，先熟悉后喜爱。

从我初中开始，学校老师就开始给我们订阅英文杂志和小说，很多时候甚至成了上课的素材。我从中得到的经验是，找到你喜欢的，不管是音乐、电影、小说等各种素材的英文版本，选择简化版的，大量浏览，不用深入理解，首先拉进英语与我们的距离，把陌生变熟悉。因为素材本身就是自己喜欢的，感兴趣的，所以他们的英文版也更能让我们接受。一开始入门可能会感觉看不懂、听不懂，这都没有关系，我们的目的就是为了先熟悉，只要拿出自己的全部热情，坚持几天，大量浏览，不用深入理解，不用去纠结每句话的准确释义，就是单纯地积累阅读量，因为是自己感兴趣的内容，即便不能准确理解含义，大概意思还是可以明白的，慢慢地，你就会发现英语也并没有那么高深莫测，也不是那么难，好像也有点意思……

其次，丢掉死记硬背单词课文，忘记烦琐的语法知识。

丢掉死记硬背单词课文，也先丢掉烦琐的语法，尝试看英文版电影、听英文音乐、看最简单的英文书刊，走路等有意识地去关注英文标语和字母……在无意中为自己尽可能营造一种英语母语的环境，给自己一个星期的时间来实验，会收到不一样的效果。当这种学习意识成为一种习惯之后，你便会一直受用。当我们开始能够阅读一些简易的英文读物之后，就要开始大量阅读。喜欢唱歌的，可以学唱一些英文歌曲，喜欢看电影的，可以看《音乐之声》，《哈利·波特》等带中、英文字幕的原版电影。一段时间后，你会发现，英语单词课文要记下来也并不难，不必去费劲地死记硬背，也不用去死记烦琐的语法知识，英语语言的运用也可以和母语一样自然流露、流畅优美。而且在读英文读物时，书中描绘的地道的异国风光，其他民族人民千百年来积淀的风俗、文化观念和巧妙的语言运用，一幕幕展现在我们面前时，你会发现其中的乐趣，要是不直接掌握英语，单靠别人翻译、介绍是无论如何也体会不到的。这时你便彻底感受到英语文化的魅力、产生英语学习的兴趣了。

再次，找准自己的定位，选择适合自己英文水平的读物。

在选择英文读物时，一定要注意选择适合自己水平的读物，这就需要先准确地定位自己。英语基本功不是很扎实的同学，不要看一些难度远远高于自己知识水平的文章。虽然一篇文章通过不断地查词典、看译文等方式艰难地看下来，似乎能学会很多新的单词，但能够记住并保证下次出现不再查词典的概率恐怕微乎其微。这样看英文读物，不得不把精力和时间大量都花费在查词典、看译文了解新单词上，从而大大削弱对整篇文章美感和所介绍的内容的欣赏，这将会大大影响英语学习兴趣的培养，而这种单词学习，也会使英语单词对大脑的奖励机制会越来越弱，最终完全消磨掉自己学习英语的热情。

　　然后，英语作为一种语言，实际应用更能激发对它的兴趣。

　　英语作为一种语言，实际应用更能激发对它的兴趣。比如学到了一个单词你觉得很有意思，就在平时多使用它，并用它来代替你已经熟知的同义词；比如你看电影或者小说对某个句型或者某句话印象深刻，也要常常使用，读出声来，甚至与人交流。能把一种全新的语言加以运用，这样的新鲜感会不断刺激你继续深入学习。

　　此外，利用一切可能的机会，练习英语口语。比如，与外教交流、参加"英语角"活动、与同学进行对话、讲英语故事、唱英文歌曲、演英语短剧、进行诗歌朗诵等。不过，有规律的英语学习不适合于所有人，让一个人每天抽出一小时时间去学习英语，可能开始还能坚持几天，但是能坚持几个月的就寥寥无几。因此，如果在坚持梦想的过程中，不管是主观或客观的原因，中断了英语学习，也不要过于苛责自己，重拾信心，再次上路就是了。今天学到一个短语，明天又学到三个单词，虽然进步有点缓慢，但只要一直持续地在进步总是好的。

　　最后，备战英语考试，先过单词关。

　　就我个人经验而言，每次在我准备英语考试的时候，我都会定下详细的计划，包括每天背几个单词，做哪几篇阅读，练习哪几个听力，在不断完成计划的过程中，成就的喜悦也就随之而来。需要特别说明的是，单词记忆不能单靠死记硬背，需要一些方法和技巧，否则很容易走上枯燥烦闷的道路，而对单词记忆生出厌烦。这里给大家推荐一种比较适合中学生的好方法——"集中识词，分类记忆"。把中学生应该掌握的 3500 个单词集中汇总，分门别类，先过单词关，然后再学教材，在课本中使用和巩固它们的用法。针对单词分类的方法有多种，同一元音或元音字母组合发音相同的单词归为一类；根据词形词性、同义词反义词等集中记忆；把相同词根、前缀、后缀、合成、转化、派生等构词法相同的单词或词组列在一起集中识记等，这样记忆单词的印象比较深刻，记忆效果也比较明显。

前不久我刚考完了 GRE 和托福，在我自己学习 GRE 的过程中，一开始我也遇到了很多问题。实际上，本该六月份就该开始背单词的我，硬生生拖到了九月份，而且我实际上早就意识到该背单词了，不能再拖了，可还是不能控制住自己……所以我非常理解那种面对看似枯燥的事物的本能逃避心态。刚开始背单词是真的非常痛苦，尤其是 GRE 单词，基本上一个 list 认识的只有百分之二三十。这种感觉非常打击人，尤其时间紧迫，压力很大的时候。后来我采取的办法就像上面所说的，学到一个新单词，就及时地使用它。比如 mesmeric, 这个单词的意思是吸引人的不可抗拒的，也有催眠的意思。我就想，如果能用这个单词来形容一个人好看岂不是比 beautiful 强很多，也会更加有趣一些。之后这个单词被我无意中造了几个句子以后就变得难以忘却了。我想，这恰恰说明我在这个过程中发现了背单词的乐趣，也更有利于单词记忆。有时候我还会看看英剧，用来调节学习英语的焦躁；跟着念出来，也会增加我对这门语言的好感。后来即使时间很紧了，我还是只用了一个月就考完了 GRE，这实在还是挺快的。

英语作为非母语的存在，确实让很多人头疼，也让很多人感到无用、枯燥、困难……在我看来，就像汉语是通向我们文化的大门一样，英语是通往欧陆文化的大门。很多语言学家会通过分析英语和我们象形文字的不同，提炼出东西方思维的差异，更不用说很多哲学家譬如维特维拉根斯坦可以从语言水平解构哲学问题。这一切都有着内在吸引人的地方，亟待同学们发现。如果短时间内不行，像我说的那样看看英文小说、看看英剧、看看英文原声电影等，其实是很好的入门手段。

到这里，关于学习兴趣的话题基本已入尾声。学习兴趣能够赋予学习行为强大的生命力，是我们愿意学习、爱上学习、高效学习的最大动力。我真心希望大家能够热爱学习，培养出对学习的兴趣，仅仅是学习本身。日后人生漫长，要学的东西很多，有了学习的兴趣，这都是值得欢欣鼓舞的事——学习前辈智慧的结晶，学习法则，运用法则，敬畏法则，修正法则，这体现的是我们作为人的崇高意义之一。我希望每个人能为自己而学，能为想学而学。我也相信人们天生好学。

希望我的故事能够启发你找到自己学习的兴趣，调动你的学习热情，开启你的学习新篇章。

编者给父母的话

作为父母，不能一味地去责备孩子，应该首先从自身找找原因，认真反省和思考，多和其他家长进行交流和孩子沟通，多学习些科学的教育方法，首先解决掉自身的问题，再帮助孩子一起进步成长。

　　培养孩子的兴趣，不仅是孩子身心健康成长的关键，也是孩子学习进步的重要保障。孩子一旦产生兴趣，就会激发出无限的潜能。正如李顺吾同学所说的，学习兴趣能赋予学习生命力，给予学习无限动力。可是大部分父母只关注学生的考试成绩，很少关注学生学习过程中的感受和体验，当他们一味地把自己的意愿，把为孩子设立的成绩目标强加给孩子时，也就逐渐地让孩子将学习当成了痛苦可怕的事，随之越来越厌烦、逆反，学习也就越来越吃力。所以，作为父母，我们在孩子的学习上究竟应该扮演一个怎样的角色？

　　第一，从小开始，小心呵护孩子宝贵的好奇心和对新知识学习的兴趣。

　　每一个孩子最初对整个世界都是充满了好奇的，对未知事物以及新知识都充满了探索和学习的兴趣，但最后能一直持续保留那份好奇心和探索学习兴趣的少之又少。这就需要我们父母具备强烈的呵护孩子好奇心和学习兴趣的意识，在平时注意观察孩子的兴趣所在，并加以引导和培养；不要将自己的喜好和判断强加给孩子，替孩子选择和决定，而应该尽可能提供给孩子接触更广领域、更宽视野、更多未知事物和新知的机会，让孩子多多去体验，去了解。当孩子接触得越多，会产生的问题或疑问也就越多，就越有了探索和学习的兴趣。

对此，特别提醒父母，应认真对待孩子的每一次提问，尊重孩子的每一个问题，但尽量不要直接给孩子答案，或者敷衍而过，更或者随口瞎诌或是直接回怼拒绝。比如："这个问题不需要你考虑""不知道，别想这些乱七八糟的，好好背书"等。最好是引导孩子自己去查阅资料或者看书或者自己尝试用各种合理方式去探寻出答案。只有在这种探索过程中，孩子才能切实感受到追寻答案的乐趣；只有通过自己努力获得了答案和知识，才更能感受到成就感和幸福感，更好保护探索和学习的兴趣。

第二，不要过度关注孩子的考试成绩，要更多关注孩子在学习过程中的感受和体验。

考试成绩固然重要，但父母应该明白，考试成绩只是孩子学习情况的显性工具，它的意义就在于帮我们检测一个时期孩子的学习效果。父母最应该做的不是去纠结孩子的分数，而是应该透过分数，去了解孩子这一阶段的学习状况。多跟孩子互动、沟通，了解孩子这一阶段学习的感受和体验，从中发掘出问题症结，帮助孩子引导疏通；或者发掘孩子的兴趣点，小心加以呵护、引导和开发。这一点说起来容易，做起来确实十分不易，这里我们可以给父母提几点具体执行小建议：

1.考试过后，重视和孩子一起分析试卷的过程

绝大多数家长认为孩子的考试试卷在学校老师都带着分析过了，错题也更正了，这样就可以了。其实不然，这样根本没有发挥考试试卷之于家长的作用。家长带领孩子分析试卷，并不是关注孩子的错题，而是应该带领孩子看看自己的进步和退步之处，为何会进步，又为何会退步，较上一次新的收获是什么，这个成绩较上次成绩是更轻松，还是一样，还是更困难。家长带领孩子探讨的这些问题，都不要从孩子掌握的知识点层面去分析，而是应该从孩子的学习感受和体验上去分析，并且务必做好每次分析的笔记，这样有利于在之后的考试中，更快找到孩子的进步和问题所在。比如孩子某次数学考试，失分全都是因为计算错误，那么就可以跟孩子探讨一下是不会算这一类题，还是不太喜欢计算，还是考试时因为什么不专心、不认真……总之要越过表象，看到问题的本质。之后再针对跟孩子一起探讨出来的症结，帮助孩子一起寻找解决办法，挖掘兴趣与乐趣，并制订改善计划，并监督陪伴执行，适时给予鼓励或者奖励。如果发现了孩子的某项新的兴趣或者关注点，更要小心呵护，多给孩子找些这方面的课外书、视频等各种资料，或者参观相关博物馆、展会等，拓展孩子的视野，挖掘更大的兴趣。

2. 切记不要拿自家孩子的成绩和别人家孩子比

要知道没有一个孩子是愿意考低分的，更不会心甘情愿自己比别人差。所以父母在无意识作比较的时候，看似为了激励，实际对孩子的自尊、自信都造成了严重伤害，不仅起不到激励作用，反而会引发孩子对学习的消极逃避、自我放弃，甚至是厌烦。尤其一些家长将自己的幸福感和成就感建立在孩子的学习成绩上，这是坚决不可取的。

3. 善于发现孩子的努力和进步，及时鼓励和奖励

家长需要比较的是自己孩子的前后成绩，进步或退步，前后学习状态的改变，等等。要有意放大孩子的进步，找到孩子这一阶段和前一阶段相比而言的努力之处，善于发现孩子的每一次进步，及时给予重点肯定和表扬，让孩子感受到努力就有回报，努力就能进步，增加孩子的成就感，也有利于帮助孩子发掘学习的兴趣。比如，孩子上次数学考试计算题错了5题，考了90分；这次虽然只考了80分，但计算题一题都没错，失分是因为这一阶段引入的新知识点有点难，没能彻底理解。就成绩而言确实是下降了，但计算题从错5题到1题不错，表明孩子确实非常认真地注意了这个问题，也在这方面加强了训练，考试时也更认真仔细

了一些。这时候就需要给予孩子充分肯定和鼓励，明确指出孩子的努力和进步之处。当然同时也得指出不足，需要继续努力的地方。

4. 时刻注意孩子学习的松弛有度，注意孩子的学习压力

如果孩子一段时间学习过于放松，就需要对其督促管理，帮助孩子制定阶段小目标和配套计划，监督执行；如果感觉孩子一段时间学习压力过大，就需找些轻松的娱乐方式帮助孩子减压，可以安排一个周末带孩子去趟游乐场，或者旅行，或者看场电影，根据时间和具体情况具体安排，放松的时候就彻底放松，不要把一场娱乐放松搞成变相的说教，即便里面有些激励孩子的小心机安排，也要让孩子自己去感悟，不要强迫和勉强。

第三，营造好的家庭氛围和学习环境

当孩子在一旁学习时，父母却在旁边拿着手机开心地打着游戏，或者休闲地吃着零食追着电视剧，可想而知，辛苦学习的孩子心里会是什么感受。如果他是自己主动自愿学习，或者学的东西正好是自己特别喜欢的还好，但凡对正在学的内容有一点点不乐意或者消极情绪，那么旁边父母的作为就会成为引发孩子心里不平衡和厌烦的直接诱因。所以，父母需要用共情和同理心对待孩子。例如，当父母帮助孩子制订学习计划时，不妨也同时为自己制订一个学习提升的计划，或是优化工作的计划，和孩子互相监督，一起执行，这样很容易就将一个简单枯燥的计划转变成一项游戏，不仅能够增加孩子完成计划的动力和计划执行的趣味性，更能让孩子监督父母完成计划的过程中完成角色互换体验，也了解学无止境，即便是父母也需要学习，即便是工作也需要付出极大的努力，没有什么是可以轻轻松松就获得的。更有意义的是，在帮助孩子进步的同时，父母自己也获得了提升和进步，甚至是工作成绩的提高，对父母自己也是一种有力的鞭策。

第四，父母不能把各种兴趣班、补习班当做救命稻草

但凡孩子成绩有哪点不理想，就着急着给孩子报班，这是不可取的。父母更应该做的是与孩子多沟通、多交流，找到问题的症结所在。如果确实是对课堂上老师教授的知识点无法理解、无法消化，或者已经很努力了，但可能是方法问题，或者干脆找不出问题所在，那么可以考虑报补习班，寻求课堂之外老师的教导和帮助。如果完全是孩子的学习态度问题，或者是缺乏练习，或者是压力过大等状态问题，等等，那么报补习班也基本起不了什么作用，更应该帮助孩子找到问题所在，加以引导、改正或者疏解……

总之，如果孩子学习上出现什么问题，或者学习不好

时，作为父母，不能一味地去责备孩子，应该首先从自身找找原因，认真反省和思考，多和其他家长进行交流和孩子沟通，多学习些科学的教育方法，首先解决掉自身的问题，再帮助孩子一起进步成长。

2 梦想与坚持
——找到学习的动力并让动力源源不断

王艺遥

北京大学中文系本科

保研北京大学法学院法律研究生

曾获得北京大学新生三等奖学金、五四奖学金、学习优秀奖、社会工作奖等荣誉。

为你讲述

梦想与坚持，坚持的种子

从12岁初入燕园时萌发

"一分耕耘，一分收获"，我一直都笃定，只要我努力了，所有的辛苦都不会白费。

　　一直支撑我走下去的根源，还要从 12 岁第一次来到北京大学的时候说起。当时夏天浓密的绿茵、清澈的小河道还有水从指缝间流走的流动感，构成了我对未名湖最初的印象。

我是王艺遥，来自陕西西安，以文科 672 分的高考成绩进入北京大学中文系。在北京大学学习期间，我获得过新生三等奖学金、北京大学五四奖学金，也获得过北京大学学习优秀奖、社会工作奖等荣誉。除了学习，我的兴趣爱好也很广泛。我喜欢弹古筝，在初一的时候考过了八级；也在学校的广播台、电视台和记者团做自己喜欢的采访工作；体育方面，我最喜欢的运动是游泳，大一参加学校比赛获得 50 米蛙泳项目第六名；踢毽子和跳绳也擅长，曾担任过学校社团的会长职务。

就算现在各方面学习看起来还算轻松的我，在高三的时候，也会觉得很累、很难熬，也曾在成绩波动的时候想到过放弃。所以，我想说，坚持真的很重要。

高三是一场个人战，除了你自己，没有人能够拯救你或是代替你打赢这场仗，你只能让自己坚持下去、强大起来，能让你走出困境的，最终成绩的三位数只有自己可以决定。也许现在的你遇到了学习的倦怠期，感觉很疲惫、挣扎着想放弃，但只要坚持下来了，未来的时光里再回想起这些日子，你会发现战胜了自己的你，其实真的很了不起。

这里我想讲述六个小故事，来谈谈自己经历过的高三，和你们聊聊那些关于坚持的日子，以及促使我坚持下去的动力，希望对正在高三路上以及向着高三正在默默努力的你带去一些安慰、鼓励和启发。

第一篇

坚持的种子播种于 12 岁初入燕园时

上了大学之后，寒暑假里，母校高中经常会邀请我回去做一些学习经验的分享，我最常提到的一句话是"一分耕耘，一分收获"，这句话很简单、朴素，甚至于让大家熟悉到嗤之以鼻。但就我自己的经历感悟，它确实是我最相信的一句话。我一直都笃定：只要努力了，所有的辛苦都不会白费。而一直支撑我坚持努力的根源，还要从 12 岁——第一次来到北京大学的时候说起。这是我要讲述的第一个故事。

北京大学每年给被录取的学子寄送录取通知书时，会附带一本名叫《初入燕园》的册子，书里讲了学校的各种规章制度、生活条件，甚至周边吃喝玩乐的情况，小到配钥匙、修自行车，大到学分计算、出国交流，事无巨细，以便让我们在入学前对学校有更多的了解。

当我拿着北大录取通知书和这本《初入燕园》的册子进入北大燕园时，却并不是我第一次进入这个园子。我真正的"初入燕园"是在小学毕业那一年。那年暑假，妈妈带我来北京旅行。北京大学作为很多孩子和家长们心中的梦想之地，北京之旅必到的打卡之地，也同样吸引着我和妈妈前往。

当时参观北大比现在自由些，从古香古色的西门进入，走上一段路就到了心向往之的未名湖。那时未名湖边的小溪水量很大，我和几个小孩下到水边洗手、泼水，非常开心，具体的场景现在已记不清了。现今入学后我发现湖周边的溪水水量小了很多，已经没有人再去玩水，所以当年的我到底是在哪条溪水旁嬉戏，已然无法分辨。但那年夏天未名湖畔浓密的绿荫、清澈的小河道还有水从指缝间流走的清爽怡人、儒雅静谧之感，构成了我对北大未名湖难以磨灭的初印象。

和现在的很多游客一样，当时我们一看到未名湖的美景就赶快上前拍照，未名湖边有一块刻着"未名湖"三个字的石头，正值毕业季，很多穿着学士服的大学毕业生正在那里拍照，看到他们，我心里溢满了羡慕和崇拜。妈妈给我拍了很多张和"未名湖"大石头的合影，那是 12 岁的我和未名湖的第一张照片。

　　18 岁的我终于凭借自己的实力成为这里的一名学子，安顿下来后的第一件事，就是对着当年的照片重新回到那些地方再拍一组。再次见到刻着"未名湖"三个字的大石头时，我的第一反应是——它怎么变小了？六年来，我的身高长了不少，因此它不再显得那么大，最重要的是，如今我已不再用仰慕的心态来看它，我是这里的一分子，是居住在这个园子中的一员，我们之间的关系成了"陪伴"。夏天来夜跑，冬天来滑冰，如今对这块石头的感情更多的是一种"亲切感"。我也不再羡慕当年穿着学士服的青年学子，因为不久后的我，也会像当初的他们一样，拿着照相机，在校园的每个角落，记录下自己的痕迹。

那年的未名湖畔，还有一件趣事。当时妈妈看着那些在湖边安静看书的北大学子，也想给我拍一张在湖边看书的照片，于是借了在路上遇到的一位教授的书，他们之间短暂的交流我并没有仔细听，全无印象。但是考上北大，进入中文系后，妈妈告诉我，当时借书的那位教授，正是北大中文系的老师，当时那本书是一本关于鲁迅研究的书，如今的我最喜欢的研究方向，也是鲁迅文学。

12岁的这些经历在我心中留下了印迹，也埋下了向往的种子，虽然不多，不至于天天把"我要上北大"挂在嘴边，但总在不经意间会闪烁一点光芒，牵引着我向着那个方向前进，时不时地会在心里冒出一句——万一考上了呢？

而今想来，我觉得这是一种"信念感"，不然也不会在中学时期，每次老师问和理想、梦想有关的话题时，脑中总会闪过北大的未名湖；也不会在看电视，或者任何能看到听到"北大"时，心里会多几分激动。它似一颗种子，悄然地播种在心间，默默生长。

在高考前的3月份，倒计时100天的时候，我因为参加另一所大学的自主招生考试来到北京，高三的时间很紧张，只有短短2天的行程安排，但还是把北大放在了第一位。

来到校门口，在熟悉的西门前待了很长时间，最终没有选择进去。因为高三的状态时好时坏，就像过山车一样，我担心进去看到未名湖、博雅塔，高考如果考不进来，会更加失落和遗憾，与其这样，倒不如不看；如果我足够努力，有幸考入这个园子，那将会有大把的时间与之相伴，更不在乎这一次的温故。最终，我只在校门口照了几张相便离开。后来翻看照片，高三的压力确实让照片上的我有些疲惫，虽然没有勇气进去，但看到熟悉的红门、"北京大学"的牌匾和门口的石狮子时，眼中流露出的兴奋感，却也显而易见。

从小学毕业的那年暑假到高三，我一直都记得这里，记得那条小溪，记得刻着"未名湖"的大石头，记得捧着书靠着的那根石柱，虽然这六年的时光里，不是没有惧怕过这高高的门槛，不是没有想过放弃，时常会让我感到希望很渺茫。但即便再渺茫，这希望却也是一直的的确确存在的。这里的风光我曾亲眼看过、感受过，我很确定自己非常喜欢这里，向往这里青春靓丽的身影，那么就再坚持一下吧。六年后，是坚持让我带着最初的信念感，终于成为这风光里的一部分。

第二篇

陪伴给予了我坚持的勇气

上一篇说到了我为什么要坚持，因为小学毕业的暑假我初入燕园，心中埋下了一颗理想的种子，但只有梦想，只有目标，对坚持来说是远远不够的，再高远的理想也会在平淡琐碎、日复一日的学习中渐渐失去最初的光彩。除了那份期盼与梦想，是什么在日常现实中给予了我源源不断坚持的勇气？什么让我在成绩下降或是状态迷茫时没有放弃，坚持着再向前一步？我想说这是"陪伴"的力量，它的来源是父母。

高三的路漫长又艰难，一个人走可能会枯燥乏力，但因为身边有了父母的陪伴，"全家总动员"式的努力给予我了更多的勇气和底气。所以，我要讲述的第二个故事叫：

陪伴的力量。

我来自一个普通的家庭，每到所谓的关键阶段，比如中考、高考，父母都会和我一起来面对，我们把这种方式笑称为"全家总动员"。从中考到高考，我的父母把"后勤"工作一直做得很好，让我无所顾虑、全心全意地投入复习。

初三的时候，为了锻炼中考体育科目，早上我和爸爸从家出发跑三站路到学校，因为书包很重，背着跑步不方便，所以妈妈背上书包坐公交车，在校门口等着和我们会合。

高三的冬天，我的成绩波动很大，时而虚高，时而很低，不得已选择每周一晚上到补习班补课。高三的时间永远都很紧凑，晚上到补习班补课就来不及回家吃饭，爸妈担心街边的饮食不能保证卫生，高三又不敢乱吃东西，就怕万一吃坏肚子或者什么的耽误学习，所以决定每周一晚上给我送饭。每次都是爸爸接我放学，然后接上做好饭、拿着饭盒的妈妈，三个人再一起去补习班。晚餐就在去补习班的路上在车上完成，有时候到得早点，就在路边停好车，打开饭盒一边聊天一边吃着干净而简单的爱心便当。冬天的街道十分压抑，道路两旁的矮树毫无生机，我的成绩也陷入了低谷，简单的一餐过后便匆匆去补课。

这样的生活一直持续到了第二年的三月份，这近半年的补课也终于见了成效，让我的成绩基本稳定在了第一梯队，内心的焦虑也没有冬天时那样多。自然界真的很神奇，我们一家人每次吃饭的萧条的街道，竟然慢慢长出了粉嫩的樱花，原来那是一条樱花路。白天也在季节变化中拉长了，之前吃饭总是要打开车里的灯，外面是一片黑夜。而到了春天，可以看到夕阳，可以吹吹晚风，可以看到一条街道从光秃秃的样子，变成了粉色。

环境对心态确实有很大的影响，换上轻便的夏季校服时，已经到了高三的最后两个月，周一晚上的车内晚餐还在继续，但是气氛已经比冬天时活跃了很多，三个人常常边吃边笑，有时还会唱歌。天气的适宜和成绩的提升，让这段时光有了不一样的意义，可是那时并没有感受到时光的珍贵，只想赶快结束这有些痛苦的高三生活。

在我的成长历程中，最要感谢的就是我的父母。他们总是考虑到很多问题，做好一切工作为我保驾护航，让我的学业不受到任何其他因素干扰，让他们成为我学业前进道路上最强有力的保障和能量。犹记得小学奥数考试考了很多次才及格，他们没有对我表现出任何责怪的情绪，而是拿出足够的耐心，主动陪我上奥数课，为我讲题，陪我一起弥补奥数学习中的不足，一起提高成绩；在音乐学院学习古筝的六七年里，每周的古筝课程也都有他们的不懈陪伴；高三后期压力很大时，他们会理解我的疲惫，同意我睡到八点再去学校；因为没有拿到北大清华的自招名额，心里非常消极但又不想和人说，他们会及时细心地发现我的情绪，默默和班主任沟通，然后用自己的方式来安抚我。他们从来不会在我的面前提到什么"别人家的孩子"，反而总会告诉我"你很优秀"，会告诉我"压力没必要太大，不管考什么大学我们都支持你"。这样的家庭环境着实是我前行的底气和动力。

　　高考成绩出来的那天，看到 672 分这三个阿拉伯数字的那一刻，我们一家人叫着笑着抱在了一起。这么多年来的每一步都是他们陪我一同走下去的，这些年来的付出终于在今日取得了远远超出预期的回报，这种复杂的激动感前所未有，让我们久久无法平静。

　　上了大学之后，回家的时间越来越少，我偶尔也会想起补习班楼下的那条种满樱花的马路，不过再没去过那边。后来听说那条路重新规划，樱花全部被移走了，心里多少有些空空的感觉，就像丢了一件很重要的东西。回想起那些父母与我一起锻炼、一起在车上吃饭、一起从冬天走到夏天的日子，真的很幸福。正是这份伟大而无私的母爱与父爱，这日复一日、长久不懈的坚持与陪伴，成了我成长道路上最强劲的动力，这就是陪伴的力量。

第三篇

坚持是一种品质——论语文学习与不厌其烦

如果说坚持的源动力来源于梦想和陪伴，那持续不断的坚持便是一种品质。这里我会从具体科目的学习方法，谈谈坚持这一品质在实际学习中的重要性。首先要说的是语文。

学习语文首先要态度端正，很多人觉得语文怎么学都是一回事，这是非常不正确的想法。语文学习是一个长期积累的过程，它没有什么捷径，唯有坚持不懈、不厌其烦、大量积累才终能有大收获。的确，能力不相上下的同学在阅读题上似乎都扣四五分，作文都扣十来分，拉不开什么差距。所以大家便觉得就算花费大量时间去复习语文，分数也不会有多大上升空间，那还不如多练练数学压轴题对总成绩的提高有用。于是我在高三时常看到身边大量的同学刷着数学题、文综题或理综题，却很少有人认真地做语文题。

高三时，我拿几次模考的语文成绩做了一个实验。我曾认真地复习了一个月语文，但那个月的语文成绩不升反降，也曾只在考前看一两天，成绩却也没有什么大的波动，始终保持在120分左右。平静的语文成绩让我觉得这似乎是一个付出与回报不成正比的学科，更何况还有一些平时根本不重视语文学习的同学考得比我好得多。"要不要投入精力复习语文？"我虽然犹豫了，但因为相信"一分耕耘一分收获"，还是选择了坚持。那时的坚持不是为了成绩，毕竟成绩迟迟没有起色，而是求一份心安，告诉自己我努力过，不管以后成绩如何我不会因为当初没有努力而后悔。语文满分150分，我10余次精心备战，成绩却从未突破130分的大关。

直到高考，这是我在整个中学时代最满意的一场考试。除了作文因为时间紧张发挥失常扣了10分，前面所有的选择、阅读、鉴赏、言语理解等题目加起来一共只扣了5分，总分135分。这样一个平时不管如何努力都达不到的成绩，却在常被人说"能正常发挥就不错了"的高考考场上达到了。

在看到高考成绩的那一刻起，我深深体会到没放弃、坚持如一地进行语文复习是我做的一个很正确的选择。所谓"语文学不学分数差不多"这样的观点，可能在短期或是阶段性的测试中来看是成立的。但当一直坚持不懈，不断学习积累，积累到了一定程度，比如到了真正的高考考场，复习了300天甚至更长时间的同学和复习了30天的同学，成绩高下立判。

学数学时，我们常常把不会做的难题、错题重复做很多遍，来理解其中的逻辑和思维方式，但很少会有人把语文题做很多遍。事实上，学习语文也同样需要大量的练习来培养思维习惯。回答语文题就像做数学大题一样，需要有明确的步骤来清晰地罗列出得分点，以议论文为主要体裁的作文更是离不开按部就班的"八股"格式。因此，在语文学习方法方面也要追求一种"坚持"，具体而言就是：不厌其烦地耐心重复。

以全国卷为例，语文阅读理解模块中的第一个题目就是"论述类阅读"，这是一个极易出错、让人失去耐性的题目，选择题的每一个选项都暗藏陷阱，如果不仔细阅读对比，常常三道题都没有百分之百的信心确定正确，再往下做也就失了底气。因此，做这道题前，一定要放下考试开始后的紧张或是亢奋，耐下心来一个字一个字地读，就算它是略显乏味的科技文或是考古报告，也一定要静心、耐心。做这类阅读，如果第一遍草草了事，想着回头靠多次检查来发现问题，来回地折腾往往会导致越读越不自信。那么不如一开始就告诉自己"我只认认真真读这一遍"，从而静下心来一字一句地浏览、理解。这道阅读题中的三道选择题常常是失之毫厘谬以千里，倘若因为漏掉一个模棱两可的小词而失去宝贵的三分，进而在高考中落后几十名甚至百名，你会不会后悔当初为何不再认真些，耐心、细心一些？

诗歌鉴赏题是一道典型的被认为"平时复不复习，得分都一样"的题目，但日积月累坚持下来，如果比别人多复习100篇，效果一定会大为不同。做这道题首先要"置身其中"，就用最简单的《春晓》举例，"夜来风雨声，花落知多少"，有的同学只是摇头晃脑瞥一眼，而有的同学却能将自己置于千年前的夜晚感受那份静谧和唯美，那么后者对这首诗的理解一定会更加到位。对诗的理解是做这道题的基础，到了真正答题的时候，还需要讲究步骤和抓住得分点。步骤大体离不开"说明手法""描述画面""讲述意义"等，但如何组织答案得到更好的分数？

这就回到了"重复"的过程。我在高三时，总是会拿自己写好的答案请语文老师帮忙提意见，再根据老师的意见重新调整分点、修改术语、凝练语句，然后再拿给老师看，再修改，一道十来分的题重复修改三四遍后，我便清楚审题到底该用怎样的思路，哪种术语能更加突出得分点，甚至是如何将一句话精简为四字词语。我还会通过不断阅读高考真题的参考答案，来培养自己的"题感"，揣摩出题人的思路和意图。如此反复做题、反复修改、反复思考，终于在最后的高考拿到了满分。语文没有数学考试中做对一道就能大幅度提高十几分的题目，它是从细枝末节里一分一分积累起来的，长期坚持才会得到最后的惊喜。

高考作文更是讲究"不厌其烦"。我从高三第二学期开始，写过的作文基本都会写第二遍、第三遍，有时甚至写到第四遍。如果模考作文没有拿到满意的成绩，我便会主动找老师询问是哪里出了问题。一开始，问题总是成片出现的，比如立意不够深刻、举的例子太普通、语句不简洁、结构不清晰或是没有出彩的段落等，于是带着失落的情绪大改一番。第二稿虽然仍然不算满分作文那一档次，可能还存在叙述啰嗦、讲述事例没有突出中心等问题，但已经远远比第一次进步很多。于是带着将要接近成功的喜悦进行第三次修改，最后终于得到了 50 多分的成绩。对待高考作文一定要"不厌其烦"，反复和老师沟通、修改，才能最终明白其中的规律。只要能坚持下来，两三个月后作文成绩便会稳定在一个还不错的分数。

高考作文不是张扬个性或是玩弄深沉的地方，而是规规矩矩、稍有思想即可写好的，适当背几篇经典范文，这样就有了初步的结构框架意识。多多积累自己熟知的独特的事例，所谓独特不是非得用某个俄罗斯人长长的名字，它一定是来自生活和个人积累的。在我高考的那一年，恰逢索契冬奥会，于是那些运动员成了我的作文中的常客；那一年也是《舌尖上的中国》第二季在万众期待中火热播出的年份，于是我喜欢写在纪录片中看到的平凡生活中温情的小人物。这些人物远比李白、苏轼、感动中国人物这些人尽皆知的例子独特、现实得多。高考作文也是有"八股"技巧的，面对只有不到一分钟的阅卷时间，突出中心、合理布置结构、选取"独家"例子是议论文的关键。开篇点题，直达主旨，要做到言简意赅。中间部分通常讲述三个事例，最好有时间和空间的跨度。结尾再度点题升华，完成"豹尾"。在此基础上加以修改润色，一篇足以保证基础分的文章便诞生了。

语文这门课很特别，它不像数学课，补上了某个知识点就能在下次非常迅速地看到成效。它是一个长期积累的过程。这个月你补上了诗歌鉴赏的漏洞，可考试又暴露出作文审题的问题，于是成绩没有上去。下个月好好练习了作文，结果文言文又出现了没有积累过的虚词用法，于是成绩还是上不去。单看几次成绩似乎没有任何变化，但成绩背后的知识积累已经在悄悄完善。

每一次的努力就像政治课本里讲的"量变"，这一次你的诗歌鉴赏因为规范的术语又增加了一分，下一次你的作文审题不会再出现大的偏差，再下一次你因为记住了这个虚词的用法，不会再犯同样的错。在潜移默化中，其实你每天都在进步，只是还未显现而已。不用着急，只要掌握方法、不厌其烦地去重复、琢磨，总会实现最后华丽的"质变"。

这是我的第三个故事。

第四篇

持之以恒很难，但值得
——论数学学习与持之以恒

前面说了坚持之于语文学习的重要性，对于数学，也同等重要。我的高考数学成绩148分，除了大题的第二道"统计与概率"因为对题意理解有误扣了两分，其余题目包括压轴题都是满分。而这样的成绩在我高考之前的成绩记录中也从未出现过。

小学考奥数，100分的卷子我考了四次才达到及格，初三数学的前几次模考也一直在及格线附近徘徊，高一的期末考试自以为复习得很充分，却还是排名垫底。在我的印象里，数学差，是从小就贴在我身上的标签。高二以后，高考的压力扑面而来，所有老师都告诉我们，这是一场不能偏科才能大获全胜的"决战"。我的数学弱项也是避无可避，既然没有退路，那就破釜沉舟，我的数学逆袭之路就这样开始了。上课认真听，下课问问题，回家整理错题、看概念、刷考卷等，以前没有付出的、不愿付出的、畏惧退缩的或是半途而废的，现在都硬着头皮一个个克服。

俗话说"好记性不如烂笔头"，在数学科目的学习上更是如此，课堂上一定要多依赖自己的"笔"，而不是单纯靠"脑子"。我以前学数学，老师在台上讲习题，我努力做到全神贯注地听，不错过每一个思路和细节，但仅仅只是"听"而已，我告诉自己"一定要听懂，要理解，理解比记录更重要"。于是，课堂上的我确实听懂了，也理解了，有时甚至生出一种恍然大悟、茅塞顿开的愉悦感。然而，在一次月考后，我向同学抱怨题目很难时，才知道我认为的难题其实是老师在课堂上讲过的原题。于是，我意识到了记录和记忆的重要性。

如果看过"遗忘曲线"就知道，遗忘速度最快的时段，是人在刚接受新知识后的那几个小时，因此，课堂上的"恍然大悟"不代表放学后还能想得起来，课堂上的"茅塞顿开"不代表月底考试还能做得出来，更不代表在一两年后的高考考场上，万一遇到它时还能记起曾经的"一面之缘"。

于是从那次月考后，无论当堂是否理解听懂，我都会仔细记录不会做或是侥幸做对的题目的步骤，以用于课后的复习。自己亲手整理过的题目才能与你发生直接的"牵挂"，才能被"大脑"真正地永久地接受。

数学课对很多文科同学而言，可能是比较痛苦的，可能面临听不懂，或是难度超出自己的承受范围种种问题，你可以选择睡觉逃避，也可以选择迎接挑战。但当高考这条路摆在你面前时，不允许偏科的你便避无可避，你只能选择后者。那么就请认真听、认真记，实在听不进去时，就告诉自己先记下来，"好记性不如烂笔头"就算听不进去、听不懂，背也得把它先背下来。等到这道题下一次再出现，可能就是高考考场上你死我活的"兵戎相见"，我必须把它战胜了！

除了听课，还有做题的问题。数学到底要不要多刷题，我认为这个问题应该是因人而异的，没有一个标准的答案。就我个人而言，我在考场上随机应变的能力稍差，因此对我来说刷题是必要的，平时多见一些、多想一点，在考场上才能更加得心应手。

但刷题是有前提条件的，那就是对基础知识的掌握程度。当你对基础知识或是概念公式还未理解与掌握时，便抱着一本高难度的参考书开始疯狂做题，看起来似乎比那些还在看课本、笔记以及做简单课后题的同学努力得多，但收效总是不尽如人意。可能会出现越做越错，越做越没有自信，但自己还觉得是练习不够才导致的后果，于是更加着急地刷题，由此陷入一种恶性循环。这个时候，不如停下脚步回到平日忽视的课本和笔记中看看遗漏的知识点，也许你会发现那些错题的源头就是课本上一行黑体加粗的公式或定理。掌握知识点就像射击运动，公式定理就是最中间的红心，看课本是从正面直接射中红心，而刷题则是围绕着红心一圈圈地打满靶纸，最后才勉强接近红心，孰优孰劣，一目了然。刷题不是雪中送炭，而是锦上添花。

当掌握好基础知识后，刷什么题就是关键问题。我认为最好的选择就是刷和自己能力相当的题目。当能力不足时，就做课本上的练习题以及简单的课外练习册，因为打好根基比什么都重要。当能力提升后，便可以接触难度较高的参考书，多见识些花样的题型、别致的解题思路和方法，再通过错题对基础知识进行查漏补缺。高二高三后，还可以多练习一些高考真题，因为高考真题在严谨程度、难度、解题思路与步骤多方面来说，都是非常好的资源，也很少出现超纲或是过于简单的情况，而模考有时为了增加难度会刻意出超纲题，这在高三后期实际上是有些浪费时间的。高考真题的参考答案也往往是试题中的模范。也许刚开始做会觉得很难，但没有关系，哪怕直接阅读答案进行思考，这里的重点是必须有一个仔细思考的过程，看着答案思考也能得到很大的启发，甚至会为其中漂亮的思路和步骤感到惊艳，长期坚持下去必定会有极大的提升。

遇到做错的或是有价值的题目，只做一遍肯定是不够的，最好是能用一个单独的本子将它们记录下来反复练习，这个本子俗称"错题本"，但我更愿意叫它"好题本"。从高二下学期开始，我用认真的态度重新开始"好题本"的积累工作，之所以说是"重新开始"，是因为高一时也曾尝试过，但三天打鱼两天晒网，加之没有很大的高考的紧迫感，几次都没有坚持下来。高二下学期开始的一轮复习是彻底巩固基础知识的最后一次机会，既然下定决心好好提升数学，就一定要有坚决的行动，不能高考完以后再后悔"假如当初如何如何"。

惰性这个东西每个人都有。刚开始，我计划两天整理一次"好题本"，像打了鸡血一样坚持了一个星期后，第二个星期就开始有些松弛，两天一整理，导致不用整理的那一天很轻松，而有整理任务的那一天就会因为懒惰而想放弃或是消极应付一下。眼看又要回到"三天打鱼两天晒网"的状态，于是我决定每天晚上都坚持做这件事情，让整理数学题变得"常态化"。有时候抄题很费时间，就把它剪下来贴上，只认真整理解题过程。从开始的疲倦厌烦，到最后终于养成了习惯，成为习惯之后的坚持，就变得容易多了。

为什么要坚持，不是因为我能从中得到多少收集好题的快乐，而是我知道这样做会让自己的数学一天天变好。做不喜欢的事很难，但当你知道这件不喜欢的事会让你的未来越来越好时，就不可能轻易放弃。我就在这种想法的支撑下，一天、一周、一个月这样坚持做了下来。三四个月过后，数学成绩就从刚过及格线 90 分，提升并且稳定在 130 分左右，偶尔还能达到 140 分。

好题本、错题本很多人都有，但有的人只是走走形式、做做努力的样子，而有的人却能从中得到很大的提升，那么怎么利用才能不让自己的辛苦白费？我的答案是：反复做。

我的好题本是一个大的黑色牛皮本，里面的每道题都至少做过五遍，重复做时，如果有新的发现，就会用彩色的笔在旁边批注，把一道大题画的五颜六色在我眼中是个美丽的工作。每天做一点，月考前如果时间充足就全做一遍，如果时间不足就只做急需复习的那一部分，等下次月考前再去做其他部分。一次次重复练习中，我真真切切地感受到自己的提升。那些高考真题，尤其是压轴题，第一次做的时候，除了写一个"答"加冒号，其他一步都写不出来。而经过整理、练习、反复思考勾画批注后，我可以清晰完整地写下每一步，我可以知道这道题考察的知识点是哪些，哪一步是画龙点睛之笔，怎样书写更加整齐规范。

正式到了高考，我所有的坚持和付出得到了最大的回报。高考数学考场上，我一路顺风顺水地迎来了最后的压轴题。读完题目后，我便觉得似曾相识，开始在草稿纸上写写算算，越算越觉得这道题目特别眼熟，一定在我的"好题本"上出现过类似的，就在某一页的左下角。按捺住有些激动的心情，想着"相似的题往往可能有陷阱"，让自己冷静下来，反复检查演算，得出最后确定的答案。看到最后的结果——一个短短的不等式后，我便相信自己一定完完整整、百分之百做对了，因为我非常确定这道题的原型，就是曾经做过的2009年辽宁卷的压轴题。

那是高三第一学期的某个下午，这道题和其他五六道难度较大的题目被印在了同一张卷子上，我最喜欢的张老师给我们当堂讲练，我屡战屡败，又屡败屡战，最后"全军覆没"，气得自己直想哭，对比旁边数学好的同学轻松开心的样子，真的备受打击。于是当晚，我把这些题目认真整理在好题本上，之后反复做过十余次，红笔、蓝笔、绿笔记录着每次重做时的新体验和新发现。在高考考场上，当我看到自己做的结果后，我便判断出它只是把"已知"和"设问"互换，一个数字都没改变。当我把步骤干净工整地誊写在答题卡上，写下最后一个句号时，我知道，我一定成功了。

直到今天，我都特别感谢当时那个坚持反复阅读、思考、做题、批注的自己。"一分耕耘，一分收获"，又一次得以验证，而我也终于撕下了"数学差"的标签。

这是我的第四个故事。

第五篇

高考是一次历练，坚持让我最终胜出

有句话我很认可——人的潜力是无限的，如果你觉得自己做不到，那么就是没有被逼够。高考就是一种逼迫自己强大起来的压力，不坚持到最后一刻，你永远不知道有什么结果在等待你，永远不知道自己其实可以很强大。

就像在前面提到的数学这门课，一定有人和我也一样，从小数学就是弱势科目，会主动给自己贴上"数学差"的标签，一上数学课就因为担心自己听不懂而非常刻意地全神贯注地听讲，数学作业也是所有作业中最耗时最费劲的；一到数学考试永远觉得自己没有复习好，因为害怕计算错误，连两个不过百的数字相加都要在草稿上把竖式写三遍；

对于那些有三问的压轴题，最多敢做第一问，偶尔试试第二问，第三问看都不敢看。如果数学成绩低，就觉得这确实是自己的正常水平，偶尔考得好了，能欢天喜地好几天，再告诉自己，这只是出题简单。高三以前的我，确实是这样。但高考过后，当148分的成绩出现在查分网站上的时候，我再也不会觉得自己完全没能力做好某件事。

不要给自己贴标签，因为你永远不知道自己有多大的潜力，很多时候觉得自己做不到，只是还没有被逼到只能破釜沉舟的份上。就像高三时，当数学成为我接近心仪的大学必须克服的阻碍时，我只能选择让自己成为一个"数学好"的人，告诉自己再难的题目也是从已知到设问这样推导，只要一字一句地读，一步一步地使用学会的定理公式，不会的题多做几遍不就会了吗？

其次，高考还带给我极大的自信，让我相信自己只要想做，并为之付出努力，那我一定可以非常好地完成这件事。以前总有人说，成绩到了高三就定型了，再努力也没什么用，但其实这种"定型说"不过是给自己不努力找借口而已。我相信每一天的努力都不会白费，无论是距离高考最后的100天、50天还是10天、3天，只要自己真正有实质性的付出，一切都还有机会改变，而且会变得比昨天状态更好，因为我知道自己是一直在朝前努力的。到最后的 50 天，从 60 分提高到 140 分或许不可能，但是从 120 分提高到 140 分却有很大的希望，关键在于是否愿意倾尽一切努力。只要每天都有实质性的付出，不到最后一刻，都不能称之为"定型"。从高考之后，我不会再轻易否定自己，因为我认识到，"数学差"这个标签只是历史、是过去，而未来是由现在的我的努力程度所决定，我完全可以用自己的付出直面那些"黑历史"，撕掉我亲手为自己贴上的标签，实现一场完美的反转。

最后要说的是：坚韧。高三时的压力感是扑面而来的，这种压力一度让我的泪腺非常发达，一丁点小的波折在我眼中都会无限放大。在四模时，我的成绩从年级前几名跌落到了 20 多名，那天早晨我一个人站在走廊体验着崩溃感。这些敏感的、脆弱的往昔，成就了今天的我。大一时，当我走进燕南园喂猫，流连于未名湖的风光时；当我在体育馆和大家一起唱着校歌，在百周年讲堂和朋友一起看乐团音乐会或是电影时，我觉得曾经付出的一切努力，无论汗水还是泪水，都担得起"值得"二字。

高考——这场少年时代最重要的战役，没有人能够真正帮助你，即使是父母家人能做的也相当有限，你只能靠自己的努力与坚持，让你冲破一切险阻，获取最终胜利。而这段关于坚持的日子，在日后想来，会成为一段特别甜蜜、独一无二的回忆。

这是我的第五个故事。

第六篇

"一分耕耘，一分收获"

"一分耕耘，一分收获"，这句话第一次让我相信它，还得回溯到初一的一次语文测验。那是我刚刚升入初中的第一个月，还没有经历过什么考试来检测自己的水平。有一天放学，语文老师说下周会当堂测验一次，因为考试规模不大，很多同学便没有放在心上，我起初也不怎么在意。只是在考试前两天突然想到，毕竟这是初中的第一次考试，心里有点兴奋和紧张，那就粗略地复习一下，求个心安罢了。于是我翻看了课本，尤其把阅读的部分好好按照老师上课讲解的思路进行了梳理。现在还记得很清楚，那篇课文是《紫藤萝瀑布》，很巧的是，书中写到的紫藤萝，正是以现在我所在的中文系的老办公楼为原型，不得不说这是一种巧合，也是一种缘分。

我做了一个很正确的决定，那一次的复习让我拿到了全班最高分——这意味着初中第一次考试，我就拿了第一名。这在当时对我而言是一种特别大的鼓舞，我意识到，只要自己稍加努力，那么成绩也会稍加提高。我所付出的小小的用心，总会取得回报。

随后迎来了期中考试。初一的时候，大家对历史、政治、地理这样的科目不很重视，我也并不在意，只准备认真复习语、数、英，把这些"副科"考前随意看看。但手头上又有三本已经买回来的复习资料，不做有些可惜，于是我有些不情愿地开始填概念、做习题。一开始做选择题，十个只能对一两个，几乎全是知识漏洞，于是一道一道改错，再翻回书里找知识点，就这样看了整整两天，复习完了三门课。在考试结束前，我一直觉得复习和不复习没有什么区别，但交了卷子后，看到几个朋友十分沮丧，认为历史考的很难，尤其是选择题。可是那些选择题，正是我在复习资料中做错、改错并重新背过相关知识点的题目。原来复习和不复习真的有很大的差距，我做的功课并不是无用功。那一次期中考试，我的历史、政治、地理三门课都进入了班级前三，总排名全班第一，那是我第一次感受到什么叫作"荣誉"。

初中的这两次考试，我初尝努力带来的"甜蜜"，"一分耕耘，一分收获"这句话，伴我走过中考、高考，甚至到现在的研究生保送考试。从那以后，我始终相信，只要自己付出，就一定会有所成。这是我的第六个故事。

编者给父母的话

真正有质量的教养，并不是简单地大是大非面前指正方向，或者是简单地照顾生活，督促学习，而是应该渗透进点滴生活之中，用一切可利用之时机，和孩子一起成长，想要孩子成为对生活充满梦想和激情的人，你就应该比孩子更对生活充满梦想和激情。

　　读完艺遥的故事让我们印象最为深刻的就是：她的父母这一路走来给予她的陪伴。

　　诚然，绝大多数的父母无法做到艺遥父母这种程度。工作太忙、时间太紧张、太麻烦、路边随便吃点就行……父母们总是有各种各样的理由，选择最为便捷的方式，很少会有像艺遥父母此般魄力，可以牺牲大量时间、精力，不厌其烦，并且是父母齐上阵，长期坚持着去陪伴孩子做这些看似稀松平常甚至被认为是小题大做的日常生活琐事。他们的意图很简单，只为了让孩子吃一顿健康安全的晚餐，或者只为了一项并不太重要的副科体育测试，竭尽所能为孩子解决学习之外的任何干扰和困难。在他们的眼中，孩子的每一件事都不是小事，对之他们都用上了自己的全部心力，当然也让孩子感受到了父母浓浓而伟大的爱。

　　父母这些陪伴的意义，远远不止于为孩子的学习提供了后勤保障，更是让孩子时刻知道，前进的道路上不是只有自己在奋斗，父母是自己前行路上永远的坚强后盾，是自己展翅高飞时托起翅膀的温柔且最持久的风，是自己成长动力最可靠的能源补给站。有了父母的同行，孩子才更加有动力，更加坚定前行的信念。

　　但是，也有很多家长会疑虑：不是说要放手，要尽可能地给孩子自己成长的空间，尤其是大一点的孩子，更应该让其独立吗？怎么这里又提倡陪伴呢？

实际上，这两者并不冲突，从艺遥父母的陪伴我们可以看到，他们真的就只是像伙伴一样去陪伴，而不是替其决定安排。比如初三上学爸爸陪跑，妈妈坐公交拿书包；或者高中接送放学上补习班，送晚餐，这都是在辅助的角色，去陪伴激励她努力，核心还是艺遥自己有个"北大梦"，有强烈的前行意愿，方向和目标是艺遥自己决定的，而父母既没有施压，也没有强迫，就只是简单温馨地陪伴，甚至于连晚餐间的谈话也都是轻松惬意的唱歌、闲话家常，没有说教，没有要求。在他们这个全家总动员的队伍里，起主导核心作用的仍然是艺遥自己，所以这和放手让他们自己独立并不冲突，但又因为有了父母的这种陪伴，可以很大程度上起到无声的督促作用，并能最大程度地减少她学习之外的精力消耗，集中更多的精力于学习上。

由此看来，父母的陪伴作用很大，但前提是父母自己必须找准定位，既不要缺席，也不能占据主导地位，完全让孩子按照自己的意志来，需得时时让孩子感觉得到依靠，感觉得到支持，但又不会有压力，不会有强迫感。最好还是父母双方共同参与，发挥父母双方的作用。这一点在最新实施的我国《家庭教育促进法》中也有明文规定。

　　此外，父母应当相机而教。这个机会找对了，找好了，所达到的教育效果将是非常大的。以艺遥父母为例，在艺遥小学毕业的暑假，妈妈带她到北京旅游，在北京众多的旅游景点中，妈妈特别安排了北京大学，尤其是在未名湖畔，还特别安排小艺遥拍了一张坐在未名湖畔看书的照片，在没有书的情况下，还特意找路过的北大教授借书。看似轻松的旅游，却选择了中国最高学府之一的北京大学；看似简单的拍照留念，却选择了模仿北大学子在未名湖畔看书的情景；看似平常的暑假，却选择了北京大学的毕业季……种种最是平常的安排里，却藏尽了妈妈的机巧心思。正是这些巧妙的安排，才让北京大学确确实实深植进了小艺遥的心里，埋下了梦想的种子。如果小艺遥没有在北大校园看到那么多身着学士服的北大学子，可能北大校园对于她而言也就是一处风景优美的旅游景点；如果不是未名湖畔那次借书拍照，没有那本书，没有那次向教授借书的短促交集，都不会让北京大学在小艺遥的心里留下深深的印迹，没有那张照片时不时勾起北大之行的回忆，梦想的种子可能也不会生长得如此茁壮，也不会有如此强大的破土之力。

　　这整个过程中，没有一点说教的痕迹，只是在轻松的游玩中，引导小艺遥树立了目标和方向。这正是相"机"

而教的理想模式——找准时机，创造机会，潜移默化中达到教育和引导的目的。显而易见，这种教育效果远比说教更深刻。

因此，**真正有质量的教养，并不是简单地大是大非面前指正方向；或者是简单地照顾生活，督促学习，而是应该渗透进点滴生活之中，用一切可利用之时机，和孩子一起成长，想要孩子成为对生活充满梦想和激情的人，你就应该比孩子更对生活充满梦想和激情。**就像小艺遥妈妈给小艺遥在未名湖畔拍照，我想绝大多数父母在这个时候，都会选择简单的摆拍了事，而小艺遥的妈妈却选择了要拍看书的照片，在没有书的情况下，还努力争取借书，这一切的行为，都在无形中一层层加深了小艺遥对北大的印象，并为小艺遥营造了一种努力争取、不轻言放弃、积极向上的精神影响。就像艺遥的父母克服一切困难，坚持陪跑一年、坚持送晚餐大半年等，看似简单，跟大多数父母一样，艺遥的父母也肯定会有很多这样那样的事，但他们都一一克服了，并坚持了这么长时间，在他们的家庭中，这种克服困难积极向上的氛围显而易见，也在不声不响中滋养着艺遥不断成长壮大，这才是这个家庭给予艺遥最大的财富，助她顺利考入北大，在未来的人生中获取众多荣誉的最大动力。

所以，父母们，不要再一味地要求孩子，给孩子提各种条条框框，你更应做的是：不断反省自己，父母共同参与，从自身做起，改变自身的精神面貌，营造良好的家庭氛围，在努力成为更好的自己的同时，才能更好地滋润营养着你的孩子成长得更好！

3 榜样的力量
——发现并利用提升学习动力的
一切因素

兰星辰

北京大学外国语学院北京大学国际政治经济双学位，韩国首尔大学交换生。北京大学学生会监察部副部长，北京大学中韩交流协会理事长。曾获吉林省数学竞赛一等奖，高考数学满分。

为你讲述

在母亲的影响下，成功逆袭

满分不取决于高智商

它与态度、努力和方法有关

母亲给予我的触动和激励对我的成长发生了巨大的作用。她让我明白，无论什么时候努力都不算晚，只要自己坚持不懈，愈挫愈勇，一定会有所收获。

　　最终高考时数学考试提前四十五分钟答完了所有题取得了满分的成绩，这个过程与经历告诉我：满分不需要高智商，只需要态度、努力和方法。

我是北京大学外国语学院兰星辰，来自吉林省，高考成绩文科 628 分，其中数学 150 分满分，曾获吉林省数学竞赛一等奖。北京大学国际政治经济双学位，2018–2019 学年度春季学期赴韩国首尔大学交换，曾任北京大学学生会监察部副部长，北京大学中韩交流协会理事长，曾获第十四届北京大学、中央民族大学、北京外国语大学韩语比赛最佳配音奖，曾任北京大学返乡宣讲活动吉林省白山市负责人、香港嘉里集团基金会内蒙古察右中旗调研团代表、中韩大学生亲善恳谈会中方代表，参与组织举办北京大学第十四届国际文化节，北京大学中韩文化沙龙活动，擅长跨文化交流与交际。

　　和很多考上北大的同学不一样，我之前并不是一个典型的"学霸"，我在中学时代走了很多弯路。初一初二的时候我很贪玩，经常通宵上网或者熬夜打游戏以致第二天上课睡觉，那时候我的学习成绩很不理想，在年级中排 200 多名。后来，受母亲的影响，我开始思考这样生活的意义，从那之后我开始努力学习，并最终考入了北京大学。

这里，我将分享我以母亲为榜样，迷途知返发生巨大转变，努力学习，并让数学成绩从不及格到最后高考满分考上北大的经历和这其中的学习经验和学习方法，以及在学习过程中处理负面情绪的方法。

希望看过我的成长经历后，你也能拥有一双发现自己榜样的慧眼，并能够源源不断地从自己的榜样那里汲取力量，也能从中体会并找到自己的学习方法，能够更加自信地战胜学习生活中遇到的困难与挫折。

第一篇

榜样的力量，是无限的正能量

很多时候很多同学认为榜样离我们很远，我们根本接触不到，并且也没有感受过榜样的力量。我想告诉同学们的是，榜样其实就在我们身边，需要我们自己去发现，去了解他们的经历，这能给我们的成长带来很大帮助。就我而言，在我的成长过程中，我的母亲就是我很好的榜样。

我的母亲基本没有直接干预过我的学习，无论是在我学习不理想的时候还是我学习成绩快速提高的时候。她从来不在意我的名次和分数，不希望给我带来更大的压力，如果我不和她说我的成绩，她也从不会主动过问。

在我的成长过程中，母亲的教育是身教大于言传的。我的母亲从小有个当法官的梦想，但是小时候的她因为年少无知，并没有坚持向着自己的梦想努力，而是走了很大一段弯路。中专毕业后，她放弃了学习，做过各种各样辛苦的工作，她卖过服装、卖过泡菜，擦过玻璃，在药店卖药……她被辞退过、下岗过……多年的打拼让母亲深知打工的辛苦和不易，当看到她的大学毕业的同学轻轻松松地工作的时候，她深刻地认识到知识的重要性，更是重新唤醒了心底深处埋藏的梦想。于是，她毅然决定在药店一边工作一边开始学习准备公务员考试。那时候她已经33岁了，记忆力和精力早已大不如前，而且除了工作，还要照顾年幼的我，照顾家庭，可想而知，她选择这个时候开始重新学习的难度有多大。药店工作的同事看到母亲在准备公务员考试甚至会对她冷嘲热讽，也从来不会在工作中给她更多便利。即便如此，母亲还是利用一切可利用的时间，努力学习并坚持了下来，终于在35岁的时候考入法院。考入法院后她先后做过最基础的书记员和档案工作，可是她的梦想是做一名法官，成为法官需要通过极其困难的司法考试。所以，母亲依然不顾年龄和精力的限制，继续学习，向着自己的梦想坚定前进，努力学习备考，从零开始，仅仅花费了两年时间，在38岁的时候通过了司法考试，实现了自己的梦想。现在，她是一名优秀的法官。

我亲眼旁观了我的母亲一边照顾我，一边工作，一边学习准备考试做出了多少努力，她所经历的艰辛和最后的收获都给小时候的我留下了深刻的印象。她在给我讲述她的人生经历时，并没有强调她经历过多么大的困难，而是非常淡定，娓娓道来。当我对比她 26 岁生我时候的照片和 36 岁的照片时，我震撼于母亲的不易，在那 10 年间，母亲迅速地苍老，她乌黑的长发变成了如今的短发，并生出了大量连染发都遮盖不住的白发，那 10 年患上的风湿和腰疼至今影响着她的健康。

讲述和照片对比之下，母亲在我小时候留下的努力和坚持不放弃的印象也更加清晰，她带给了我深刻的触动。母亲说她最后悔的事就是高中时贪玩不学习，由于家里的孩子多，姥姥也没有关注她的学习，她是复读了三次最后才考上中专。她的人生走了很多的弯路，尽管很多人称赞她的努力，可她从来不会觉得她的经历很光荣。她告诉我，一个人有能力就要发挥出来，不要走错了路。她的经历还让我知道了知识对普通人和普通家庭的重要性，母亲就是用知识改变命运的典型代表。

尽管母亲有着更丰富的人生经验和阅历，但从来不传授我大道理，而是喜欢站在我的角度思考问题，做平等的交流，我体会到了其中的良苦用心和她的不易。正是这份触动让我开始了对自己人生意义的思考，有了迷途知返、努力进取、考上北大的转变。之后每当遇到困难时，我总会想起母亲的经历，对比自己，就会觉得现在自认为的困难简直不值一提，从而有了自信和勇气去冲破困境，奋勇前行。

榜样可以像我的母亲一样，有着坚韧的毅力和催人奋进的奋斗经历，激励我们在面对困难时能够不懈前行；榜样也可以是我们前行路上一直优秀的人，我们会意识到我们和他们的差距在哪里，只要针对这些差距去不断地提高自己，弥补自己的不足，我们也会成为和那个榜样一样优秀的人，或者是比那个榜样更优秀的人。"三人行必有我师"，善于发现自己身边的榜样，用心去了解他们，去学习他们身上的闪光点，一定会让自己更优秀！

第二篇

满分不取决于高智商，它与态度、努力和方法有关

　　和很多考上北大的同学不一样，我并不是一个典型的"学霸"，我在中学时代走了很多弯路。初三之前我都很贪玩，初一初二的时候还一度和社会上的"混混儿"玩在一起，经常通宵上网或者熬夜打游戏，白天上课就睡觉，那时候我的学习成绩很不理想，在年级中排 200 多名，整天过得浑浑噩噩。直到初二暑假，母亲给我讲述她的经历。翻看母亲的照片给我带来深深触动后，我开始思考自己的人生：母亲也因为年少时的贪玩而走了很多弯路，但通过后来的不懈努力，最终实现了自己的梦想。她的经历告诉我无论什么时候努力都不算晚，只要自己坚持不懈，愈挫

愈勇，一定会有所收获。母亲给予我的触动和激励发生了巨大作用，在母亲的影响下，我具有了扭转自己人生轨道的勇气，并通过母亲的成功看到了自己逆袭成功的希望。于是我振作精神开始努力学习，虽然我的基础特别差。

利用那个暑假，我狂补之前的知识漏洞，初三的第一个月我心无旁骛，完全沉浸在学习当中，通过努力迅速弥补了基础知识的不足。第一次月考我进步了200名，排到了年级20多名，但我却被老师叫去谈话，被同学怀疑成绩是抄袭得来的。因为之前吊儿郎当的我给大家的印象太深刻，突然之间的转变，让大家都无法相信。这更加激起了我的自尊心，我想证明给大家看：我不是老师和同学眼中的"混混儿"，我要用成绩说话。

于是我努力将自己的名次稳定到了20多名，其他科目都还好补，只要花大功夫去背去记，就能补回来，可数学不好背记，数学成绩成为我的短板，120分的数学试卷我只能考到八九十分，其他总分差不多的同学，数学至少都在110分以上。我想努力地提高数学成绩，但是始终没有找到好的方法。

初三后半年我开始大量刷题，坚持每天做一套数学卷子。即便如此，成绩仍然没有很大的提高，难题依然做不出来。可能由于题做得多了，"瞎猫也能撞上死耗子"，一次数学考试突然发挥超常，考了 112 分，总分排到了年级第二。但之后由于上数学课走神被老师点名批评罚到门外，给自己的心理带来了点小小的波动。也许是被第一次考试的胜利冲昏了头脑，也许是"罚站"带来的打击，以致我在数学学习上有了短暂的懈怠。第二次考试再次由于数学的退步，退步到了年级 50 名开外。我对自己的数学能力和智商产生了怀疑，有时候甚至因为题做不出来急得直哭。这让我感到深深的挫败，但同时又很不甘心。

冷静下来后，我开始认真思考，从初三上半年的进步来看，觉得自己还是有潜力的，又想到了妈妈的经历，妈妈之前考中专都是考了 3 次才考上，之后又放下学习 10 来年再捡起来学，还是边工作边照顾孩子边学习都能通过自己的努力成功，那我也能行。于是我暗暗告诉自己，绝不能轻言放弃，一定要坚持下去。在找到更好的方法之前，我坚持大量刷题，使用题海战术。直到中考前的某一天，我集中刷了一遍数学考试试卷中那些压轴的难题，也是平时我经常做错失分的题。突然奇迹般地发现，在熟练掌握了各类基础题后，这些一直困扰我的难题好像也没那么难了，几乎全部轻轻松松都做了出来。这给我中考增加了很多信心。最后中考差一分满分的数学成绩让所有人惊讶，似乎我的成绩总是能这么出其不意。

后来我总结，当时初中数学成绩的提高主要依赖我的题海战术和坚持不懈、不放弃。但那时我还没有总结出适合自己的系统的数学学习方法，即便刷题也是机械地刷，完全靠量取胜。不过不管如何，初中的经历告诉我，我还是有能力提高数学成绩的。

初升高衔接时我的数学成绩又不理想了。让我印象最深刻的一次，高中老师出了一张160分的数学卷子，班级的最高分是158分，而我只考了100分，全班垫底。我很清楚，这是因为我当时还没有找到适合高中数学的学习方法。高中的数学知识超出了我初中大量刷题积累的"题库"，所以我就无法应付。数理化科目是相通的，没有找对学习方法，导致我的数理化都学不好，成绩也都很差，于是只能选择文科。

从那以后，我再次开始了数学魔鬼式学习训练，在找到好的方法之前，我只能奉行"勤能补拙"的宗旨，在一年内自学完了高中数学的全部内容，高二结束时候做完了所有省份近五年来的所有高考真题和大量模拟考试题。

功夫不负有心人，终于让我摸索出了学习数学的方法，数学成绩开始有了质的飞跃，并且一发不可收。我没参加过任何的数学竞赛培训，但第一次直接参加竞赛便取得了竞赛第一名的成绩。我辅导同桌的数学，她也在较短的时间内就提高了数学成绩，并且高考数学取得了 147 分，目前就读于北大的英语系。我自己高考时提前 45 分钟答完了所有题并取得了满分的成绩。我的数学攻坚之旅告诉我：满分不需要高智商，只需要态度、努力和方法。

第三篇

数学满分秘诀

数学不需要记忆特别多的知识点，关键是掌握方法和技巧。那么学好数学到底应该注意些什么，究竟有哪些方法和技巧呢？辅导班应不应该上，如果要上又该如何选择？下面我将一一道来。

1. 针对数学成绩不太理想的同学，如何分配数学的学习时间很重要

学习数学的时间太多可能会耽误其他科目的学习，影响总成绩，而如果分配给数学时间太少的话，数学成绩又难以得到有效提高，总成绩还是会上不去。以我个人的经验为例，首先你需要给数学倾斜一定比例的时间。

很多同学数学成绩本来就不太理想，也不想多拿出一

些时间来学习数学，还是在各个科目上平均着力，那数学成绩当然得不到提高。对于一般人来说，学习数学达到深入的思考的程度是需要一定时间的，这是由于数学的学科特点来决定的。数学并不需要记忆特别多的知识点，关键是掌握方法和技巧，一旦掌握了方法和技巧，成绩就能有很快的提高，所以你需要留够数学学习的时间。至于这个比例，针对数学成绩不理想的同学，我建议需要占到百分之五十左右。要记住，数学一旦掌握了方法，就会有立竿见影的效果，所以投入百分之五十的时间是值得的，但同时也要平衡好其他各科的时间安排。

第二，学习数学的困难到底在哪，这个问题因人而异。

我曾经在高中帮助过不少不同分数段的同学，以我自己的经验和从这些同学身上总结的经验来看，每个分数段的同学需要解决的问题都不一样。

第一类：**"双基"不牢**。我曾经辅导过成绩在 80~110 分或者比这个分数段还低的同学，这一类同学的主要问题很简单，就是"双基"不牢。你想一想，自己的基础知识都记熟练了吗？数学不需要过多的记忆，但是基本的公式和知识至少需要熟记于心。做题的时候有多少基础知识和基本方法想不起来，这类同学我建议要回归书本，重新演绎公式的推导过程，理解老师讲课的基本方法，做到真正的理解、真正的吃透。那什么是理解、吃透了？很简单，你的数学老师在给你讲解之前，他一定是对知识理解、吃透了的。所以，检测自己对某个知识点是否真正理解、吃透，只需要你把自己当成老师，能给别人讲明白，至少你得做到给你的老师讲明白，能思路清晰地表达出来，而不是想当然，也不是脑袋里似是而非的概念，这点要细心体会。最好是能给家长讲明白，让没学过数学的家长也能听得懂，理解到，这是最高要求。然后便是多做做基础题，提高自己的熟练度。

第二类，技巧、水平和思维强度不够。对于数学成绩在 120 分左右的同学来说，一般课上会比较努力认真，课下会完成老师留的作业，他们的基础知识往往是没有问题的。对他们而言，试卷上的基础题基本都能做对，问题集中在一些较难的题上，往往解不出来，这就是拔高的部分。为什么面对较难一些的题就解不出来，而进入瓶颈期呢？主要是因为他们的技巧、水平和思维强度不够。这类同学首先需要巩固好自己的基础知识，确保基础题不丢分。然后要有针对性地攻一些难度比较大的问题，提高做题技巧和思维能力。

具体来说我的方法是，将试卷上比较难的题汇集到一起，如选择题或者填空题的最后一道题，还有最后的压轴题等，集中攻克，一定要给自己规定好时间，在规定时间内能做多少是多少，最重要的是：做完一遍后一定要深入思考，真正搞懂这一类题。我曾经很多次把十几套试卷上的所有难题汇集到一起，要求自己在两个小时内做完，这样我一次就能吸收很多试卷的营养，经过一次又一次的强化训练，极大地提高了自己的做题速度和思考能力，慢慢发现自己在做习题的时候就有了很大的提高。我想告诉大家的是，刚开始的时候一定会非常困难，但是千万不要怕难，你要相信自己，坚持下去，不要放弃，坚持自己做、深入地思考，深入体会方法和思路，对于做不出来的题，绝对不要轻易地看答案，觉得自己懂了就行了，你懂的只是一个个孤立的题，如果没有深入思考，就不能触类旁通，真正搞懂这一类题。重点是你一定要体会自己的思路和答案的思路差在哪里，是哪一步出现了问题，哪一步没有想到，对自己接下来做的题有什么启示，有没有什么其他的方法，按照你自己的做法为什么行不通，多给自己提出一些问题，把这些问题和同学交流，和老师交流，在不断的交流中，往往就能以点带面，才能将一个个孤立的问题联系到一起，提高自己的思维能力。

2. 做好课堂学习与课外补课的平衡也很重要

首先，说说课堂学习。如果课堂学习不到位，课下自己学习就会很吃力，数学成绩也就不容易提高。课堂学习分为学习新知识和习题讲评两个部分，当学习新知识的时候，我们要注意一定要认认真真地紧跟老师。这方面我个人就走了许多弯路，初中的时候我不太喜欢听老师讲课，认为老师讲的问题都在书上，课后自己看看书做做题，也一样。可事实是数学成绩总也上不去。我的很多同学也花很多的时间和金钱去补课、学新知识，最后成绩仍然不是很理想。所以，我认为课堂学习是一切的基础，只有把握好了课堂学习，才能再谈其他，否则，只会事倍功半。那么要怎样把握好课堂学习呢？

在课堂上学习新知识的时候，一是我们要学老师是怎么引入这个新知识的，很多时候新知识的引入和旧知识有很大的联系，熟悉前后逻辑，才能更好地吃透新知识，达到举一反三。二是我们要学老师是怎么推导公式的，高中数学的学习还是属于初等数学的范畴，其本质上还是一个利用公式解题的过程。我们很多时候抱怨公式记不住，究其原因往往还是课堂上根本没有听懂公式的来源，只是机械地对公式死记硬背，这样必然不容易记住，就算死记硬背记住了，也不会使用。三是我们始终要比老师快一步。老师在讲课的时候往往是一步一步循序渐进地讲，这个时候，最好要学会比老师快一步，就是要在课前预习一下，实现对课堂内容的宏观把握，从而清楚地知道老师下一步会讲什么、下一步会做什么，跟着老师的讲解一步步对照自己的思路来检验和对比，这样我们相当于主动参与到新知识的推演当中，而不是被动地接受，更能提高我们学习的专注力，也更利于我们理解、吃透新知识，并灵活运用。

其次，说说辅导班的问题。这里与大家分享一下我自己的经验教训。第一种，每次都在讲新课的辅导班。这种辅导班的感觉就是它自己有一个体系和节奏，每次都在讲新知识。因为同一周期，辅导班的课时比起学校课堂的时间少了很多，所以为了能与学校内容同步，往往几节课就讲了一整本书的内容。这样形式上看能够帮助我们在学校讲之前预习，但事实上辅导班的进度照顾了不同学校的不同进度，根本不可能真正跟你循序渐进的课堂进度紧密衔接，久而久之，就是自成体系。如果基础薄弱的同学上这种辅导班，新课听得一知半解，根本没有能力去及时理解消化，时间一长只会加重消化知识的负担，从而让辅导班的效果大打折扣；如果同学基础知识扎实，完全能跟上辅导班的节奏，那么也就肯定能很好地完成比课堂老师授课更快一步的预习，在这种情况下辅导班就没有多大意义，所谓好钢用在刀刃上，这部分同学若将补习时间用到去攻克难题难点上可能更有意义。第二种，量身定制的辅导班。其实，我并不反对进行课外辅导，相反我很赞成进行课外辅导，但是辅导机构一定要正规，辅导老师要能根据你个人的水平制定出专门针对你的提高方案，一定要知道上辅导班的最终目的是提高成绩。这样能够有效弥补第一种辅导班的不足，而且能够根据你的个人学习情况"量体裁衣"，取长补短，有效利用辅导时间，只不过这种辅导班一般都收费较高，让很多家庭直接望而却步了。

最后，就课堂学习和辅导班而言，最重要的都是需要你自己的努力。我曾经给一名高中生补数学，三天的时间她只做了四道题，留给她的任务她从来都是偷懒耍滑地应付完成，甚至不完成，原因并不是题的难度太大或者任务多，而是她自己的态度有问题。自己成绩不理想还不愿意下苦功夫，那肯定是不能提高的。俗话说"任何时候都没有不努力的成功"，这个道理大家都清楚。所以说"师傅领进门，修行在个人"，不管是课堂学习，还是辅导班学习，前提是自己要愿意学习，愿意努力，这样才能真正行之有效。

3. 题海战术与精做细想

关于题海战术。我们肯定都知道做题很重要，因为考试就是通过做题的形式来实现的。具体怎么做题，很多老师要求题海战术，也有很多老师要求少做多想。到底哪方老师说得对，我们应该相信哪种说法，让人非常困惑。其实就我看来，题海战术和精做细想并不冲突，如果能够将二者很好地结合，那必然会取得不错的效果。

如何选题？题海战术并不是什么题都做，随便买一本真题或者这个练习、那个题库什么的就可以，一味求量。毕竟时间非常有限，我们应该根据自己的水平，多听取老师和同学的意见，有针对性地去选择做题。我建议多选择比自己水平稍微难一点的题来做，自己哪个部分薄弱，就专门练哪个部分，哪个地方掌握得比较差，就专门选择这方面的题来练习，有的放矢。这样不仅能够训练难题解答思路，同时也巩固了基础知识，之后逐渐增加难度。

如何做题？首先，做题要讲究一定的方法。我的建议一是多做填空题，填空题是最直接的问答，最能检验对知识的接收和消化程度。我自己的经验是把所有选择题都改成填空题来做，稳扎稳打。二是对于解答题，考核基础知识的解答题不要觉得自己会做就跳过，而是要加快速度完成，为后面的难题留出时间，还要重视解答步骤和完整性。三是鼓励题海战术，据我的经验，大量的练习是必不可少的，但不是漫无目的的题海战术，解题之后的批改反思也很重要，尽量要多做多想。

其次，对于参考答案的使用，秘诀是一个抛弃一个依靠。据我自己的经验教训，以及长时间对数学成绩不理想的同学的观察和辅导，我发现大部分的同学对待参考答案的使用方式有很大问题，以致大大影响了做题效果。对于参考答案的使用，很多老师也无法监督，包括老师讲出的答案，更多的需要靠自己来把握如何利用。

我的秘诀是一个抛弃一个依靠，抛弃参考答案，依靠自己的思维。抛弃答案，并不是扔掉参考答案，而是不依赖答案。很多同学自己做题的时候，会做的题轻轻松松地做完了，遇到不会的题空在那里或者随便蒙一个，等着看答案或者听老师讲。做完题看看答案的解析，甚至有的练习册就标榜有对题目的精解精析。很多同学为了节省时间，碰到这些不会的题就会寻求直接看答案解析，"啊，原来如此，不难啊，我怎么就没想到呢"，然后就认为自己搞明白了。有的同学可能还看不懂答案的解析，就死记硬背把这道题的条条框框记住，想着之后碰到这类题就直接套用，一知半解敷衍了事。这样的同学非常多，看起来也相当努力，刷了好多好多题，但并没有一个很大的提高，我最初就这样。我之前做家教的时候也带过很多这样的同学。之前有一个同学，做题的时候基础题都会做，但一到难题就出问题，我翻出来他做过的练习题，找到里面他不会做的题或者是错题，问他这道题你是怎么想的呢，他说他没想出来，我说那你怎么办，他看了一下答案，说答案是这么做的，我又问他你这个错误的结果是怎么得出来的，他说他想错了，答案是如何如何的。这也许是很多这类同学都会有的回答，没有真正利用好答案，而是让答案成为自己独立思考的阻碍。就初高中的数学而言，不会有太复杂的推理，往往就是一步或者两步的变形就解决了问题。你要理解的是，是你自己在做题，而不是让答案做题，答案的思路必须主动地从你的脑海里出现。如果长此以往依赖答案，没有自己的思路和思维，一到不会时就总被答案牵着走的话，考试的时候肯定也是想不出来答案的。

再次，想知道要如何利用答案，就应该先知道如何去思考。可以好好回想一下，每次当你面对难题时，是不是不会一点思路没有，完全地无从下手，不管多少，不管对错都还是能想出一点点东西来的，但之后的解题就进行不下去了。这时你需要想想自己的解题是走到了哪里进行不下去的，有什么别的解题思路，但凡有的思路都可以想出来，各种思路都考虑过后，还是解不出来就可以对照答案，重点看一下自己的思路究竟错在哪里，与答案相比，自己的思路还有哪些不足，要始终坚持，答案一定是为你自己的思维服务的，是要帮助你修补自己思维漏洞的。要多向老师、同学请教，不耻下问，但不能只是问，你要重点去学习老师的思路，学习老师是怎么思考的，多听听别人是怎么评价你的思路，反思总结的过程非常重要，只有将反思总结的步骤运用好，才是真正地将答案运用好了。我就是经常在反思总结中简化了答案的解题方法，甚至在思考中提出了新的方法，因为是自己想出来的东西，所以就能够深刻地记住，下次遇到同类的问题，答案的思路就会自然而然主动地从你的脑海里出现。

4. 自主学习

很多同学可能已经习惯了老师授课，自己听课，然后做题巩固知识这样的一个学习模式。但我建议同学们可以多多尝试自主学习。就数学而言，我是从高一上学期期末开始自学，在高一下学期的期末考试之前就已经自学完了高中数学的所有内容，在高二上学期结束前基本上做高考题就能保持 140 分以上了，高三一年我基本上在补其他的弱势科目。在我看来，自学是锻炼自己思维的一个非常重要的方法，在自学的时候，你既是一个学生，更是一名老师。自学实际上就是自己把知识讲给自己的过程，它对提高你的思维能力有很大的帮助。

关于如何自学。有的同学自学就是看看书，记一记公式，我觉得这种自学方式并没有什么作用。我建议要将书本知识和做题结合到一起，学完一部分，马上做题，检验和巩固自己的学习成果。我当时是先看书了解一下这部分的基础知识和基础概念，然后看一下总结这部分知识点的参考资料，仔细研究一下例题，然后做一下后面的题检验自己是否真的弄懂了这一部分并巩固。

如何选择自学资料。在选择自学资料的时候，你尽量要选择内容丰富，题量比较大的一类资料，提高自己的效率。刚开始自学的时候肯定不会很顺利，不一定能一下将知识真正弄懂弄透，因而可能会感觉到挫败。就我而言，我在高中自学完函数，然后学习圆锥曲线的时候，当我看完书和一些例题之后去做题，几乎一道题都做不出来。这种情况很常见，在这种情况下千万不要灰心，因为学习每一部分知识所需要的思维角度是需要训练的，碰上差别比较大的前后两部分知识，更需要一个思维方式和思路的转换。比如像我，学完函数部分，思维方式和思路都还固封在函数里，在学圆锥曲线的时候一下没适应也转不过来，学圆锥曲线就遇到了瓶颈。就因为不同模块的问题解决起来需要的思维方式是不一样的，掌握新的解题思路也需要花一定的时间，所以不能灰心，更不能放弃，按照刚刚我说的做题的方法和步骤，体会要领，多做多想，一定能有突破。

自学的时候一定要和老师讲课的部分结合起来。不能因为自己自学了就觉得老师讲的东西不重要，内容可能你已经了解，不会出现什么大的问题，但是听老师讲课，正好可以检验自己自学理解的是否正确，解题思路是否最佳，老师的思路和你的思路可以互相补充，对于很多知识点，老师的理解肯定会比你更深，而且老师在多年的授课过程中积累了更多的经验，对于一些需要注意的部分，也会把握得更精准，这样能够让你的听课变得目标更明确，也更有效率，所以，认真学习老师的课堂讲授非常重要。

5. 学习中遇到问题的处理方法也很重要

有的同学遇到问题不喜欢去请教解决，而是习惯性地放置一旁，或者看过了答案自认为解决了，但实际并没真正弄懂消化，最后问题越攒越多；而有的同学恰恰相反，一有问题就去问老师，问同学。我在初中学习的时候就是这样，做的题只要一不会做或者做错就去问老师，这样看起来很勤奋努力，最后效果甚微，那是什么原因呢？从我自己的经验教训来看，解决自己学习中的问题是一个过程，只有完成了这个过程，学习才会真正有提高，问老师或者同学只是这个过程中的一个部分。要做到前面所说的如何思考，就是必须有一个自己思考—检验—校正的过程。在请教的时候，要把问老师当成一个和老师对问题进行探讨的过程，虽然你做错了或者不会做，但是你也会有你自己的思路，对你而言你自己的思路是最有价值的，不是去被动地听老师怎么给你讲一遍标准的答案，更多的是需要把自己的思路展示给老师，将自己的思路和老师的思路进行对比，尽管这个思路可能是错的。让老师帮着分析一下你的思路错在哪里了，哪里走不通了，应该如何改进或者完善，如何解决我自己思路存在的问题，我的思路为什么会和老师的不一样？只有通过和老师的探讨而不只是被动地去听，才能深化自己对知识的理解，才能提高你自己的水平。除此之外，我认为在学习的过程中，还有很重要的一点是自己的心态和情绪管理。

第四篇

学习中的情绪管理

学会沟通，勇于沟通，善于从沟通中学习。我结合自己的经历，讲述一下如何处理在学习过程中产生的负面情绪，以及向榜样学习、与他人沟通在处理这些负面情绪中的重要作用。

作为刚刚经历过高中的学长，除了学习方法，我认为还有很重要的一点是自己的心态和情绪。我们要明白自己的负面情绪产生是必然的，面对来自学业和父母、老师的多种压力，自己很容易产生负面情绪。我在初三幡然醒悟，拼命开始学习，成绩逆袭而上的时候，被老师和同学们质疑；在高一的时候，因为初中之前不怎么学习，基本全靠突击，基础知识不扎实，导致高一的时候，各科基础都比较差，各科学习都很吃力，高一英语老师非常负责，每天都找我谈话，甚至还联系我家长让他们督促我学习英语。高二的后半学期我花了很多时间在学习语文上，期末考试时候还是做错了所有的语文选择题。那段时间我的压力非常大，尤其高二期末语文考试后，我觉得我的内心真的接近崩溃了。这段低气压期，说起来时间不长也不短，可那已经占去了我宝贵的三年高中时期的一半。如果不是我能积极调整，控制好负面情绪，我可能真的就被压力和负面情绪拍回到"混混儿"时代了。

就我个人情况而言，或者说对所有想要逆袭者而言，调整好心态，控制好负面情绪，甚至重过一切。在你下定决心想要逆袭的那一刻开始，你就得清楚，你必须为自己之前的荒唐茫然、虚度光阴买单，你要承受的压力和需要付出的努力必定要超出旁人很多倍。如果能抗住这个压力，坚持这份努力，也就成功了一大半。而我的方法就是多去沟通、去交流，发现并解决自己的问题。

可能因为拼命逆袭的我比别人更努力、更用心、更积极，也让老师们给予了我更多关注。我的班主任经常一下课就找我到他的办公室交流心得体会，而我也不会唯唯诺诺，畏首畏尾，总是会敞亮问出心底的所有疑问与不解，诚实告知心底的各种压力与负面情绪，老师也会给予我很好的建议和解决办法，所以每次都相谈甚欢，也确实很好地舒缓了我的压力与负面情绪。

我记得高三下学期的时候，前三次模拟考试我全部没有考好，尤其是第三次模拟考试，成绩非常不好，发成绩的那天我没有去晚自习，直接回家躺下睡觉，那一刻我几乎就要冲动放弃了。可老师晚上给我打电话并没叫我回去上晚自习，而是说要请我吃饭，叫了我出去。在很轻松的氛围下，他一直鼓励我，让我相信自己一定能够取得自己想要的结果，也成功和及时地把我从冲动放弃的边缘重新拉了回来，直到现在我仍然对老师充满感激。

我真心希望同学们尤其是决定逆袭的同学们在面对这些压力的时候，能有一个正确的态度，多和老师、父母沟通，是那种自己内心真正想要的沟通，能敞开心扉的，而不是被动接受或者为了应付压力的沟通。

高中对我的打击，不仅仅是那逆袭过程中一次次不尽如人意的考试成绩，最大的一次打击就是在高考那年我拒绝了清华自主招生的邀请，而是报名了北大的博雅计划，可初审就被拒绝了。在四月底我得到这个消息的时候，犹如当头棒喝，彻底被打击得蒙了。因为虽然我的学校不是超级中学，每年仍然有通过博雅计划参与北大招生的，但偏偏到了自己这一届就被拒绝了，而且还是在我放弃了清华自主招生的邀请之后，那时我甚至有一种万念俱灰的感觉。我的父母坦然地告诉了我这个消息，妈妈告诉我无论如何都需要接受这个事实，我确实很难接受，很难很难。但值得庆幸的是，我最终守住了自己的内心，我给了自己两天时间去接受这个事实，一遍遍告诫自己必须走出来，相信自己。而我的老师和家长也都不断帮助和鼓励我。我记得当时我的班主任对我说："你根本没必要对这件事纠结，如果你觉得很难过，那就是对自己的实力还不够相信，不相信你自己完全可以考上北大。"现在再回过头来想想，其实真的不算什么，只不过也就是自己高考备考期间的一个小插曲罢了。这种看法让我意识到，我之所以现在能把它看得如此无足轻重，不仅仅是因为我现在已经站到了当时铆足一切为之努力的目标地，更是因为自己的心境在经过一次次的挫折之后愈发的坚韧和强大了。我并不是给同学们灌所谓的心灵鸡汤，只是希望你明白：自己遇到的每一次挫折和困难都会塑造自己，使自己成为更加强大的人。

在情绪管理方面，我父母给了我很多帮助。我的母亲基本上没有直接干预过我的学习，无论是在我学习不理想的时候，还是在我成绩有所提高的时候。她从不希望给我更大的压力，因而也从不过问我的名次和分数。但我却特别喜欢与父母沟通，我们很少讨论学习，更多的是讨论一

119

些历史、经济、社会问题，或者是我比较感兴趣的话题，这样能很好地缓解学习中的紧张情绪。

我也很愿意和我的老师们沟通，不仅仅是请教问题。我经常一下课就会跑到老师的办公室和各科老师沟通学习和生活上的各种体会。我的历史老师年过五十，虽然他平时上课很严厉，也经常批评我们，看上去不苟言笑，但实际他很喜欢同学们能多与他交流沟通。我想绝大多数的老师是很乐意多多与自己的学生交流沟通和探讨问题的。通过交流，他指出我的很多不足。不仅如此，我还和其他班级的历史老师一起交流。其他各科也都如此，我和地理老师会经常交流地理的学习经验，还经常会和地理老师由试卷上的一点点问题逐渐拓宽讨论，老师也会经常根据我的问题课下给我很多资料，这对我提高学习效率和学习兴趣很有帮助。在和各个老师的交流中，我学习了他们的思维方式和对问题的理解角度，将其融会贯通，最终形成了我自己解决文科综合的思维能力，这些得益于我愿意也会主动地去和老师们更多地交流和沟通。

我和高中同桌也经常讨论学习问题，同桌和我完全不属于一个学习风格，她从小学开始就是个有名的学霸，她细致扎实的学风和严谨认真的学习态度给了我很深的印象，加之她擅长语言学习，在语文和英语上都给了我很大的帮助。我则比较擅长抽象一些的文科综合和数学，在与她的交流中我认识到了我们之间的思维差异，也从她对我们影响中弥补了自己思维上的很多不足，改掉了自己浮躁的缺点，她一如既往地努力也一直感染和影响着我，最终我们都考入了北京大学。这也是榜样的力量，在跟各个不同的人的沟通交流中，善于去发现他们身上的闪光点和可取之处，积极贯彻鲁迅先生的"拿来主义"，从而不断完善和强大自己。只有积极地吸取别人身上的长处，及时改正自己的不足，也才真正实现了沟通交流的意义。

　　父母在与孩子沟通时，首先要学会的是倾听孩子的想法，有时候孩子的想法是很重要的。尽管父母的人生经验可能会更加丰富，也不要只传授给孩子大道理，而是应该多站在孩子的角度思考问题，做平等的交流，这样交流的效果会更好。

　　做好无声的沟通也很重要。父母们应该了解孩子的学习情况，学习问题以及心态变化，我觉得这种了解最好是侧面实现。也就是尽量减少直截了当地当面问训，最好是要通过平时观察，和老师沟通等，在适当和关键的时候又及时提供建议或者指导方向或者支持，让孩子能感受到你一直都在关心他，但很努力地在避免给他太大压力。将这份默默无闻的无私母爱与父爱传递给孩子，便是给孩子的

121

最大动力，这就做到了无声的沟通。同时，父母亲也要做好互补，如果父亲比较严厉，那么母亲就要做好调节，总之就是要做好平衡。比如我爸爸是比较传统的人，他看到我学习懈怠或者贪玩的时候就会严厉指出来，要求我马上学习或者改正，有时候我情绪上来就跟他针锋相对，我妈妈在这个时候就扮演了一个调节或者和事佬的角色，不仅缓解了我跟我爸之间剑拔弩张的气氛，也有效缓解了我的情绪和压力。现在想想，正是因为他们之间的互补：爸爸的严厉和督促帮助了我坚持不懈的努力，和事佬妈妈又很好帮助了我减压和应对负面情绪，二人的互补也是我逆袭成功的一个重要因素。

至于沟通，第一，不要畏惧沟通，我一直相信且始终相信沟通是解决问题的重要方式。要学会沟通，每个人对世界的感觉和认识的角度都是有差异的，不去沟通，永远是局限在自己的小圈子里，格局不会大，思维能力也难以提高。高中阶段学习的同时不能忘记多沟通，多交流，沟通从尊重出发，到观点的交流和碰撞，最终升华为更深层次的理解的这一过程对你的发展是很有帮助的，这些也是将来进行跨文化的国际交流的基础。第二，不要觉得和家长老师有代沟，就只在同学之间交流，同学们要多和家长老师交流，可以谈的话题有很多，不只是学习，我甚至还和我的高中老师谈过未来大学的选择，专业的困惑，将来想在哪个城市生活，也谈过很多社会其他热点话题，发现自己成长了非常多。第三，要学习别的同学的长处，多和其他同学交流做题的经验。同学们都在学习同样的知识，有很多地方是可以相互学习的。三人行必有我师，多沟通，善于发现别人的长处，把他人作为自己的榜样，从中汲取力量，集众人之所长，将大大节省你自己摸索跌撞的时间，加快你成长的速度。

第五篇

大学：受益于高中的每一个脚印

　　很多同学在高中甚至初中的时候被家长和老师灌输的唯一目标就是：你要上大学，只要你现在努力，上了好大学就轻松了。在我看来，这句话的前半句是对的，只有努力了才能上大学，上好的大学，而上大学作为初中或者高中的唯一目标也是最明确和最可行的。我不赞同的是"上了好的大学就轻松了"。事实上，轻不轻松，完全取决于你个人对自己未来的选择和你的人生态度，和上不上好大学无关。好的大学可以给你一个更好的发展平台，那里有更多的学习资源、更高更开阔的视野、更多的实习就业机会，更丰富的选择和更密集的精英榜样。

　　比如在北大，你可以潜心钻研某一领域做做学术研究，将来成为一名学者；你也可以努力提高成绩，出国留学深造，或成为专家，或谋得一份人人称羡的高薪工作；你还可以利用北大的众多资源自行创业，成为一名优秀的企业家；也可以写剧本、拍电影、演电影……无论你将来想进入什么领域，成为什么样的人，只要你想做，只要你有梦想，北大都会给你提供肥沃的成长土壤。例如 ofo 小黄车的创意当时就是为了解决北大师生的校园出行问题而设计出来的，之后很快，它就冲出了校园，覆盖了全国，甚至于走向世界。这里随时随地都可能碰撞出思想的火花，但所有这些并不是轻轻松松地玩着就能自己出现的，这里仍需要努力。

但我认为最值得一提的是，北大作为中国的最高学府之一，聚集了全国各地的优秀学子，它更是一个榜样扎堆的地方。在我身边，我的每一位同学都很优秀，并且都有比我更加优秀的地方。当然，我不是说我就不优秀，只是从他们身上，我或多或少都能发现值得我学习的地方，只要我稍微用心一些去发现，就能感觉到每时每刻我都能学到很多，成长很多。而且被如此多的榜样们环绕，无论是学业还是个人素养上都会压力频生，逼得自己不得不更加努力，让自己变得更好。比如我在北大的外国语学院学小语种，身边的同学基本都是有名的外国语中学保送过来的，他们不仅基础好，还很有天赋。刚入学的时候我自己入门非常慢，尽管做出了成倍的努力，但和同学们差距仍然很大。大学第一次测试，我印象很深，班级里一共13个人，我考了倒数第二名。不过这个现状并没有打击到我，这要得益于我的高中学习生涯。

因为我一直就不是成绩靠前的学生，而且还是初二后才开始迷途知返，开始努力逆袭的，挫折和失败对我而言，几乎是家常便饭。我能逆袭成功，考入北大，就说明我是有能力提高自己的，暂时的失败只不过是努力地还不够而已。于是我花了很多的时间去学习外语，努力提高自己的语言水平。到现在，我虽然不是班级第一，但也还是有非常大的提高的。

在这个精英聚集的地方，各种各样的打击还有很多，但中学生涯的每一个脚印都给予了我信心和勇气以及坚持努力的韧性，让我在这个榜样环绕的地方，没有被如此多优秀的人所挫败，更没有彷徨和迷失，而是享受从周围榜样的身上，去学习他们的优点，去不断地进步，不断地突破、完善和提升自己。他们就像一个巨大的宝藏，取之不尽，用之不竭。尽管有的时候被打击狠了，我也会怀疑自己的能力，但因为有之前中学生涯的磨砺，我始终坚信，只要我不放弃，不断地通过努力让自己去变得更优秀，最后成功的舞台上一定有我的一席之地。

回顾中学生活，我感谢母亲榜样的力量让我及时地迷途知返，奋发努力；也庆幸我及时发现了我周围众多的榜样，给予了我源源不断的启发与激励。同时也庆幸我自己将那时候不折不挠的刻苦努力变成了一种习惯；将很好的控制负面情绪的能力变成了一种武器；将善于发现榜样，学习榜样变成了一种能力，使得我对大学生活的适应性非常强，能够更好地利用和抓住更多的机会。我仍然坚信，只要我不懈地努力下去，面对之后激烈的社会竞争，我也仍会在百舸争流中立于不败之地。中学时代锻炼出的意志力和品质将是我受益一生的宝贵财富。

所以，我想对同学们说，无论何时开始奋起都不会晚，只要你愿意去努力，去坚持，不畏挫折和失败，积极学习他人之所长，也许这段奋起的路会很坎坷，但它一定不会很长，没准儿鲜花和掌声就在这个看似很深的低谷之后等着你！

编者给父母的话

> 父母的管教应当互补，大致上说就是，一冷一热，一松一紧，张弛有度。
>
> "静待花开"的意义在于告诉父母，在孩子的成长问题上，父母要有足够的耐心，给孩子一定的空间，但前提是要给够生长条件，剩下的不能逼得太紧，还需要靠孩子自己，切不可揠苗助长。

短短的四年时间，从"混混儿"逆袭成学霸考入北大，相信直到看完兰星辰同学的整个分享，还是会有很多人不太相信，甚至于怀疑是杜撰或是编出来的，但这就是他的真实经历。至于逆袭途中，他究竟做出了多少努力，相信再多的笔墨也无法彻底地表现出来，只有他自己知道，他究竟付出了多少。而促发这一逆袭的钥匙，就是他母亲的奋发经历。这再一次告诉我们：每一个成功的学霸背后，都一定有伟大的父母。也再一次提醒父母们在"望子成龙，望女成凤"的同时，也需要对自己反省和深思。

第一，说一万句不如行动一步。父母在对孩子不厌其烦地说教时，其实很多父母都有同感，效果并不是很好，说的次数多了，孩子甚至根本没耐心听，完全左耳进、右耳出，或者想出五花八门堵父母"唠叨"的招数。而父母就会埋怨，孩子怎么如此不听话，却丝毫没有发现自己的问题。对于这类父母，真应该像兰星辰的妈妈学习，首先管理好自己，用自己的实际行动和作为以身作则来影响孩子，比您说千千万万句都管用。例如，父母天天说着让孩子别玩手机，别玩电子产品，多看书，把心思多放到学习上，可自己却天天抱着手机不松手，家里甚至连一本自己看的书都没有。当然，父母肯定会说，我的任务是工作，又不是学习，也不用考试，当然不用看书啊。父母工作的时候，孩子大多是看不到的，孩子直观看到的和反问就是"您自己天天抱着手机玩，为什么不让我玩"。即便父母给孩子讲再多玩手机、玩电子产品的危害，但自己又身体力行地给孩子做了相反的示范，如此自相矛盾，如何让孩子信服。想要孩子放下手机，拿起书本，首先就得父母自己放下手机，拿起书来。孩子是父母的一面镜子，映照出父母的人品学识。只有父母自己积极上进，才能教出同样积极上进的孩子。就像星辰的妈妈，对于孩子没有什么说教，就是用自己的实际经历感染和影响孩子，才让他能够迷途知返，逆袭成功。

第二，父母平时应多些时间跟孩子沟通聊天。聊天的内容不要仅限于学习，可以把孩子当朋友一样，尽量扩展聊天内容，新闻时事、热点局势、工作见闻、奇闻逸事、风土人情……什么都可以。就像星辰的父母与他的日常聊天，他就认为这样很好地减轻了他高考备考的压力，还有他没提到的一点是，这可能也为他能和各个年龄的各类人很好地沟通交流奠定了基础。

总结来说这样的聊天，一可以很好地帮助孩子开阔眼界，树立正确的"三观"；二可以帮助孩子树立目标，没准儿什么时候，你们的聊天内容就触动了孩子的向往，种下梦想的种子呢？这也是为什么很多孩子都会"子承父业"，就是平时在家里耳濡目染的结果；三可以有效帮助孩子缓解学习的压力，及时控制负面情绪，调节好心态来学习；四可以加深父母与孩子之间的感情，让孩子感受到他和父母是站在平等的位置对话，可以参与父母一起讨论时事热点和任何话题，而不是父母总是居高临下地询问孩子的学习和说教；五可以帮助家长自己进步提高，当您没有什么有价值的话题和孩子聊的时候，也就深刻地说明您该学习了，只有不断地学习摄入，才能有不断的输出，长此以往，相信整个家庭的学习氛围甚或是家风都会大有改善，这样家庭熏陶的孩子又怎会不好呢？

第三，父母的管教应当互补。所谓物极必反，弦满易断，父母的管教太严，容易给孩子太大压力，危害心理健康。严重者，可导致孩子不堪重压选择轻生，类似新闻相信大家并不少见；轻微者，也可导致孩子失去自我，无论何时都只是想着完成父母给的任务，实现父母的要求，没了自己的意识和主见，长大后也必不会有太大的自己的建树；再或者将孩子彻底逼向逆反的道路，越走越远。父母的管教太松或者完全放任野蛮生长，有可能会导致孩子抵不住花花世界的诱惑误入歧途；或者整天无所事事，浑浑噩噩度日，长大成为啃老族或一事无成。

父母的管教应当互补，大致上说就是，一冷一热，一松一紧，张弛有度。父亲太过严厉，就需要母亲的温柔调剂；母亲太过宠溺，就需要父亲的高要求，严管教，反之亦然。要知道"静待花开"的前提必是要先把花的种子种在适合的土壤，并不间断地给予阳光雨露，没有这个前提，又何来的花开。所以不要总将"静待花开"作为你放任不管的理由，在此之前，应该多反省反省自己，是否给了适合的土壤，是否提供了充足的阳光雨露。"静待"的意义就是告诉父母，在孩子的成长问题上，父母要有足够的耐心，给孩子一定的空间，不能逼得太紧，只要给够了生长条件，剩下的还需要靠孩子自己，切不可揠苗助长。就像星辰的父母，爸爸严格监督，督促学习，妈妈适时调节，给予引导，二人互补合作，才能帮助他抗住压力，调整好心态，坚持不懈地努力。

在孩子成长这件事上，永远都不会是孩子自己的事，父母在孩子不可逆的成长过程中担负着极其重要的角色和责任，为了孩子，父母也应当积极学习，争取让自己的管教最大程度地有益于孩子，而不要在孩子成长路上掉队缺席甚至成为阻力。

4 玉汝于成，在困境中寻找希望

——倒数第一也能逆袭考入北大

朵悦

北京大学中文系本科

保研北京大学法学院法律研究生

在校期间出演多部公开上演的戏剧作品，导演的

作品获北京大学剧星风采大赛复赛第一名、决赛

亚军。

为你讲述

在困境中寻找希望的成长故事

如何弥补过去的失败

解决当前的困境

迎接未来的挑战

玉汝于成，在困境中寻找希望

在成长路上一切的痛苦都会是你宝贵的财富，珍惜它们，把它们变成你宝贵的回忆，而不是沉溺其中。

在困境当中，我们可以认定周遭一切都是罪魁祸首，但是也可以选择从自身出发寻找问题，摆脱问题，成为自己生活的主人。

我是朵悦，来自山西，本科就读于北京大学中文系后保研进入北京大学法学院攻读法律硕士。大学里我的主要兴趣是做话剧演员和导演。四年的时间里，我出演的戏剧作品《九人》《九月悠长》在北京西区剧场、北京大学百周年纪念讲堂公开上演；我导演的作品《旅人》《心猿意马》在北京大学剧星风采大赛上获得复赛第一名、决赛亚军，在北京大学百周年纪念讲堂公演，获得在场观众和专业戏剧评审的一致好评。

在本书里我将与大家分享我的成长故事，分享一个玉汝于成、在困境中寻找希望的成长故事。

有很多人问我：你明明在北大学中文，为什么要去表演话剧，做一个业余的演员？你明明说自己喜欢文学，向往一辈子都躲在诗歌的浪漫情调里，为什么又转行学了法律，转身投进现实的火海？你究竟因为什么做出不同寻常的选择，为什么有勇气坚持到底？又为什么能同时做好这么多看起来毫无共通性的事？

我的故事就将为你一一揭晓答案。

在我的故事里，你会发现一个高分考入北大的女生，曾经有一年的时间都是班上的倒数第一名。

你会看到这个女生是怎样一点点地建立起奋斗的信心和能力，又是怎样在奋斗的过程中与父母、自身以及周围的环境相处。

我也会在我的故事里告诉你文科高考制胜的必杀技。

会和你谈谈在高中生活中应该怎样和那些懵懂无知的岁月和平共处。

这个故事是我的高分秘诀，是我的学习妙招，但它也是我的失败过往，我的成长手册。

希望当你读完我的故事以后，可以有所启发，有所激励，并有力量，能够试着找找自己的道路，坚定前行！

想了解倒数第一如何逆袭北大吗？

想知道从最后一名到第一名应当如何奋斗吗？

想知道文科生高考制胜的秘诀吗？

想知道如何在高考之前保持良好心态吗？

想知道如何弥补过去的失败、解决当前的困境、迎接未来的挑战吗？

请随我一起来回顾我的逆袭成长之路吧！希望正在迷途中的你，可以看到一点灯火，指引你前行的方向；希望正在努力前行的你，可以感受到一点温暖的力量，补给你坚持前行的勇气和动力。

在与你们一起回顾的同时，我也和过去的自己进行了深刻恳切的对话。这次对话让我欣慰，也激励我继续奋进。希望我们都有因为不断努力而无比充实的未来。

第一篇

反求诸己：自省与自救

　　我的故事是一个关于失败的故事；

　　是一个次次考年级倒数第一的孩子如何考入北京大学的故事；

　　是一个关于如何在最糟糕的逆境中绝地求生，重新获得最闪耀的胜利的故事。

　　在我的故事里，我想告诉大家的是，如何度过成长中的苦难。成长路上一切的痛苦都会是你宝贵的财富，珍惜它们，把它们变成你宝贵的回忆，而不是沉溺其中。在灰暗的时光里，其实只要你稍微多努力一点点，不用多，就一点点，你也许就能离大步向前的光阴更近一步，而你终究也会变成你喜欢和期待的全新的自己。

　　从小我就是一个传统意义上的"乖孩子"。因为不想被老师批评，所以我上课认真听讲，下课按时完成作业；因为不愿意让父母操心，所以在学校遵守纪律不惹事儿，在家早睡早起不顶嘴。中考的时候我考取了全区第一名，以最高分进入了全省最好的中学，并被分进了"火箭班"。

来到这个"火箭班"的第一天，我就感受到了庞大而莫名的压力。身边的人个个都有闪耀的光环，从数学竞赛到作文比赛，从英语演讲到创新实验，我曾经引以为傲的优秀成绩，在这里成了一个人人都有的平常之物。我为自己的黯淡感到隐隐的担忧，却也想要努力保持自己的骄傲成绩，继续在新的学校做最优秀的学生。

但是，第一节课就让我手足无措。数学老师并没有按惯例，依照课本的顺序将基本的概念方法逐个讲解，而是迅速把全章的基础过了一遍，着重指点了几道"稍微有点难度"的课后习题，就结束整堂数学课的教学，从这节课开始到下课，我完全处于蒙圈状态，根本跟不上老师的教学节奏。

随后的物理、化学、生物课也是如此，英语课上老师直接全英文授课，语文课上老师抛开诗歌鉴赏开始讲解诗词格律……这一切让我觉得陌生又恐惧，是的，就是恐惧。恐惧这种陌生的一反常态的教学模式，恐惧老师的教学节奏，恐惧在这样的课堂上暴露出的自己的思维与老师的思维之间的差距。最后的结果是课堂上我云里雾里听得一知半解，作业更是写得困难重重。一天下来让我深刻地体会到"火箭班"这个名字的含义。

而我周围的同学们，似乎都能完全习惯老师们这种"火箭"式的教学，紧紧跟随老师的节奏，作业似乎也不像我这样完成得如此艰难。我不敢开口问那些周围人看来"简单基础"的问题，也不敢正视自己的学习成果，更不敢去想即将到来的月考，日子过得如履薄冰。终于，月考还是如期而至。

月考发成绩单的那一天，我清清楚楚地看到自己的名字列在倒数第一位。那一刻我觉得很恍惚，我是从初中开始每次考试都是班里第一名的"好孩子"，这个考了全班倒数第一的人，是我吗？

物理课上，老师让班里没有及格的两个同学站起来，考了59分的我和另一个瘦瘦小小的女孩子站了起来。她伤心地哭了，我却麻木地看着老师，在老师告诫我要认真听课的时候我笑嘻嘻地答应着。其实，只有我自己清楚，我真的很认真地在听课。我突然理解了从前那些我以为是"坏孩子"的学生为什么要用玩世不恭的态度面对同学和老师，大概还是想保住自己最后的一点尊严吧。

为了保住这一点尊严，我在接下来的日子里成了一个真正不认真听课，不好好学习的"坏孩子"。上课睡觉，不写作业，甚至旷课逃学。既然认真了也是这种结果，还不如就干脆做一个彻底的"坏孩子"，我在心里对自己这样说。于是，我对周围的一切不屑一顾，不再相信自己能提高成绩，甚至不再相信自己的身上有"闪光点"。我像是卡在了一个窄小的缝隙里，日复一日地延续着被卡住的生活，过得浑浑噩噩，而又自怨自艾。

在成为"坏孩子"最初的时光里，班上的老师不断激励和警醒我，希望我能够迅速调整和适应，逐渐找回原来的状态；父母也都始终在提点和监督我。从来都没有操心过我的作业和听课状态的他们，开始检查我各科作业有没有按时完成，经常到学校去找老师问我的上课状况。周围的人都使足了全身的力气，希望把我从这个突如其来的泥潭中解救出来。但我却厌恶极了这一切。

我讨厌大家都把我看作一个"问题少年"，讨厌那些莫名其妙的关注和没来由的小心翼翼，讨厌所有试图和我聊聊，问我"你究竟怎么了"的那些朋友和师长。所有的关心都成了我沉重的负担和枷锁，不断加重"自己是个坏孩子"的认知。于是我就处在这样一个尴尬的境地当中：周围的人越是努力，越是对我付出更多的时间、精力和期待，我就越是沉沦，越是堕落。最初我还能勉强听课、完成作业，在一个学期结束的时候，我已经成了一个沉迷上课睡觉和手机游戏、完全不把学习当回事的彻彻底底的"坏孩子"。

在高一整整一年的时光里，我对自己越来越深刻地认知就是：自己是个即便认真学习也学不好的"笨小孩"，是个不把学习当回事的"坏孩子"，是班上的"万年倒数第一"，是"拉低全班平均分"的那个尾巴……觉得不论自己怎么努力，不管自己怎样辛苦，都不可能再成为父母心里的骄傲、老师眼中的"小天才"。因此我也拒绝作出任何努力的尝试，始终沉浸在"自己曾经'优秀'，现在'极差'"这样简单粗暴的标签里不能自拔。

现在想来，正是自己轻易粗暴地给自己贴上这样的标签，才让我无法意识到自己独一无二的个性特征，忽视自己身上始终不曾磨灭的优秀品质，让我没有办法好好爱护和锻炼自己，让我对可能发生的改变充满胆怯和犹疑。而归根结底，这种标签并不来自父母深重的关爱，也不来自师长恳切的教导，更不来自朋友们善意的帮助——是我自己在一次小小的挫折后就极其不负责任地给自己贴上了"坏孩子"的标签，戴上了"坏孩子"的镣铐，在这样的泥潭里挣扎许久不能自拔。

《孟子》里有一句话叫作"反求诸己"，这也是儒家思想中深刻的精髓。这句话教导我们自省，也教导我们自救。在困境当中，我们可以认定周遭一切都是罪魁祸首，但是也可以选择从自身出发寻找问题，摆脱问题，成为自己的主人。成长中的我用一年的时间才明白这个道理，走向了一条从倒数第一到高考全校第二的"逆袭之路"。这条路很长，在明白"反求诸己"的道理之后，重建与父母的信任，在学习之外的事情上重建自己的自信，与自己的茫然、焦虑心态和平共处，寻找适合自己的学习方法……这些都是逆袭成功的重要因素。现在我把这些成长道路上的宝贵经验教训分享给大家，希望正在迷途中的你，可以看到一点灯火；希望正在努力前行的你，可以感受到一点温暖的力量。

第二篇

成长的转机：信任与自信

在高一浑浑噩噩的状态中，我感到自己深陷泥潭，既不信任身边的人，又不相信自己有能力改变这一切。而最终我能摆脱困境，重新找回学习的热情，也是因为这两点：信任和自信。

首先说说信任。我的青春期是从高一月考失利、成绩跌入谷底以后开始的。在那之前，我一直是父母眼里最懂事的孩子。我的父亲总是沉默少言，但做事认真，一丝不苟；母亲则将生活的全部重心放在我身上，一日三餐不消多说，在备战中考的几个月里，连我的夜宵也总是准备得精心细致。中考结束，我以优异的成绩考入高中，他们常常被邀请到别人家里做客，传授成功的教育经验。我成了街坊邻里交口称赞的"别人家的孩子"。

高一第一次月考失利以后，这一切都变了。父母面临着前 16 年不曾遇到过的危机，一时间惊慌失措。他们接连到学校去找老师了解我的情况；走进家门口的培训机构咨询他们从未曾了解过的一对一辅导课程；甚至在以为我已经熟睡的深夜，低声地讨论怎么样才能让我重新找回学习的热情，不再浑浑噩噩地度日。而我则成为一个不折不扣的青春期叛逆少女，听不进去他们说的每一个字，漠视他们所有的付出和努力——在那时候的我看来，我的父母根本就不是爱我，而是爱我优秀的成绩。他们重视自己的面子超过重视我，他们根本就不关心我内心的感受，不关心我在失败中的挣扎和痛苦，他们只想要一个成绩优异、可以让他们四处炫耀的女儿。成绩遭遇滑铁卢的我，成了一个敏感脆弱又多心的小姑娘，就像一只刺猬，恶意地揣测着周围所有真正爱自己的亲友，立起全身尖刺，时刻防御被伤害。

这样的状况几乎持续了一整年。在那一整年里，我变得越来越沉默寡言，不愿意吐露自己的心事，将自己完全封闭起来。高一下学期的期末考试，我几乎交了两三门白卷，木然地结束了自己高中生活的第一年。

回到家里，本来想像往常一样钻进小屋里，却突然发现母亲正在收拾行囊。见我考试回来，母亲竟然一句也没有问，只是兴高采烈地告诉我，已经买好了到杭州的火车票，要我明天就和她一起去旅行。我一半惊诧一半木然地跟随母亲踏上了旅程。从黄土高原南下到正是风景如画的杭州。从西湖白堤的景致到千岛湖游船上美味的鱼头，从精致典雅的乌镇到情调十足的西塘，从雄浑壮美的黄山到令人眼花缭乱的上海，我发觉世界远比一个小小的故乡要大太多，而一个人一生要经历的事，也远比小小的一点挫折要多得多。那是一次完美的旅行，我和母亲兴高采烈地感受着旅行中的风景，在全然不同的生活中忘记了所有的烦恼。

在回程的路上，我困倦地躺在母亲的肩膀上睡着。她很轻柔地告诉我，妈妈也不是生来就会做妈妈的，这一年你遇到这么多困难，妈妈也是慢慢才知道应该怎么帮你的。

那一刻我突然想起，在我拒绝父母一切关心和帮助的那一年里，在那些我总是把自己关进小屋子的日子里，母亲无数次轻敲我的房门，又无数次从门外塞进纸条，写些温暖的话鼓励我。在我面临困难的时刻，在高一第一次失败的那一刻，在当下，甚至今后生活中面临困难的每一刻，她或许都无法给我指出一条走出困境的道路，但我不该质疑她关爱我的真心。她爱的人是我，不是我的成绩、我的荣耀，或者我的任何东西。父母所记挂的唯有我的平安喜乐，当我露出久违的笑容时，即便仍旧处在成绩的低谷里，即便前途茫茫，不敢想象，他们还是无比欣慰，重获喜悦。

所以，请信任他们吧，信任你的父母，信任最关爱你的人，向他们表露你的脆弱和痛苦，在自己无助的时候向他们求助吧。要相信他们会拥抱你，会一点一点懂得你、了解你，会最终陪你度过那些艰难的时刻。最重要的是，要先伸出你的双臂，勇敢地向前走一步，相信一切都会柳暗花明的。

建立与父母的信任之后，接下来就是重建对自己的信心。

高一一整年，我从全校第一变成"万年倒数第一"，对学习没有任何热情，在自己为自己画下的牢笼中越陷越深，觉得生活一片黑暗。在那段时间里，是戏剧一直陪伴着我，成为我生活中唯一的慰藉和欢乐。

我最早加入高中的话剧社，是抱着百无聊赖试一试的心态。我表演的第一个角色是从农村进城看望上学的儿子的老太太。这个老太太的台词只有十几句，剧情是儿子害怕村里来的母亲丢人，所以便匆匆把她赶走。为了演好这个角色，我找我家附近卖煎饼的老奶奶学了半个月的河南话，又找来许多情景相似的影视剧和电影，了解专业演员的表演方式。通过排练中与对手演员的碰撞、摩擦，我对人物的心理揣摩得愈发翔实和真切，也努力赋予了这个角色更多的层次感和真实感。在最终的公演中，尽管我在两个小时的剧目里只出现了不到十分钟，观众仍对我报以最热烈的掌声。在一个并不大的舞台上，我站在灯光下向观众鞠躬谢幕，这个时候的我终于在颓废迷茫的人生低谷中感受到了成功的喜悦，也第一次觉得自己在成绩之外找到了一种全新的价值感和成就感。是戏剧这个舞台，给了挫败的我莫大的慰藉和欢乐。我开始对戏剧着迷，并有了信心和意愿去做更多的事情。

高二的时候，我担当了一个原创剧目的编剧，又尝试表演了其他不同类型的角色，最后还做了一回导演。在剧本创作中我写出自己喜欢的故事，在表演时我忘却了自己的处境，体验并体会每一个角色的喜怒哀乐。戏剧既伴随我走过黑暗的时刻，又让我明白自己的成长旅程中并不是只有"学习成绩"这四个字，波澜曲折的故事开阔了我的眼界，各种不同的鲜活角色更加拓宽了我的心境。在组织协调一个作品的过程中，我感受到什么是认真负责，什么是相互信赖，什么是团结合作。在扮演一个与我素不相识的陌生人时，我又感受到什么是尊重，什么是关爱，什么是比冷冰冰的数字更宝贵的东西，加深了我对现实生活的理解与感悟。戏剧是有温度的，这种温度让我自省到现实生活中的温度，也更加能够感受到现实生活中来源于各方各面的温暖、关爱、尊重等各种温度，并在自己的生活中将这种温度传递给我遇到的每一个人。

戏剧方面取得的成功让我明白：只要不忘初心，坚持用心地去做一件事情，就一定会有所回报。成绩单上的数字并不代表我就真的只能是"倒数第一"，一次的失败，一时的落后并不代表永远，只要我还存有一份自信，相信自己的能力，不丢弃自己的热情，始终坚守那一份初心不懈努力，最终一定能够找回最初的自己。

同时，我也越来越清楚地意识到：学习成绩虽然不是成长阶段的全部，但它的确是十分重要的东西，因为在这四方的学校围墙之外，有着无限广阔精彩的空间，这些空间又分别被不同的人群分割成若干个不同的单元。如果想要跻身拥有更丰富、更美好事物的单元，就一定要拥有一个更高的起点。这个更高的起点对于成长中的我们，通过学习成绩来争取是最简单和直接的。也由此，我重拾了拼搏进取的自信、热情和动力。

信任父母与重建自信，这是我在成长的迷茫与颓废低谷中遇到的两个最重要的转机。只有信任最亲的父母，我们才能毫无顾虑地前行；只有相信自己的能力，我们才能坚定不移地走下去。有些困难我们一时难以克服，有些泥潭我们以为难以脱身，但其实，只要能够不忘初心，及时握住那只伸出的援手，奋力一搏，就总会有邂逅彩虹、沐浴绚烂阳光的那一天。

第三篇

玉汝于成：艰辛却快乐的转变历程

高中文理分科的时候，也正值我大梦初醒、重拾自信、蓄势待发的时候。因此我想换一个环境重新开始，也因为一直以来对文学、历史的热情和兴趣，我义无反顾地选择了文科。我的父母给予了我充分的信任和支持，完全尊重了我的选择。于是，我用全新的姿态开始了自己新的征程。

在平行分班的政策下，我来到一个普通的文科班。尽管远离了学霸如云、你追我赶的激烈竞争环境，但同样在重点中学，身边同学的实力仍然不容小觑，我开始了紧张而充实的生活。

高一一整年的浑浑噩噩，致使我的基础知识出现了严重漏洞，尤其体现在大部分文科生都感到头痛的科目——数学上面。其他科目只要多下苦功夫强记硬背，也是能比较好地弥补漏洞的。数学的三角函数、平面向量的基础概念和公式不但记不清，更是没有理解，不会运用，又面临着新的立体几何知识需要消化，一时间我应接不暇，感到十分吃力。

但是从第一节数学课开始，我不再放过任何一个细小的知识点，扎扎实实地做好每一个练习。课下我总是抓着老师不停地提问，尽管有时候我的问题显得简单、基础，甚至可笑，但为了不再给自己的"学习负债"上增加更多新的"债务"，确保每一课的知识点都能跟随老师进度消化吸收，我只管摒弃所有"自卑"硬着头皮积极求教。事实证明，我之前的那种"害怕别人知道我没听懂，跟不上的自卑心态"才是真正可笑的。老师并没有因为我的问题简单、基础就低看我，相反，对于我的学习热情给予了极大肯定，也很开心，和蔼可亲、不厌其烦地细心、细致地为我一一讲解。

此时，我才猛然发觉，当你自己下定决心对自己负责的时候；当你积极诚恳地向别人请教，想要努力弄明白一个问题的时候，没有人会对你的积极努力报以嘲笑和怀疑，勇敢积极的态度总能换来等量甚至更多的善意。数学老师的耐心指导使我彻底破除了曾经的犹疑和自卑，忘记了自己过去的失败和痛苦，而把目光放在当下，放在正在上的每一堂课上，放在正在解的每一道题上。"活在当下"，成了那一段时间我最喜欢的一句话。

其他科目的学习同样紧张有序地进行着。回想起来，最大的挑战其实无外乎两个字：坚持。从懒惰松散的学习状态，到一个知识点也不放过、一点瞌睡也不能打、一条笔记也不能落下的紧张节奏，坚持是最难的事情，却也是最简单的。因为坚持并不是豪言壮语，也不是什么了不得的成就，只是感到疲惫的那一刻，你有没有选择再接着往前走一点；或是想要放弃的那一瞬间，你有没有摸摸自己的头，告诉自己应当再坚持，应当更勇敢。

纯粹的心让我安静，让我充实，让我心无旁骛地踏实走着当前的每一步。在高二的第一次月考中，我没有辜负自己的努力，跻身年级前十名的行列，尽管当时这个名次对我而言已经不再重要了。

从高一成绩垫底到赢取月考胜利，这一场漂亮的翻身仗是远远不够的。一个月当中我可以从第一名变成最后一名，也能从倒数第一变回年级前十，这让我时刻充满危机感。我深知只要我有一丝一毫的松懈，我有可能又会回到从前的处境当中去。为了保持住现在的成绩并能稳步提高，为了彻底摆脱高一一年的噩梦，为了让自己的优秀成为一种习惯，我在两个方面狠下功夫：第一，努力把高一一年的基础知识补回来；第二，寻找适合自己的学习方法，锻炼自己的学习能力。

　　首先谈第一点，夯实基础。在高二一整年的学习当中，我时时刻刻都感受到前一年缺失的基础知识给我带来的影响。课堂上如果错过了任何一个细微的知识点，或者保留了任何一点微小的疑问，那么在练习和考试中，就有可能带来全然的不解和错误，甚至是满盘皆输。因此，高二对我而言，不仅仅是扎实学习新知识的一年，还是不断查漏补缺的一年。

　　在政治、历史、地理三门课程的学习中，由于大多数的板块具有自身的独立性，前后的知识相互牵涉得不算多，因此，我在着重理解和掌握新知识的同时，为自己制定了一张一年之内将高一知识梳理两遍的时间表，为高三的综合复习做准备。知识梳理占据了日常学习之外的时间和精力，我常常觉得精疲力尽，想要放弃。每当这个时候，我就不断告诫自己，咬咬牙，坚持下来就好了，逆水行舟，不进则退。现在想想，但凡那个时候我有那么一次的放弃，很可能就真地退回谷底，无法起底了。我很庆幸我坚持了下来，并如愿以偿。

　　高三文综综合复习的时候，大部分同学花了很长时间来回忆几乎都忘了的高一知识，我却欣喜地发现自己能够很快地融会贯通，一年的咬牙坚持，最后换来了值得的结果，我的努力得到了回报。

对于数学学科来说，不同于文综的那些科目，板块之间的连贯性非常强，你如果没有弄懂三角函数，就没有办法掌握平面向量、立体几何；你如果没有搞清函数知识，就无法学习导数和圆锥曲线。发现了这一学科特点以后，我并不急于对高一的所有知识进行统一回顾，而是将新知识学好学透，将其中包含的基础知识研究透彻，遇到一个，攻克一个。正是在这个过程中，我得以追根溯源地将高一缺漏的那些知识点一个个捡起来攻克并消化。这样的方法让我对数学学科各知识点之间的相互关系有了比旁人更深刻的把握，明确一切概念公式的来龙去脉——事实证明，这最终成就了我的高考。

第二点，寻找适合自己的学习方法，锻炼自己的学习能力。学习方法是在日月积累中自己逐渐总结发现并掌握的，而考试技巧说到底只是在日复一日的训练当中寻找到了适合自己的节奏，让自己能够有条不紊地应对一切问题。在这个过程中，我经历过为了掌握一个知识点而彻夜不眠刷题练习的夜晚；也经历过将所有的关键知识点都手抄一遍，分割成无数的小纸条，在每一个空余的时间里把它们拿出来记诵的日子。我尝试了别人所说的无数种方法，最后却发现，技巧和方法终归只是一个外壳，内在的是自己的学习能力。为什么有的人只要课上听一遍就能扎实地掌握，而我就要课下花更多的时间来苦苦抄书练习？为什么有的人做一本练习册就能解出所有的难题，而我刷了三本五本还不见效果？这是大多数人在瓶颈期会遇到的困惑，答案的关键就在于"学习能力"四个字。这四个字背后，一是效率，二是专注。发现这一点后，我不再着重增加自己的学习时间，而是努力提高自己的学习效率和学习质量。到高三的时候，我每天也就学习到十点半左右，一样可以扎实稳步地向前迈进。至于如何提高数学的学习效率和学习质量，后面我会用专门的一节来与大家分享。

优秀是一种习惯。努力一个月不能高枕无忧，一年不行，三年五年也不行。我们应当明白学习、进步和成长是一个始终不停的过程。这个过程中，坚持真的非常重要。就好比我现在在北大，如果不付出更多的努力，让自己不断向前迈进，那么就很有可能被不断前进的同行者所超越，甚至被后来不断前行的队伍而赶超，直至遗落沉沦到低谷。如果你正在尝试着变优秀，或者正在考虑要努力一把，那么请你首先要认清这不是一蹴而就或者一劳永逸的，而是一条不能停止的道路，同时也是一条会收获无数感动、欣喜和成就快乐的道路。

第四篇

数学制胜与决胜高考的好心态

在高二、高三两年文科学习中，经历了大小几十场考试以后，我发觉对于文科生而言，数学学科是一个拉分的关键。接下来我就和大家分享一下如何提高数学学习效率和学习质量，将这门大多数文科生"头痛"的学科，变成自己的绝杀武器。与此同时，我还将与大家分享如何在高三阶段保持良好心态，从而在考试中发挥出自己的最佳水平。

在我们那届的高考中，我是山西省第 17 名，最终被北京大学中文系录取。我的数学成绩是山西省第一名，142 分。后来我查了一些网站上公示的分数记录，和我同分数段的同学，数学成绩都在 125–130 分之间。我比大多数人的数学成绩高出了 10 分左右。可以说，数学是我考上北大的最大"功臣"。

对于文科生而言，数学一定是最能拉开分差的科目，也是最不具有偶然性的科目。我个人认为，如果能够通过合适的方法培养良好的数学思维和能力，那么不论题目如何变化，难度系数是多少，数学成绩都会相对稳定。

在我看来，学习数学首先不能有畏难情绪。高中时候，我身边的很多同学都抱着一种"希望数学不要太低"的心情来学习和考试，对于很多人而言，满分 150 分的数学考卷，考到 110 分以上就心满意足；即使是很多优秀的学生，也大多数抱着考 130 分就可以了的心态。而我从开始进行高考的标准化训练时，就已经定下了考到 140 分的目标。由于文科数学相对理科来说难度较低，标准化考试又要顾及各个地区、水平不同的学生，因此不会太难，只要方法得当，考出好成绩并不是一件难事。所以，战胜对数学的畏难情绪，制定具有挑战性的目标，就是提高成绩的第一步。

接下来就要分为两个部分。第一是数学基础，第二是数学思维。

首先说数学基础。其实从我自身的经验和身边同学的学习经历来看，许多文科生并没有很好地掌握数学学科的基础知识、基本方法。高中数学的几个重要模块其实具有相当多的知识点，许多知识点又比较琐碎，容易记混。因此，提高数学成绩的第一步就是牢固掌握基础知识、基本方法，把那些老师口中的"送分题"全部做对。

在夯实基础的过程当中，一定要让自己完全清楚明白地搞懂、想通每一个知识点。举一个简单的例子，三角形的重心、外心、内心和垂心有各自的性质。我们在夯实这个知识点的时候，不能简单地背会结论，而要自己亲自将这些性质推导一遍，熟悉推导过程，做到既知道结论，又熟悉过程。这样，我们在运用这些性质解题的时候，就不会因为考场的紧张而混淆，也更加能够得心应手。只有我们不放过任何一个细小的疑问，夯实基础，才能进一步培养数学思维方式。

只要把基础知识夯实了，150 分的卷子就差不多可以得到 120 分了，剩下的 30 分来自基础之上的灵活运用，也就是我们所说的数学思维。

接下来我们说说数学思维。数学学科具有很强的灵活性，比如说圆锥曲线的题目，就是千变万化。许多同学觉得数学学习遇到瓶颈，也就是在面对这些千变万化题目的时候没有思路，无从下手。面对这个问题，我们应当注重独立思考，不要一遇到难题，就想着去问老师问同学，不给自己独立思考的时间。遇到这类难题，建议把与这个题目相关的所有基础知识点都调出来，从多个角度，用各种不同的思路去推演答案，如果还是做不出来，再去求助，得到结果之后跟自己之前的若干思路进行对比，看看自己的误区在哪儿，再加以归纳总结，这样不断积累，最终就会得出属于自己的一套"独家秘方"。许多有难度的题目，都需要我们整合多个基础知识，再找到题目的关键节点，最终一举击破。在基础知识比较牢固的情况下，如何寻找这个关键点就成为进一步提高的重中之重。

很多比较有口碑的辅导书里面都会总结各种各样的方法。其实这些方法都是属于辅导书编者的"秘方"，是他的思路，当然这些思路和方法都可以学习和借鉴。但如果不真正地消化参透这些思路和方法，不把它们消化吸收成自己的，找到属于自己的"秘方"，就会觉得不容易记住，即便靠"蛮力"记住了，在使用时也不会那么灵活地调出来使用。这就是有的人做一本练习册就能解出所有的难题，而我刷了三本五本还不见效果的原因所在。

当我清楚地意识到这个症结所在时，我不再用"蛮力"，不再靠"勤"补拙，而是放慢节奏，做一题，就力求通一题，一点一滴作出自己的归纳总结，努力提高做题的质量而不是一味追求做题的数量。同样，当我们学习到了一道难题的解法的时候，不能"这个会了就做下一个"，而是要再将题目思路从头到尾梳理一遍，将每一个关键的思维节点都理清楚，这样做一题肯定会占用我们更多的时间，但会比机械地刷题为我们带来更多的收获。当我们一步步不断进行自己的归纳总结的时候，就离培养出自己的数学思维不远了。

克服畏难情绪、夯实基础知识、培养数学思维这三句话说来简单，做起来却需要长久地坚持和不懈地努力。而掌握了合适的学习方法以后，保持健康良好的考试心态，就又成了一个重要的关键点。

这里我们就来说说如何拥有决胜高考的好心态。我的经验告诉我，最重要的就是，不要功利地学习。

经历过高一的低谷期以后，我的高中生活变得丰富多彩、紧张有序。高三一年并没有经历太多的变数，我也没有给自己过多的压力。在身边的同学面临着心情焦虑、身体素质下降，甚至失眠的困扰时，我却保持着比较好的心理素质，在高考的前夜都显得格外平静坦然。在我看来，保持良好的考试心态，最重要的就是"不要功利地学习"。

什么是"功利地学习"呢？功利地学习，就是不关心自己究竟掌握了多少知识，而只关心考试会考什么，或者自己能够比别人多考多少分。我曾经在高三的开头经历过这样的一段时间。在高考的压力之下，我害怕自己比别人少学了任何一个知识点，害怕自己错过任何一个可能的"权威预测"。上晚自习的时候，看到有人在看数学，我就跟着看；看到另一个人在背历史，我就放下数学去背历史。听到别人在问老师问题，我也赶紧跑过去跟着听。每次考试成绩出来，我都要拿着成绩单反复比对，看自己究竟比别人这一科多几分，那一科少几分，然后又进入着急忙慌的学习状态中。

后来我发现，这种功利心蒙蔽了我的双眼，让我在看书的每一刻都心急如焚，无法平静。明明掌握过的知识点，在这种心态下也变得模糊不清；本应做好的合理规划，也在这东一榔头西一棒槌的学习节奏中完全溃散。我开始反思自己的心态和行为。对于高考而言，成绩当然非常重要，但是如果因为分数而忽略知识，这就是"舍本逐末"的行为了。只有真正把重心放在"自己学会了多少"，而不是"自己考了多少分"上面，才能平心静气地学习。我们学习的初衷都是为了获取知识，明白事理，开阔眼界。即使是在高三的岁月里，即使是在浮躁的教育市场和唯结果论的应试教育桎梏中，我们也应当坚守自己的这份"初心"。"不忘初心，方得始终"，这句话放在我们青少年的身上特别适用。当我们的目光从分数回到知识，从成绩回到事理，我们也自然而然能够得到最好的结果。

数学制胜与不功利地学习，是我高考获得成功的两个最重要的关键因素。在这里分享给大家，希望大家也都能在高考中考出好成绩。

第五篇

与自己和平相处

在成长的过程中，有太多的人总是教给我们，如何与父母相处，如何与老师相处，如何与身边的朋友相处。但是有一个最为重要的事情却往往被我们忽略，那就是，如何与自己相处。青春期的我们，会有丰富的情感、多变的情绪，如何与它们和平共处呢？

青春的朦胧和悸动已经是一个陈旧的话题。我也曾经历过那种微妙、细致却又时不时地轻轻戳中内心的时刻，再回头想想，最重要的就是要与这种心情和平相处。

在成绩极差的高一时光里，火箭班的一个男孩子每天都会默默为我手抄一份总结好的物理笔记，再把练习册上简略的参考答案认真完整地给我写下来，偷偷塞进我的课桌里。无意中发现的同学们经常嘻嘻地笑闹着，这个男孩子的朋友们也会在碰到我的时候大声地喊他的名字，看我脸红害羞的反应。在那一年里，我看不到自己的闪光点，有时候甚至觉得自己一无是处。尽管无法给他回应，但这个男孩子还是给了我些许的慰藉，让我隐隐地感受到自己或许还是有一些可爱之处的，还是值得被喜欢、被珍视的。这一点点慰藉或许在每个人的青春里都会有，那种独特的被珍视的感受，无疑会让自尊敏感的青春多一点光彩。

高三的时候，我也曾喜欢上一个白白净净的男孩子。在人人争分夺秒、分数至上的岁月里，这个男孩子总是在自习课上默默地打开一本文史类的书，津津有味地品读着那些高考以外的世界。那种有点超然的态度打动了我，让我在紧张的岁月里产生了属于自己的那份朦胧。于是，我总是喜欢在写题之余问他借一本书翻翻看，还自告奋勇，为数学成绩不佳的他讲解困难的圆锥曲线题目，看着他认真的样子呆呆地出神。这份悸动点亮了高三清苦的日子，却也让我陷入了两难的境地里。

那个时候，我发觉自己的身体里有一只小兽，总是想在上课、下课、写作业、课间操，甚至考试的时候，偷偷望向他的方向。3月份的模拟考试，我从稳定的年级前三名掉到了十几名，这开始让我反思这份朦胧带给我的东西。

在这种朦胧的心绪里，我感到快乐，感到心动，感到内心深处萌发出那种从前没有过的、神秘却强大的力量。但这力量大到快要吞噬我，让我差点忘记了自己当时最重要的任务是什么，让我太多地分心在对方的一点一滴上，而忽略了自己。我发觉这份美好的朦胧事实上暗藏着一些危险，如果我无法正向、积极地去面对它，它很有可能成为束缚我的力量。

反思之后，我开始在自己应当用心的地方心无旁骛地努力，开始找回对这种心绪的控制能力，我不是一味地摒弃或是逃避，而是勇敢地正视它，并试着将这种朦胧真正变成自己的一种美好愿景，而不是干扰力量。我仍旧会在繁忙的生活中抽出一点时间，和他谈谈那些课外书本中蕴藏着的智慧和知识，也依然会帮助他攻克那些困难的习题。只是在做这些事的时候，我又成了我自己，而不是这种朦胧情感的奴隶。

我想，每个人都应该与自己的朦胧和平相处，但这份朦胧属于你，而不是你属于它。青春的情愫不应当控制你的大脑，我们应当带着这份朦胧的美，走向更远的地方。

当然，青春的情绪远不止朦胧一种。与父母产生冲突，我们会恼怒、伤心；和同学发生矛盾，我们会烦躁、愤懑；考试成绩没有达到预期的水平，我们会抱怨自己粗心大意的失误，或者未尽全力的学习状态。当这些愤怒、羞愧、悲伤、懊恼……的情绪向我们袭来之时，我们应当如何与它们和平共处呢？

我的经验是，要懂得疏导自己的情绪，让它们缓慢地流淌，而不是集中地爆发。高三总复习的时候，一向都在年级前三名的我在一次模拟考试中掉出了年级前十名。因为高一的经历，老师、家长都很紧张，害怕我重蹈覆辙，在最关键的时刻"掉链子"。因此，班主任找我严肃地谈话，母亲也加紧了监督我的步伐，一时间他们的过度关注让我觉得喘不过气来，又伤心，又委屈，又恼怒。但是，高一的经历告诉我，情绪的积累只能让我沉溺在情绪当中越陷越深，最终影响全盘布局。因此，我学会了适时地表达自己的情绪。当老师和父母频繁找我谈话时，我平静地告诉他们自己内心的感受，向他们说明自己在这样的压力之下感受到的烦恼，我也告诉他们自己对成绩下降的担忧，及时表达了自己的悲伤和惶惑。当我坦然告诉他们这一切时，我感受到自己的心绪得到了极大的舒缓，与此同时，父母和老师也都及时地调整了方式，给予了我当时最需要的支持——完完全全的信任。他们不再紧逼我的学习节奏，信任我可以凭借自己的力量调整好学习状态。这份信任让平静下来的我倍感舒适，也让我很快调整好自己的状态。

在下一次的考试里，我果然又考取了年级第二名的好成绩。他们这种给予我充分信任的关怀方式，也一直持续到了高考，而我，也果然没有令他们失望。

总而言之，我之所以能及时调整好状态，都得益于我能够正视自己的问题，坦然接受不断变化的各种情绪，能够与自己和平相处，从而让我有了平静的心境来理性分析得失对错，及时自我调整。也正是基于这份平和，我能够平静地向父母老师表达自己的情绪，获取了他们的理解和信任，为自己赢得了最感舒适的关怀和最需要的支持。

与自己和平相处，也就意味着与身边的一切人、一切事、一切情绪和起起伏伏的经历和平相处。只有保持这份好心态，才能更健康、更高效地成长。

最后的结语

在我的成长历程里，我一直相信，成长路上的一切痛苦都会是你宝贵的财富，珍惜它们，把它们变成你宝贵的回忆，而不是沉溺其中。在灰暗的时光里，只要你稍微多努力一点点，不用多，就一点点，你也许就能离大步向前的光阴更近一步，而你终究也会变成你喜欢和期待的全新的自己。

在这条道路上，反求诸己，承担自己应有的责任和使命；相信父母，相信自己，是最为关键的两个转机。在改变自己的道路上，玉汝于成，坚持到底，寻找到适合自己的学习方法，保持良好的心态，学会和自己的情感、情绪和平共处，是最为重要的几个方法。

这一路，我从一个脆弱的女孩成长为一个坚强勇敢、不怕困难的青年人，我相信，我将在这条道路上走得更远。也希望我的故事能让成长中的你看到一点灯火，感受到一点温暖的力量勇敢前行！

编者给父母的话

做父母的永远不要放弃孩子，就算孩子遭遇挫折，自己放弃了自己，一次、两次、无数次的挽救仍然无法重新站起来，做父母的也应该满怀希望，始终相信下一刻孩子可能就站起来了。

　　朵悦的妈妈说："妈妈也不是生来就会做妈妈，这一年你遇到这么多困难，妈妈也是慢慢才知道应该怎么帮你的。"正如朵悦所言，她的逆袭成功，最重要的转机开始于妈妈为她安排并陪伴她的一段快乐的暑期旅行。正是这段旅行，让她不再偏激，正视了父母无私的爱，重拾了对父母甚至对所有真正关心她的人的信任，而对父母的信任也成了她逆袭成功的重要因素。

　　无疑，朵悦的妈妈是明智和成功的，在她沉入低谷的时候及时挽救和帮助了她，是她逆袭成功路上不可忽视的重要因素。她妈妈的做法也给了所有为人父母者以提醒和思考。

　　第一，孩子成长道路上需要不断地学习进步，做父母的也需要不断地学习进步。没有人天生就能做好父母，也需要在跟随孩子成长的同时，不断地摸索，不断地学习。

　　第二，父母不能用自己的"三观"和眼界去主宰或者决定孩子的选择，而是需要给予孩子正确的引导与建议、足够的信任与尊重，在孩子的成长道路上给予辅助与支持。比如孩子自己选择的兴趣爱好，不要武断地用自己的"三观"去做评判，以会影响学习或者不务正业等各种原因，来加以阻挠、打击或者干涉。其实，只要这个兴趣爱好是合法、健康的，都应该尊重孩子的选择，父母只需从旁引导、支持和督促，让孩子朝着对他成长有利的方向发展即可。

第三，父母应该始终有一颗对孩子满怀希望的心。永远不要放弃孩子，就算孩子遭遇挫折，自己放弃了自己，一次、两次、无数次的挽救仍然无法重新站起来，做父母的也应该满怀希望，始终相信下一刻孩子可能就站起来了。孩子心智尚未成熟，遇到困难和打击很容易陷入泥潭无法自拔，只要父母不轻言放弃，始终抱有希望，并为着这份希望不断去努力帮助孩子，孩子才更有机会振作起来，如果连父母都放弃了他，那孩子可能就真的再也站不起来了。也许正是父母那双及时伸出的手，将孩子从泥潭中拉出，使其成长蜕变！

学习高手说成长

方法篇

——十余名北大优秀学子讲述自己的成长故事、
进步心法和学习方法

牛子希　陈　蕾　编著

北京工艺美术出版社

图书在版编目（CIP）数据

学习高手说成长．方法篇 ／ 牛子希，陈蕾编著．——
北京：北京工艺美术出版社，2024.1
ISBN 978-7-5140-2729-7

Ⅰ．①学… Ⅱ．①牛… ②陈… Ⅲ．①学习方法－青
少年读物 Ⅳ．① G791-49

中国国家版本馆 CIP 数据核字 (2023) 第 219885 号

出 版 人：夏中南　　策 划 人：杨玲艳　　装帧设计：启胜文化
责任编辑：周　晖　　责任印制：王　卓

法律顾问：北京恒理律师事务所　丁　玲　张馨瑜

学习高手说成长　方法篇
XUEXI GAOSHOU SHUO CHENGZHANG FANGFA PIAN

牛子希　陈蕾　编著

出　　版	北京工艺美术出版社	
发　　行	北京美联京工图书有限公司	
地　　址	北京市西城区北三环中路6号　京版大厦B座702室	
邮　　编	100120	
电　　话	(010) 58572763（总编室）	
	(010) 58572878（编辑室）	
	(010) 64280045（发　行）	
传　　真	(010) 64280045/58572763	
网　　址	www.gmcbs.cn	
经　　销	全国新华书店	
印　　刷	阳谷毕升印务有限公司	
开　　本	710毫米×1000毫米　1/16	
印　　张	36.75	
字　　数	270千字	
版　　次	2024年1月第1版	
印　　次	2024年1月第1次印刷	
印　　数	1~3000	
定　　价	168.00元（全三册）	

我从事家庭教育、青少年素质教育已经有近20年了，其间创办了引航者青少年夏、冬令营，在我们的夏、冬令营里一直保留一个大的特色，就是邀请北京大学等名校的优秀学子做孩子们的辅导员，全程陪伴孩子们学、住、行、游、玩。同时，我们会在有限的时间内尽可能多地邀请这些名校优秀学子来和孩子们分享自己的成长经历和学习方法。

　　而每一次每个优秀学子在分享他成长学习经历的时候，不光激励启发了孩子们，也让我一次又一次地被触动，在他们身上，我看到了太多的闪光点，和孩子们一样，发自内心地想"学霸就是学霸"。我记得总有孩子对我说："子希老师，我发现这些北大哥哥姐姐们学习都特别特别刻苦……"，"我以为学霸都是书呆子，现在发现他们不仅学习好，各方面都特别优秀，我想成为他们那样的人"，"子希老师，学霸的学习方法真的特别棒，一下让我茅塞

顿开"。这些优秀学子的榜样力量真的是非常强大……孩子们看向他们的眼神里那种对未来强烈渴望的光芒，深深触动了我，那一刻我觉得自己做的事情特别有价值和意义，这也让我萌生了将这些北大优秀学子的故事录制成音频课程和图书的念头，让更多的孩子能从这些榜样的身上获取力量，助力他们逐梦未来。

于是，从 2017 年 9 月开始，我给上千名学子做了访谈和调查问卷，初步筛选出百余名北大学子进行深入沟通。经过大量、深入、漫长的访谈、总结和分析，我从他们的成长经历是否有代表性；是从小学习就好，还是有什么原因激励了他们成功逆袭；学习的过程中是否有一些难忘的经历；他们的父母是否在他们的成长过程中对其有特殊帮助、影响；是否有自己独到、系统、高效的学习方法；除了学习是否还有其他的爱好和特长；大学学的是哪些专业，以及进入大学之后如何发展；甚至于来自哪座城市等众多的综合素质考量等方面，筛选出来 11 名具有代表性的北大优秀学子。他们每一个人都代表一种成长类型，他们可以说是学霸中的学霸，优秀者中的佼佼者。由他们亲口讲述，我们录制了 68 讲的《北大学霸说》音频课程，并编辑出版了本系列图书。

在这个过程中，我发现学霸们在智力水平方面，和绝大多数的孩子并没有什么差别。到底是什么原因，能让他

们考入北大，并成为佼佼者呢？

经过不断总结、分析，我从他们身上发掘出三大共同特点，这正是他们能成为佼佼者的主要原因，也是我现在经常和大家分享的主题讲座——成为学霸的三大秘诀。

第一，他们都是自主学习的高手，具有强大的自主学习能力。他们有着主动独立完成学习的能力与方法，不需要被催促，就能进行高效学习。是否拥有自主学习能力是存在优秀和普通差距的根本原因。

第二，他们都具备三个关键要素：一是他们都有清晰的目标，在大部分的孩子还处在懵懵懂懂的时候，他们已经清晰地知道自己想要什么，当前对他最重要的是什么，他应该做什么；二是他们会为了自己的目标主动寻找适合自己的实现目标的方法；三是更重要的一点，他们会为了这个目标持之以恒、坚持不懈地努力下去。

第三，他们都有支持和信任他们的智慧父母。他们和父母之间都能顺畅沟通，能够很好地向父母表达自己的想法和意愿，并能够得到父母的理解、支持和鼓励，同时自己也能理解并珍惜父母的良苦用心。这些造就了他们健康的心理和积极向上的"三观"，才会让他们不仅具有优秀的成绩，更具有优秀的综合素质和能力。

本系列图书，不仅会一一解锁以上三个共同点，另外在每个学霸身上又有着自己独有的特点，书中汇集的这11

名学霸，正是所有典型中的典型，这11名学霸集合起来也基本覆盖了所有学霸的类型。我们汇编整理了他们的故事，希望通过了解他们的故事、他们的成长经历、他们的学习方法，以及他们父母的做法，中小学读者朋友们能获得启发、激励，找到适合自己的学习方法，获得成长的力量！同时也让父母们能够反省己身，有所悟、有所得，可以更好地与孩子沟通，更好地为孩子做好引导，更好地理解和支持孩子，为孩子营造更好的家庭成长环境！

最后，在此特别感谢我多年的挚友、本书的另一个编者陈蕾老师，如果不是她的辛苦付出和坚持，可能大家就看不到这本书了；还要感谢北京大学的张智勇教授，是他的支持和鼓励让我一直坚持在做自己想做的事。最后感谢为这本书付出的所有朋友、伙伴和同事们，希望我们友谊长存，携手共创未来。

牛子希 2023.4 于北京

我们在深入总结、分析、研究、访谈千余名学霸后，发现他们之所以能够在学习上超越绝大多数人，取得成功，背后多多少少都有他们父母的一份功劳，父母在他们的成长道路上所起的作用，是绝对不容忽视，并应该引起足够重视的。从这些学霸父母的身上我们看到——

他们有的给予了孩子足够的信任，让孩子自己去主导自己的人生，作为父母只是坚定地站在孩子的背后做好辅助和陪伴，即便孩子走入低谷，仍然相信孩子能够自己走出来，不放弃，不求全责备，耐心地和孩子一起想办法，突破自我，寻求进步；

有的没有过多的说教，只是用自己的实际行动，给孩子树立了良好榜样，给予了孩子无穷力量和信念，成了孩子上进的最强动力；

有的帮助孩子从小养成了非常好的学习习惯，并让这种习惯根深蒂固，为孩子以后的学习生活打下了良好基础；

有的虽然在学霸们的讲述中并没有出现，但就从学霸表现出的端正积极的"三观"，以及强大的自主学习能力和多才多艺上便可看出，这类父母对于孩子的管教就胜在了"度"，一切把握得刚刚好，既给予了孩子足够的自由成长、探索思考空间，又很好地防止了孩子走弯路；……

我们从这些学霸父母身上看到的闪光点还有很多，不一而足。也正是因为如此，才能让学霸们的成长之路事半功倍，才能让学霸们除了学习，更有健康的身心。要知道，孩子的成长从来都不只是孩子自己的事。

所以我们在汇编整理本书时，特别加了"编者给父母的话"这部分，希望把从学霸讲述中提炼出来的其父母们的智慧理念与明智做法更清晰地分享给大家，并简单地加以解读，也给予父母们更丰富的信息，希望能够让本系列图书不仅带给孩子们成长进步的力量和方法，同时也让父母们及时反思、自省，开阔眼界，提升自己的理念认知，完善自己的亲子沟通与教育方法，不再说"孩子应该怎样怎样"的。在孩子的成长道路上，父母的作用尤为重要，既不能过度干涉，也不能放任自流；既不能缺席，更不能代劳。作为父母，我们应该不断学习接收正确的观念，找准自己的定位，努力成为孩子翱翔天际时，承托其翅膀助其飞翔的风！

——陈蕾

目录

1 守正出奇：改变我的八个学习技巧

——好的学习方法是成为学霸的关键所在

谭天禹

北京大学光华管理学院金融学专业本科，2015年北京大学博雅计划优秀人才，获得北大降60分录取，连续两年被评为北京大学三好学生。曾在全国各地举办多场学习方法讲座，被学生称为『状元提分专家』。

为你讲述

如何通过任务系统、多位一体听课法、费曼学习技巧等八大技巧，

让你守正出奇、事半功倍。

学习不只是努力这么简单，其中的方法论和学习技巧越来越重要。想要超过多数人可以靠加倍的努力达到，但若想要站在顶峰，就需要有更高效的学习方法，这往往是成为学霸的关键所在。

　　技巧方法因人而异，对于学习技巧，我们要保持着批判性思维和创新性思维，取其精华，不断地开发创新适合自己的新方法，只有适合自己的才是更好的。

在这个知识体系越来越庞大、能力导向需求越来越强烈的教育背景下，对于学生而言，学习知识已经不只是靠单纯的努力这么简单，其中的方法论和学习技巧正在起着越来越重要的作用，甚至是能否成为优等生的关键所在。几年前的高考，我以全省前列的成绩，被北京大学录取，对于学习技巧的重要性有着深刻的体会。

进入北大后，在这个群英荟萃、高手云集的地方，我更深刻地感受到：虽然学习过程中的努力是大家来到这里不可或缺的元素，但在努力之上的学习技巧和方法，才是让你在万千同学当中，能够脱颖而出的重要因素。所以我希望能将自己多年来通过实践和钻研所总结的学习技巧与方法分享给大家，和大家一起分析学习效率问题、研究学习技巧、探讨学习智慧。希望这些学习技巧，能够从根本上助你提高学习能力、提升学习效率、提高学习成绩。

出于个人兴趣，我对于学习方法和家庭教育有较深的研究，并熟知东尼博赞、斯科特·杨、芭芭拉·奥克利、费曼等世界知名学习大师的学习理论，也经常将这些理论和实践相结合，总结出了很多非常管用的学习方法与技巧。这些技巧很多都是开创式的，甚至有时候是反常识的。之后你将会在"多位一体听课法"章节里学习到最高效率的创新式听课方式，它可以让你听课再也不溜号；在"玩转错题"章节里学习到目前最完整的关于错题的方法论，会发现原来错题本并不是必需的；在"费曼技巧"章节里掌握非常反自然反常识的学习技巧，以后困难的知识点和难题将不会再困扰你，同时你的学习速度将提升一倍。除此之外，还有着很多不可错过的学习技巧，还有也许你在寻求着的一些学习的意义，看完我的分享，也许你的学习将会在下一刻彻底改变。

　　小时候我非常喜欢玩，并且属于很会玩的那一类，由于好奇心强、兴趣广泛，无论是卡片游戏，还是音乐、美术、读书、漫画、棋牌，以及一些比较流行的网络游戏，包括比较时髦的密室逃脱等我都有玩过，感觉自己是一个很热爱生活的人。在多数事情和游戏上，我觉得自己做得相对还好，然而却发现自己有一个很严重的缺点，就是没有办法专注，很难在一个事情上做到极致，什么事情都是做得差一不二，自己就很满足了。

这个错误意识的彻底改变源于初一那年和一个非常要好的朋友的一场非常具有启发性的小测试，至今我仍记忆犹新。那是初一下学期的一天下午，我和他在学校旁边的羊肠小道散步，他说他发现了一个很有趣的测试，让我也试试。他让我说出 5 个自己觉得在中学时期最想去做的事情，要认真想过之后回答。我记得当时说了：去学一门乐器、把梦幻西游游戏升到 80 级、成为象棋大师，然后因为我们已经进入了中学，所以还有一项就是把自己的成绩弄好。当我深思熟虑后说出 5 个，朋友又让我在这 5 个中选出 3 个我最想做的事情。其实我认为 5 个本就不够用，从我众多的爱好中选出之前这 5 个，已经是经过了很艰难的抉择，现在还需要再舍弃 2 个，让我很是为难。他说这就是游戏规则，必须选。经过再三斟酌，最终我筛掉了乐器和游戏。

之后他又问，如果这 3 项里只能允许做一项你最想做的，要如何选择？我一遍一遍地斟酌思考，哪个都不愿意舍，经过漫长的心理斗争，我突然意识到，从长远来说，最该做的事情，对自己最有利的事情，还是搞好学习，因为只有在这个可以完全心无旁骛学习的阶段，认认真真把学习搞好了，才能为我整个人生奠定坚实的基础，也才能在进入社会后具备做任何自己想做的事情的能力。所以学习这件事对我的影响才是最大、最长远的，于是我在这5个选项中最终留下的是学习这件事。我也明白了：在那个阶段，我最应该、最主要的是把学习给做好，其他几个事情可以放到搞好学习之外的剩余时间里去做。当他听了我的想法后，毫不犹豫地否定道："你完全错了，你应该把另外四个事情作为你最不该做的事情去克制。因为你的精力有限，这有限的精力其实只允许你将其中一个事情做好，而其他四个事情恰好就是对你最大的诱惑，只有想尽一切方法去克制它们，你才能将有限的精力全部用到学习上。"听完他的话，我似乎豁然开朗，也就是大概从那天之后，我突然清楚地意识到应该去努力学习了。中学早期，我学习非常努力，但可能由于之前牵扯精力的事情太多，基础打得不牢固，所以即便做了非常大的努力后，成绩也只到班级十名左右，很难再往前进。当时我就想该怎么办呢？

在自己一段时间起早贪黑拼命学习，仍然不得进步之后，我就想要不研究研究学习方法试试。那学期的寒假，我从淘宝上把能找到的所有关于学习方法的评论好的书全都买了下来，其中包括斯科特·杨、东尼博赞、芭芭拉·奥克利等大师的，并把它们全部都通读了一遍，之后我发现这些国外大师的学习技巧很多是与中国的学习体系不对应的。于是我用了一整个假期的时间，学习提炼他们的经典理念，从中国学习体系的实际出发，将他们的经典理念全都进行了一下中国式的改良，之后又不断地实践与修改，最终慢慢形成了自己的一套学习方法。我将这套新的学习技巧彻底贯彻到后来的学习中，取得的进步很明显，并且一直稳步上升。我自己的亲身经历也再一次验证了我的这套学习方法论对于学习效率的提升效果显著，并成了我最终能上北大的决定性因素。

进入北大之后，我仍然将这些学习方法与技巧运用到大学的学习中，在无数次的实践应用中，我又将这些方法不断打磨改进，它们成了我学习过程中非常重要的加速器。当我觉得这些方法被打磨得成熟之后，我便尝试着将这些方法给梳理出来。这里我挑选出其中对我改变最深刻的八个学习技巧分享给大家，希望能够帮助每一个看到本书的朋友，能够从真正意义上让自己的学习事半功倍。我始终认为学习是伴随我们一生的事情，小小方法的改变，可能就会让自己的一生受益。

图1

在正式开始介绍曾经改变我的八个学习技巧之前，我想先给大家提几点学习这些学习技巧的建议：

第一点，守正出奇。这是我个人在学习中始终坚持的原则。这句话出自《孙子兵法》，表达的意思是坚持做正确的事，并适当地要出奇招。运用到学习上也是一样的，我们在运用着有效的学习技巧的同时，也一定要坚持正道，那就是踏实和努力，不要总想着投机取巧。学习技巧是让你的学习事半功倍，但首先需要正常努力作为前提，才可以有最佳的效果，二者不可分离。

第二点，对于学习技巧要保持着创新性思维和批判性思维。我始终认为，虽然有一些通用的技巧方法，但其实每个人的具体情况各不相同，希望大家能够始终保持着一种创新性思维，从前人总结出的这些已有的学习技巧方法中，不断地取其精华，消化吸收，开发出最适用于自己的新方法。并且在学习的过程中，要保持批判性思维和独立性思考，不要人云亦云，要勇于探索，敢于怀疑，大胆创新，这样你才会思路更开阔、更深刻，走得更远。

第三点，希望大家能在中学阶段珍惜宝贵的求学时光，不要把学习当作一项负担。事实上，这也许是整个人生中最适合学习的年龄段了，人生不会再有哪一段会像中学那样纯粹，能够在合适的年龄，丰富自己的知识，探索世界上更多奇妙的东西，让自己变得更聪明些，让自己具备的能力更强大一些。俗世万千，唯有自己给自己打造的这颗博学广识的头脑，是谁也拿不走、丢不掉、只专属于你的。

我始终觉得，学习这个事情对于人类来说是最重要的一个能力，它是与个人一生相伴的。我希望大家通过对我分享的学习技巧与方法的了解，不仅得到表面上学习效率的提高，并且能够对学习本身这个行为产生更加基础、更加本源的认识。

第一篇

守正出奇 | 学习模式改革

　　我要分享的第一个学习技巧是学习模式改革。事实上，我们每天的学习都有着一定的模式，而这个模式是我们进行学习的一个框架，这个模式好不好，会在很大程度上影响我们的学习效果。

　　首先，我们看一看现在同学们的普遍学习模式是怎样的。普遍的学习模式一般归为三个阶段：第一个阶段是听课，第二个阶段是复习，第三个阶段是作业。第一个听课阶段，主要通过课堂听课的方式，第一次获取知识并且理解知识；第二个复习阶段，对之前听课的内容进行一次复习，对于课堂学习的内容进行一次巩固，并弄清楚自己不会的地方；第三个阶段是去完成该堂课程的作业，在完成作业的过程中进行知识的应用，并把新的知识投入实践中，在实践的过程中进行反思。这便是最常见的学习模式，在传统的课堂上已经沿用了很多年，事实证明，这个模式不可避免地存在着一些问题。

那么问题是什么呢？

首先，第一阶段——听课。我们在听课的时候是第一次接触新知识，听课这个过程却并不一定会对新知识有最好的掌握，为什么呢？因为课堂上难免会因为各种情况漏掉一些重要的地方，比如，课堂听课最常见的问题——溜号。科学研究表明，一个人很难连续超过 15 分钟高度集中精力，当精力无法高度集中的时候，溜号就在所难免，溜号的时候老师讲的知识点就很容易被错过。除去这些被遗漏掉的部分，还有一些老师讲课时根本没有听懂或者没有理解的地方，这些都是课堂遗留下的问题。很多人常说：一个 45 分钟的课堂实际上只有 15 分钟是真正有效的，因为只有这 15 分钟是真正的考点或者考试的重难点，那么能否在课堂上抓住这 15 分钟的全部内容，相信绝大多数同学不敢保证，否则，得满分的同学怎么会凤毛麟角呢？

其次，第二个阶段——复习。复习阶段可以对课堂遗留下的所有问题进行弥补，但也并非就能如设想的那样，全都弥补上。充其量可以对课堂上没有听懂或者没有理解的地方再次回炉，但也无法保证就能彻底弄懂或者理解。还有那些遗漏的知识点，可能会被发掘出来及时弥补，也仍然可能漏过。事实上，大多数的复习是盲目的，大多数同学往往会泛泛地复习全部内容，这很耗时间并且难以集中精力，对知识点的深刻理解和记忆显然不够，甚至很多同学认为复习太耽误时间，干脆跳过复习阶段，直接来做作业。

再次，第三个阶段——作业。 没有复习好的直接去做作业，就会被那些遗漏或未理解弄懂的知识点涉及的题目卡住，对于没有熟练掌握的知识点涉及的题目做起来也会很慢，因而做作业的效率很低，直接影响到自己的学习效果。

由此可见，这个学习模式存在很多的潜在问题，那么我们怎么去优化这个模式呢？我推荐大家使用图2中所展示的预习、听课、作业复习模式。

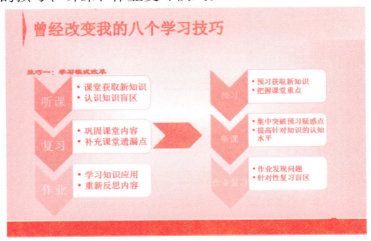

图2

第一部分：预习。我们需要在老师讲这一课之前，先将要学的知识进行一遍预习。这样我们不仅可以提前接触将要学习的知识，还可以提高学习效率，即在你预习的过程中，容易理解的地方，通过这一遍预习就已经理解了，不好理解或者理解不了的薄弱点可以做好记录，留待上课的时候有重点地去听。这样一来，会大大减少听课的压力，并将听课变得有目的性和针对性，更有利于在课堂上集中精力去掌握重点和攻克薄弱点。

第二部分：听课。传统模式是不经过预习直接听课，需要全程集中注意力，才可以掌握知识的重点，但也无法保证没有薄弱点。因为老师的讲课进度是固定的，不会根据你的理解速度来进行调整，如果遇有不能很好理解的地方，也只能先跳过去，遗留下来的这些地方便成了薄弱点。如果听课的时候稍有懈怠，开小差或者思维溜号，很可能就错过了重点或者薄弱点。

如果能在上课之前提前预习，那么到了上课的时候，你就会有目的、有针对性地去集中精力听你预习时没有理解的薄弱地方以及预习时找出来的这堂课或者这个主题知识点的重点地方。这样不仅便于掌握重点，也将大大减少课堂理解的薄弱点遗留。同时，还可在听课的时候将老师讲解的内容和自己之前预习的理解进行比照，不断进行自我反思和自我互动，查漏补缺，并能很自然地发现老师在课堂上额外强调的更多的知识，这些额外的知识将进一步帮助我们对本堂知识点的深入理解和拓展思维，有利于我们更加牢固地掌握消化知识。

如果进行了预习，也能够有重点地去听讲，但仍会有部分的遗漏该怎么办？这种情况也不可避免。建议你可以带一个录音笔，养成在课堂上用录音笔去录上课内容的习惯，这样即使你上课有的时候开了小差、溜号了，只要过后重新听录音，然后再找到相应部分补充即可。

第三部分：作业复习。顾名思义，就是将作业和复习两个内容融合在一起，通过作业来复习。传统的方式都是先复习再做作业，通过复习进一步理解消化所学内容，解决遗留问题，之后再完成作业，通过作业查漏补缺，学以致用，巩固所学知识。但是这里我要提倡的是作业复习，就是将作业和复习两过程有机地融合在一起。具体操作上来看就是，在做作业的时候一旦发现了什么新的问题，马上回到书里或者上课的笔记，针对特定的内容来查看和复习。

为什么要将复习和作业进行融合呢？因为随着考试内容的不断升级，学的知识量越来越庞大，真正的考点和内容每一年都在不断变化，以致有效的内容，也许只是那庞大内容中的一小部分。如何能抓住这一小部分，就需要我们有目的性地进行突破。

如果我们广泛地复习全部内容，因为量太大，就不可能对所有内容都深入细致地去复习思考，可能你会发现，也许全部内容都复习完了，也仍然把握不到重点。而通过做作业的过程找到的需要复习的内容，往往是自己真正薄弱、真正需要自己通过复习和思考来提升的地方。做作业实际是对所学知识的一种实践应用，在做作业的同时进行复习，实践加上理论，可以让我们更好地提升自己对知识的应用能力，这也是目前我们学习更加强调的能力，让我们的学习变成能力导向型。

由此我们可以看出，将学习进行一个小小的转变，其实可以产生一个很大的效果上的变化。这种新的学习模式，其实用了更少的精力，但有着更好的学习效果，这也许是有的优等生学习效率高的原因所在。

无论是在生活还是在学习上，我们都不能被固有框架困住。在发现问题的时候，我们应该学会运用一种更高的眼光来审视这个问题，善于创新使用最适合自己的方法，去理性思考它真正有效的解决方式，这也许能让你在学习中效率更高。

第二篇

守正出奇 | 多位一体听课法

对一个学生来说，课堂的重要性是毋庸置疑的。时间上，课堂时间占据了学生们绝大多数的学习时间；内容上，课堂内容几乎就是我们学习需要掌握的全部内容，并且课堂内容一视同仁，所有同学听到的都完全一样。也许课堂外，我们学习内容是不一样的，但是在课堂上大家都是面临同样东西，而同样的东西，每个人由于方法的不同，却往往能学出不同的效果，存在非常大的差异。所以要想在千军万马中突围出来，首先就得把握好课堂这个最主要的战场。

今天为大家介绍的方法，叫作多位一体听课法。这是我引用目前世界上知名的自学大师——斯科特杨的部分学习理论，结合我国现在课堂的实际学习情况，总结出的一

图3

套高效听课方法。

《新华字典》里对于听课的定义是：听课是一种对课堂进行仔细观察的活动。从这里我们可以看出，听课不只是用耳朵来听这么一个简单的动作。事实上很多的同学都会犯这样一个毛病：课堂上真的只是在竖着耳朵听课，而没有进行其他的辅助活动。科学研究表明，如果只是靠听觉来听课的话，能获取的知识量低于课堂全部内容的30%，这便可以解释为什么很多同学的听课效率很低，为什么拔尖的同学总是就那么几个。

　　在我看来，听课最关键的两个因素，一个是反馈，一个是联系。之后我要介绍的多位一体听课法都是围绕着这两个核心因素展开。其中反馈是指，我们在听课的时候，如果能不断地用一些手段让自己对课堂内容进行反馈，那么听课效果会有明显的提高。联系表达的意思是：我们在学习新的东西时，要想尽一切办法与旧的知识进行联系。形象来说，我们学的全部知识可以理解成一栋栋楼房，而新的知识就是一些新盖起的楼，如果想让这一栋栋独立的楼真正彼此关联起来，则需要建立起四通八达的道路，让它们能够相互交流。因而，最好的学习是将自己所有学到的内容都建立成一个大的网络，也就是让所有内容能够有所关联，形成一个网络小营。

　　那么多位一体听课法具体要怎么操作呢？最重要的一点，我们在平时听课的时候，一定要多动笔。如果说你在上课时容易走神开小差，注意力不集中，那么边听课边动笔是一个最容易让自己注意力集中的手段。当然这种动笔并不是我们传统意义上说的简单的记笔记，老师说什么内容就往上边写什么内容，或者只是照抄老师黑板上的板书。这里所说的动笔是一个动脑的体现，也就是说动笔写下的是你用大脑加工过的内容，比如将老师上课讲的每句话，尝试将其中的关键词或者核心概念给提取出来，然后可以尝试与之前的内容进行比对，找一找它们与旧知识的逻辑关系，尝试用旧知识来理解新的知识，在这个过程中，就有了我们之前提到过的反馈和联系过程。

通常的操作方法可以是准备一页笔记纸，并不是按照以前传统意义上的方法来记笔记，而是将课堂上的每一个关键点进行一个笔记流的提炼。笔记流是斯科特·杨在《如何高效学习》中提出的观点，就是将所有的内容进行一个逻辑上的框架搭建，这个和目前很流行的思维导图概念有些相像也有所不同。首先提炼老师所讲的最主要的观点，用记录关键字代替完整句子。然后，在各个观点间画上一些箭头，使之呈现出相互关联的关系。它可以把被人为加

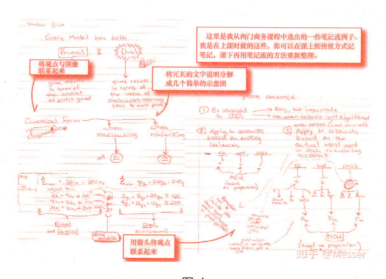

图4

工过的线性文本或笔记还原为自然、松散的网状，相当于吃饭的时候，把食物放在嘴里嚼烂。这种笔记相当自由，其方式不求逻辑清晰，能让其他人看懂，但求自己吸收知识舒服畅快。

需要强调的是，在提炼笔记流的时候，不要过于强调形式，只需表达出你的大脑对所学知识的消化状态即可。它应该呈现的是你理解的这节课老师所讲的内容，呈现出来的是哪些关键词，以及与之相关的是之前学过的哪些知识，它们的相互关系是怎样的。

在这个过程中，实际就是同时全力调用了自己的手、耳、眼、大脑等多个器官。不仅要听老师讲，同时要看老师的板书，还要不断地运用大脑积极思考，调取记忆，进行分析、提炼等。还要积极调动手来将自己的所思所想及时清晰地记录下来，所以称之为多位一体听课法。

那么采用多位一体听课法，具体有什么好处呢？

第一，你会更容易把握课堂重点。因为采用多位一体听课法，在听课过程中，你在不断地将老师讲授内容的关键信息进行提取，要筛选出老师讲授内容的关键信息，就必须掌握老师讲的每一段话的最核心内容是什么，掌握了老师所讲的全部核心内容，就很容易提炼出老师讲课内容的重点。

第二，能够加倍理解知识。之所以说加倍理解，这是源于我们说的反馈和联系这两个概念。当老师给出一个新的知识，你接收到以后，脑海里就会自然浮现你自己对于它的理解和看法，此时如果动笔将你的理解写下来，就相当于对它进行了一个二次理解，在这个过程中，再将它与之前学到的旧的知识进行比对、联系，不仅将新的知识理解掌握到了，同时又将旧的知识进行了一遍复习，并加深了理解和拓展，因此我认为这样的学习是有一个加倍的效果的。

第三，能够有效抵御最常见的上课走神、犯困的怪圈。单纯的听讲实际上对于我们大脑来说，就是一个信息输入的过程，如果能将这些输入的信息思考提炼后再写出来，这就是一个信息输出的过程。现在很多人提倡，学习最重要的不在输入，而在输出，只有做到了输出，才算真正吸取消化了知识。从输入到输出是一个对大脑不断刺激的过程，大脑从输入开始，直到消化知识后输出来，就一直在高速运转，高速运转的大脑当然不容易走神或者犯困了。

其实如果你仔细回忆一下就会发现，课堂上当你走神或犯困的时候，往往都是大脑不怎么工作，或者只是发动了听觉，机械地听老师讲的时候。那些容易走神或犯困的同学们可以想想，自己考试的时候，会像上课一样这么爱走神、犯困吗？肯定是极少甚至是没有的。这就是因为考试的时候，你在不断地读题、不断地思考、不断地书写，不仅要把自己思考的结果准确写出来，还得思考得够快，写得够快，所以你调动了身体的多个器官共同紧张有序地工作，这种状态下自然就不容易走神或者犯困了。采取多位一体听课法，就跟考试时候的状态一样，所以能够更好地加强上课的专注度，提高听课效率，有效减少走神或犯困。

纸上谈兵终不可取，建议大家掌握了要领之后，一定要多去实践，在实践的过程中，根据自己的思维习惯以及精力状态、记忆规律等具体实际情况进行调整，找到最适合自己的方式，那么你的学习效率必将会迎来一个较大的提升。

第三篇

守正出奇｜日、周任务系统

　　日、周任务系统其实本质上强调的是立计划，就我个人以及周边同学的经历来看，其实中学阶段是最适合做计划的。因为我国的中学，对于大多数同学而言，目标都很单一明确，就是在高考中取得好成绩，考上好大学。而且这个目标还是可量化、可衡量的，并能随时通过考试成绩准确地测评出与目标的差距，从而能够对你接下来的行为方向甚至是力度给出很具体很明确的指导。这种情形最适合做计划，它和我们生活中很多东西不太一样。

　　在生活中，尤其是进入社会以后，也许你想达到某一个目标，完成它的途径往往不是线性的，就好像是在一个黑箱里，通过各种各样复杂方法的组合，在一定的概率基础上，才有可能完成它。在这个过程中得不断摸索、尝试，有可能你做的某件事情并不是对最终结果有利，会走一定的弯路，甚至是大大的弯路，也有可能路径不明确，需要从众多的路径中做出选择继续前行，因为更多的选择从而带来更多的迷茫，以致迷失了方向。

但中学时候的情况就完全不一样，目标单一，方向明确，路径明确，完全不必迷茫，朝着明确的目标和方向前进就行了。不同的是，在这个前进的过程中如何能排除干扰，如何能提高学习效率，如何能更好地完成目标。那么就不妨做一个完整的计划，来确保更好地实现目标。日、

图5

周任务系统就是一个很好的完整的计划系统。

日、周任务系统核心分为三部分：日计划、周计划和周总结。首先说一下周计划，周计划往往是在一周开始前的那一天来制订，比如你要进行第五周的计划，那么就需要在第四周的周日那一天，来为自己的下一周，也就是第五周，进行一个计划安排。

在进行周计划的时候，我建议通过任务目标管理式的方式来做这个计划。什么叫任务目标管理式呢？就是要把接下来的一周细分为一个个的具体任务和目标，并且要明确怎样实现它们。要完成哪些具体的目标，我们可以按照科目和时间来进行分类。比如数学，当你发现你的空间几何不太好，那么你下周的目标，就可以设为做50道空间几何题，以此来提高自己的空间几何解题能力；比如英语你的单词背诵并不好，那么你的下一周目标就可以设为600个单词的背诵；也许你的古诗文不是太好，那么你下周的目标可以设定做20篇古诗文题。当然目标的设定不一定必须是学科的学习任务，也可以是一个习惯。比如你喜欢玩王者荣耀，并且有些上瘾，那么你可以规定自己下一周玩王者荣耀的次数小于3次，时间总长小于3小时。在周计划中，针对不同的类别和科目先立出目标，再具体到一个个的任务去实现它，当然仅有这些还不够，这其中一定要有一个激励机制，也就是说在你的周计划里，需要有怎样的奖励和惩罚来帮助和激励你完成这些目标。如果完成全部目标的话，会有什么奖励；完成目标的 80% 会有什么奖励……如果没有完成，又会受到怎样的惩罚。如果要想你的目标具有更好的执行性，就非常有必要将这些奖惩措施细化。

可能很多同学会不以为然，有奖惩措施也不一定就能激励目标的完成。其实我们想一想，为什么很多同学会很喜欢玩游戏，就是因为游戏有很快的反馈机制，当你完成到什么程度，会马上给你相应的奖励和惩罚。比如玩好了会有升级，打到一个新的装备，玩的不好的时候可能会马上掉血……时刻都在刺激着你。但是在我们的学习过程中，学习效果的反馈周期一般都比较长，往往你学习了很长的一段时间，可能要等到几个月之后的考试，才能反馈给你这段时间的学习效果。这样很容易让人坚持不下来，所以既然少了这个反馈机制，我们就得想办法把这个反馈机制给它加进去，让我们的学习更多一些动力和积极性。这些奖励和惩罚机制，很建议同学们跟自己的父母来一起制定。你可以把自己的计划给自己的父母看一看，让父母帮着一起监督。假设完成了任务，可以有一个奖励，可以让父母在周末领你吃一顿好吃的；假设没完成，也可以接受一个惩罚，比如连着洗一周的碗。这些机制都是一些让自己的学习变得更有趣、更有动力的方法。

在进行完第一步周计划之后，下一步就是日计划，**也就是要将我们之前周计划中定的具体目标和计划，分配到下一周的每一天里，通过具体的行动来实现它们。**针对日计划，我建议大家最好养成一个习惯：每天早晨起床的第一件事情，就是抽出大概 5–10 分钟时间来想一想我的这一天要怎么过，都要完成哪些具体事情。比如，我这周的计划是完成 50 道空间几何题，那么可以在早晨为自己的这一天计划里，安排出大概 10 道空间几何题的日任务，并且一定要通过时间来将这个任务量化，即大概要用多长时间将这事情给完成。比如说可以用一个小时来做完这些任务。我们也一定要有一个系统化的思维，来思考周计划的每一个目标怎样安排和分配到每一日，如何让自己的任务和每一天的时间进行关联，每项任务具体要用多长时间来全部完成，这样就能对自己的每一天有一个更好地把握。此外，尽量去养成今日事今日毕的习惯，保证每一天的任务在当日完成，这样就能形成一个比较好的日计划系统。建议可以专门准备一个笔记本，来为自己的每一天做计划，比起早晨起来做当天的计划，如果能在前一天完成当天任务后，提前做好第二天的日计划，这样效果会更好。

日、周任务系统的最后一部分就是：进行周总结。周总结往往在这一周最后一天来进行。周总结应该如何来做？

首先，统计一下这一周任务的完成情况，完成了多少，还有多少未完成。完成的任务里，哪些任务完成得比较好，哪些任务完成得比较敷衍，质量不高。

其次，按照之前周任务制定的奖惩机制来兑现奖励或者惩罚。不要认为这个步骤无关紧要，不引起重视。一次、两次或许感觉不到它的意义有多大，如果想要长期坚持下去，每周的奖惩兑现就会增加很多乐趣，它会成为你持续不断坚持下去的有效动力。

一方面要反思这一周的计划里未完成的这些任务是什么导致的。是因为在执行任务的过程中出现了新的问题，还只是因为自己的意志力不足没有完成？或者可能是任务量规定得不合理、太多了无法完成？……针对自己反思分析出来的这些原因来一一解决。或是总结一下出现了哪些新问题，这些新问题计划如何来解决；或是制订一些具体策略，如何来提高自己的意志力；或是重新评估一下自己的实际情况，调整下任务量。如果太多了，那下周就得适当减少一些，如果感觉这周任务完成得过于轻松，那下周就需要增加些任务量。

另一方面，要根据本周的任务完成情况来对下周的周计划进行调整。周总结既是这一周的终点，也是下一周的起点。我们要通过周总结，让自己这一周的周计划得到升华，不仅仅是本周计划的执行完毕，更是要通过这一周的计划执行，总结反思之后确确实实获得收获和提高，并为下周的周计划制定打好基础。古人曾言，凡事预则立，不预则废。一个良好的计划会对你的学习有极大的推进作用，所以切不可小觑日周计划的作用，不妨试着从此刻起行动起来，为你的一周一日做好详细计划，并认真实施起来，不用太长时间，你定会发现自己的学习会变得高效许多、轻松许多。

第四篇

守正出奇 | 玩转错题

玩转错题，这是曾经改变过我的八个学习技巧中的第四个技巧。在讲具体的错题处理系统之前，我想先和大家讲一讲错题的意义，实际上我想先说的是一个数据。我在高二的时候关注了那一年各个省高考状元关于学习技巧分享的讲座、报道等，发现了一个很有趣的现象，那便是几乎所有的省高考状元在分享学习技巧的时候，几乎无一例外地提到了"错题整理"。由此可以窥见：整理错题几乎是所有学霸们的通用方法，为什么大家都对整理错题如此"情有独钟"，它的意义究竟在何处呢？

在我看来，整理错题最大的意义在于它能使你能力提升的效率大大提高。如果你仔细总结分析便会发现：在多数情况下我们在做卷子时，真正有效的题目只约占 20% 的比例，而剩下约 80% 的题目实际上是在重复以前的知识点或者简单的计算，这 80% 只能帮助你不断提升对知识点以及解题思路掌握的熟练程度，并不会对个人的知识点增长以及实际做题思路的拓宽有所提升。

但是错题很不一样，每一道错题一定有错的原因，必然会反映出个人的某一个薄弱环节，每攻克一个薄弱环节，就能让个人的解题能力得到一定程度的完善，如果能一一攻克每一道错题反映出来的问题，必然会让个人的解题能力大大提升。因此整理错题能够保证自己的每一份精力都用在完善自己的薄弱环节以及知识漏洞上，非常有针对性，切切实实地将"好钢都用在了'刀刃'"上。

在考试里，其实每一次做错的题，几乎都在以前碰到过类似题型，如果能把每次出现的错题都彻底弄懂弄通，后面再遇到类似题型，就会手到擒来，坚持一段时间，自己的知识漏洞将会越来越少，思维盲点也会越来越少，解题思路越来越宽，解题能力也越来越强，这样才能让自己真正无懈可击，自然也就能收获非常理想的成绩。

由此可见，错题的整理确实是十分重要。接下来，我和大家讲一讲我总结的错题系统。

　　错题系统很核心的一点就在于：对错题的分类。这主要是因为每一个错题产生的原因往往是不一样的，对于不同的错题原因，我们应该设立不同的解决方案，而不是将它们笼统地概括在一起分析。实际上有好多的错题并不是因为我们本身的能力问题，而是因为我们当时马虎、看错题、计算错误、公式写错、没有看清题目条件等才错的，这类错题的数量还不少。这类题实际上没有再去整理的必要，因此为了提高整理错题的效率，这一类错题我们就应当筛选掉。

　　建议大家养成习惯，在你发现一道题做错的那一刻，

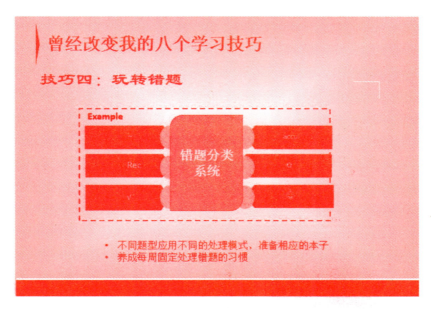

曾经改变我的八个学习技巧

技巧四：玩转错题

Example

Rec

错题分类系统

· 不同题型应用不同的处理模式，准备相应的本子
· 养成每周固定处理错题的习惯

图6

首先就应该把这题做上记号，区分出它属于哪一类。记号如何做呢？上图的 6 种记号就是我一般在错题整理时使用的记号。我给大家示范一下我的错题记号方式。

第一类记号 ~~~ 代表这道题在之后还需要再看，如果我画一个波浪，就代表这题目需要再看一遍，如果我画两个波浪就代表之后需要再看这个题目两遍，并且以后每看一次的话，我需要对这个波浪做一个记号（比如在凹的地方画一个撇），当一道题所有的波浪都被做上记号以后，就代表这个题不需要再看了，这是我区分出的第一类错题。

再看第二类记号 Rec，这个代表英文 recite 的简写，说明这道题是出现在背诵问题上，这道题所考查的某一个知识点我需要背诵下来。通常对于这类需要背诵的题，我的处理习惯是将这个需要背诵的知识点统一记在我专门准备的"背诵本"上，需要背诵的东西整理到一起来统一处理会效率更高，它会节省很多翻找查阅的时间，同时还能充分利用很多碎片时间，随手拿出背诵本便可以背诵这些需要背诵的知识点。

第三类记号是"√"，这个"√"我赋予它的含义是代表这道题我需要在每一次复习这个卷子的时候都要再看一遍，也就是无数遍，等价于无数个波浪。波浪所标记的题上，需要再复习的次数等于波浪的个数，而记号"√"

所标记的题，通常就是老师强调的重点题，或者是自己已经错过很多次的易错题，"√"代表了这道题的极度重要性。

第四个记号是 accu，它是英文单词 accumulate 的缩写，代表积累。这种积累和大家往常理解的错题积累不一样，这类需要积累的题我通常将其记录在"方法本"上，因为这道题所涉及的是一个很重要的、需要多次反思的方法。这种方法往往可能是一大类题通用的解题思路，如果琢磨透了，解决掉的就是一大类的题。所以我们有必要将其记在专门的方法本上。

第五类记号"Q"，它是英文单词 question 的缩写，说明这道题在老师讲的时候没有听懂或者在自己对答案的时候没有完全看明白答案，这个题应该重新问一下老师，为了防止之后忘了请教老师，遗留下问题，有必要给它做一个记号来提醒自己。

第六类记号"☺"是一个笑脸，代表这道题不需要再复习，这道题的知识点自己已经完全掌握了，只是由粗心马虎看错或者漏看了题目条件，或者计算错误、手误写错一个数字等一些完全可以避免的原因导致的。

以上就是错题整理的核心，即错题分类系统，希望大家能够有效地掌握。同时，我想再谈两个我经常被问到的问题。

第一个问题是应该在什么时候去复习错题？

实际上，中学生最常见的方法就是在有时间的时候便进行错题整理，因为中学时期的学习任务比较重，时间都比较紧张，如果说每天都进行错题整理可能不太现实，所以有错题整理习惯的同学大部分都是在有时间的时候就集中来整理一下，顺带回顾一下之前的知识点。

但是我不太建议这种方式，因为这样太随意，没有节奏，没有规律，很容易就忽略这个非常重要的环节，而且整理的错题也有可能不连贯或者有遗漏。我的建议是把错题的整理安排在每周统一的时间，安排进自己的计划里。比如我的习惯是在每周日的下午对这一周的所有错题进行错题整理，这样既便于对一周的知识再进行一次梳理，也便于全面统计这一周的全部错题，并且错题整理完之后，对于自己下周应该重点补习的知识漏洞，或者需要熟练的薄弱知识点，或者需要重点提高的解题思路都会更清晰，也利于制定出更好的下周任务系统。

第二个问题是有没有必要有错题本？

如果大家仔细看了我前面的方法阐述就会发现，我并没有提到"错题本"，而是提到了"背诵本"和"方法本"两个概念，因为我的原则是对不同的问题应该有不同的解决方案，应该对症下药。而错题本这样的大杂烩实际上是比较混乱的，不够有针对性，不利于提高复习和消化错题的效率，同时抄错题也有一些浪费时间。如果根据对错题的分门别类将它归到不同的本上，就非常方便以后有针对性地进行复习、理解和消化。而对于那些以后还需要再看一遍的题（比如有"~"或者"√"的），也不用再抄一遍，可以用一个夹子把这些错题夹在一起，方便再去复习1遍、2遍……

对于玩转错题的方法就梳理到这里了。希望大家对于错题有更好地认识：对待错题即使有最高效率的"奇招"，但其背后永远离不开努力的正道，学习应该做到守正出奇，希望大家能够加强对于错题的重视度，多付出一些努力，对错题进行整理、消化，让错题成为你提升能力的加速器。

第五篇

守正出奇 | 费曼技巧

说起费曼技巧，我们不得不首先了解一下费曼其人。费曼先生的全名：理查德·费曼，是美国一个著名的物理学家，他曾经在 1965 年获得过诺贝尔物理学奖。费曼先生是一个我很崇拜的世纪型奇才，不仅在物理方面有过很多的建树，同时在教育领域还有一些自己独特的理论和方法，他喜欢将自己学习那些复杂物理知识的特殊方法总结出来，放在教育相关的领域里边。费曼技巧就来源于他的自传。

费曼技巧是一个很有技巧性的方法，它能够真正提高人在学习知识时候的效率。今天我讲的学习技巧和费曼先生最初的费曼技巧不尽相同，它是我结合了目前中国教育模式的现状，加上我个人的一些改良，升级出的一个更加立足本地化的版本。

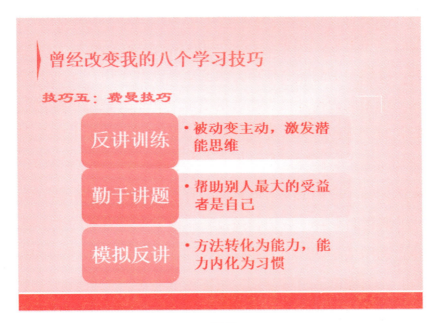

图7

原汁原味的费曼技巧是什么样子的呢？费曼先生在自己的自传里是这样解释的：首先要拿出一张白纸和一本你要理解的书，然后翻开书本，开始阅读你所要理解的内容，当你把所要理解的内容全部都阅读完以后，可以把你所要理解的知识点概括性地全部写在准备好的白纸上。在写完自己所要理解的观点之后，再在白纸上，对于所要理解的观点进行深度拓展，可以进行纵向拓展和横向拓展。在这个拓展过程中，你需要以一种无意识的状态，任凭你的手在纸上写字，来理解自己的观点，在无意识状态中，人的潜能会被最大程度地激发出来，并且全都释放在这纸上。经过这个过程，你便会对这个知识有既快速又深入的理解。

费曼先生的这个技巧，其实重点就在于用"无意识状态"能最大程度地激发出人的潜能。相信大家跟我最初一样，对于这段解释，看似描述得非常简单，做起来似乎也非常简单，但其迷惑性就在于对这个所谓的"无意识状态"无法把握。这个定义太抽象了，而且应用场景也很有限。

那我们来看一看把费曼技巧具体运用到我们的中学学习过程中会是怎样的？相信每位同学都曾经有过这样的体验：比如你做一道数学题，可能虽然做出来了，但对这道题其实理解得并不透彻，只是按照老师讲解的步骤，依葫芦画瓢地硬套出来了。这时有一个同学向你请教这道题，你在自己也不是完全懂的情况下回忆老师的讲解给他讲了讲，结果发现，在给他讲完这道题之后，你自己好像某个思维淤堵的地方被打通了，对这道题所涉及的知识点理解得更透彻了，甚至把这道题完完全全彻底弄明白了。

这是一个很奇妙的过程，可能作为老师的话理解会更深。因为老师不断地给学生讲知识点讲题，解答学生疑问的过程，也是一个不断加深对这个知识点理解地过程。这也能够解释为什么老师在多年的教学里边对着同样的内容能够不断深耕，最终形成对于知识的融会贯通。

从上述这个例子里我们可以看出，当我们学习到一个新知识，在还没有彻底弄懂它的时候，如果主动地把它给表达出来，会对它有更加深刻的理解，也就达到了一种快速深度学习的效果。我理解的费曼技巧其实说的就是这样一种状态：当对某个知识点初步理解了之后，就用写或者画的方式把自己的理解表达出来，并根据自己的理解进行纵深拓展，以此来最大限度地将这一新的知识与自己已掌握的旧知识进行联系对比，以此来加深自己的理解。

根据费曼技巧的这一理念，我向大家倡导一种训练方式，叫作反讲训练。

所谓反讲训练，就是当你对一个知识点理解还不太透彻时，想要弄通它，那么你就去大胆给别人讲，在你向对方讲述、双方不断质疑释惑、思想不断碰撞的过程中，你们就会对这个东西理解得更透彻。这也是通常人们说的，要想最快地消化吸收某个知识，最好的途径就是输出，输出的形式用说或者写都行，只要把自己的理解表达给别人，引发思想的碰撞，就必然会有更深刻的理解。

然而，很多学霸普遍认为，把自己会的东西花时间讲给不会的同学听，是在浪费自己的时间，因此并不太乐意

"输出"。但大家如果深入理解费曼技巧的话你会发现，其实当你给别人讲题的时候，受益最大的也许并不是对方，而是你自己。因为你在给别人讲题时，为了让对方能够听懂并理解，你不可避免地需要调动自己已掌握知识里的相关知识，对这一问题进行佐证、解析，这个过程正是促进你将这个问题纵深拓展理解的过程。可能等你讲完这道题，对方还没有听明白，你自己却对这道题有了更深刻的理解，对于这道题涉及的各方面知识点也理解地更为透彻了。

没有任何一次讲题的过程是一点收获都没有的，所以建议大家不要害怕浪费时间，尽量多多给人讲题，跟人讨论，通过这种方式输出自己的理解，这是一个双赢的过程。事实上并没有那么多的机会让我们去给别人讲题，那要怎么办呢？我个人养成了这样的一个训练方法，叫作模拟反讲。模拟反讲就是想象你面前有这么一个虚构的人，他对这个知识完全不懂，你要思考如何把这个知识给这个虚构的人讲明白。在脑海里假设出这个情境之后，迅速地模拟这个过程，向这个虚构的人把你理解的全部内容在脑海里表达出来，让这个完全不懂的虚构的人能够听懂并理解。如果觉得在脑海里讲演比较抽象，可以在纸上将"虚构的人"的提问，以及自己的解答一一罗列出来，这样能够帮助你更好地理解、更深刻地记忆。

经过这样一个相当于自问自答的过程，你会发现之前模糊的理解更清晰了，之前肤浅的理解也更深刻了，这就是"模拟反讲"所达到的效果。这种模拟反讲，即脑海内的讲演，不受外界条件的限制，无论何时何地都可以适用。比如，晚上睡觉前躺在床上，可以对今天遇到的一个颇有难度、自己理解得比较吃力的问题展开模拟反讲；比如早上晨跑过程中，也可以对你认为有必要加深理解的某个问题进行模拟反讲；或者上下学的公交车上等。它可以随时随地地运用起来，真正内化为你的个人习惯。

当你学习每个新的知识点，想要更加深入快速理解的话，都习惯性地用这种费曼技巧给它模拟一下，你会发现你能够很快地将重难点突破，将不容易记住的易混知识点记牢。

相信通过我的"反讲训练"和"模拟反讲"，大家对之前抽象的费曼技巧原理基本有了一个较为具体的理解。这里我来具体说说我对费曼技巧的理解。

我们是以语言和文字作为载体进行学习的，知识在输入脑海的过程中，是一种将语言和文字转化成理解的过程。之后将对这个知识点的理解再讲出来，是一种再将理解转化成语言和文字输出的过程。无论输入和输出，都离不开语言和文字这两种载体。

　　然而，语言和文字是有局限性的，如果选择了这个载体来学习知识的话，必然会陷入一种语言的陷阱。所谓"语言的陷阱"就是指某些事情超出了我的语言表达能力。我虽然理解了，但无法精准地表达出来，如果理解得越深刻，对这个理解的语言或者文字的表达方式就应该更多，表达也能更充分。我更愿意用数学的降维概念对此类情形进行更加详细的说明。

　　何谓降维？就是一个学习的内容也许有很多的维度和属性，但如果选择了语言和文字，实际上就只剩下两种维度了，这必然会造成对这个知识理解的损失。举个例子，假如你从高空来俯视一幢大楼，那么你就只能看到它的长和宽，无法清楚地看到它的高度是多少，每个人视觉所处的角度不同，看到的事物本质可能也就不尽相同。对一个知识的理解也是如此，对这个知识理解的切入点不同，决定了对这个知识的理解不尽相同。所以经常发生当我们产生了某种情感或者看到某个情境时候，会发现"这个事情超出我的语言表达能力了"或者"这个事情只能意会不能言传"，也就是遇到了所谓的语言陷阱。

　　而费曼技巧为什么有效？因为它做到了从升维再到降维的过程。它将语言和文字二维的表达先转化升维成脑海里三维的东西，再从脑海里将自己的三维理解转化降维成语言和文字二维的表达。而语言和文字吸收到脑海，究竟能够在脑海里"积分"升维到什么程度，这就是我们经常说的对知识的理解程度。再将自己对知识的理解用语言和文字再表达出来，能够降维还原成怎样的原型，便是对知识理解的最好检验。

从二维到三维，将知识建构在脑海里，再从三维到二维，为了能够更好地表达出建构在脑海里的知识，我们必然会不断完善已建构在脑海里的知识，如此才能有效避免语言和文字的陷阱，更完善准确地用语言和文字将其表达出来。从二维到三维，再从三维到二维，这一理解转化的过程越熟练，你越会被激发出更大的潜能，相信当你能够熟练应用费曼技巧时，你会大大惊叹于自己学习理解能力的提高。

第六篇

守正出奇 | 节奏指读法阅读术

前一章说到，我们对知识的理解吸收，主要通过语言和文字这两个载体，那么这两个载体又是通过什么途径输入我们的大脑的呢？显然，这个途径主要有两个：一个是听，一个是读或看，读或看统称为阅读。

据此可知，如果我们能够提高阅读的速度，那么也就自然能够加快对于知识的吸收速度，便能明显提高我们学习知识的效率。

世界著名脑力大师东尼博赞先生出版过一本名为《如何高效阅读》的书，这本书里边讲到了很多有效的阅读方法，其中包括引导物法、区块阅读、跳读等方法，推荐大家读一读这本著作。

这里我要给大家介绍的就是我的第六个学习技巧——节奏指读法阅读术。这个方法就是从上述东尼博赞先生的《如何高效阅读》书中提炼的一种适用于中学应试的改良方法，也融合了一些我个人的经验。

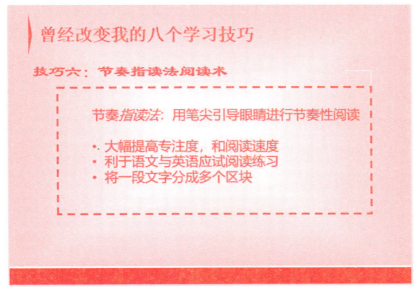

图8

节奏指读法中的指读是一种比较传统的阅读术，顾名思义就是在阅读的时候，把一本书放平，用左手将这本书按住，右手用手指指着字，逐字逐句进行诵读的方法。相信我们每个人可能都有过这样的体验：小的时候，可能自己的父母或者老师，都是这样手把手一个字一个字来教我们读书的。所以很多人对指读法本身都有着特别深刻的印象，并不陌生。

指读法对于儿童很好，因为它遵循了儿童的心理发展规律，在幼儿园阶段及小学低年级，儿童注意力常常难以集中，不稳定，不持久，很容易被分散，但这个年龄段的孩子听觉和视觉都处于高峰时期，用指读法，能够有效地刺激他们的听觉和视觉，将他们的注意力很好地控制在所读的内容上，从而提高记忆效率。所以指读法在儿童阶段会有着很高效的应用。但是指读法对于中学的学生而言，却并不完全适用，它会明显地拖慢一个人的阅读速度。但是这里要介绍的节奏指读法是对传统的指读法进行了很大程度的改良之后的阅读术。

那么节奏指读法具体要怎么做呢？

首先，和传统的指读方法一样，我们需要一个引导物，但并不建议使用手指，若用手指来进行阅读的话，很笨拙，并且容易遮盖文字，明显地降低阅读的速度。我建议使用笔尖，因为我们在学习的场景里边，最习惯地就是手握一支笔，随时做记录。"好记性不如烂笔头"是我们从小听到大的至理名言，所以在所有的学习场景中，"笔"是必不可少的因素，用笔尖来做引导物再合适不过了。如果是用计算机做题的话，额外准备一支笔也是有必要的。

引导物找好了，那么节奏指读法中的节奏，又代表什么意思呢？节奏的意思就是将一段文字划分成一个个的区块，每次笔尖放到一个区块的最中间区域，引导着眼睛聚焦这整个区块的文字，这样充分发挥眼球的潜能，一次读一整块儿的文字，而不再是一个字一个字地读。

我们眼睛在正常读文字的时候，通常是读完一个字，再去看下一个字，以这样一个线性方式来进行阅读。然而实际上，这并没有完全发挥人眼球的潜能。如果你仔细留意一下便会发现，眼睛如果聚焦一个字，其实你看到的不止这一个字，这个字旁边的三个字或者五个字甚至更多的字都会同时看到。同时看到字数的多少因人而异，不过不管多少，至少都不会只看到聚焦的这一个字。所以一个字一个字地读，根本没有充分发挥眼球潜能，是降低阅读速度很重要的一个因素。假设我们能一眼处理多个字那样就比较适合了。用我们刚才说的引导物——笔尖，有节奏地引导至一块文字中央之后，再引导眼睛到下一个区块，这样有节奏地一块文字一块文字地引导着读下来，能很大程度地提高阅读的速度。这么说可能有一些抽象，我们来看一看实际的例子是怎么操作的？

例句：上大学时，校园里有一片柿林，柿子成熟时，又大又甜的柿子沉甸甸地把树枝都压弯了。

这句话如果用节奏指读法来读，可以这样处理：先将这句话分解成几个区块，分别为"上大学时""校园里有""一片柿林"……第一次要将笔尖落在第一个区块"上大学时"中的"大学"两个字的中间，眼睛跟着笔尖移动到大学中间的地方，把上大学时这四个字同时看完；然后笔尖立刻移到下一个区块"校园里有"，把笔尖放在"园"和"里"两个字的中间，眼睛直接跟着笔尖跳到这个地方，将校园里有这四个字同时看完，之后笔尖再落到下个区块"一片柿林"中"片"和"柿"两个字的中间，笔尖落下，眼睛立马跟着笔尖跳到这个位置，把一片柿林给读完，这样"上大学时，校园里有一片柿林"这句话，我们就把它分成了三部分，然后眼睛看了三次就读完了这一句。这就是节奏指读法的具体操作方法。

第一次尝试的时候可能会很不适应，也不会觉得这样读起来更快。毕竟这个方法打破了我们一直以来的阅读习惯，而且中间还有很多非常有技巧的地方。但是只要你坚持练习一周，将这个方法内化成自己的习惯，你会发现你的整个阅读速度和能力都会有显著的提高。要相信这个方法原理是一定有助于你提高阅读速度和能力的，只是需要个人勤奋地练习。

并且这个阅读方法还有一点好处，就是在有引导物牵引眼睛聚焦的时候，可以大幅度提高人们对于文字的专注度，并且由于速度较快，也不容易产生眼睛走神的现象，不会出现像眼睛看完第一行，结果换行时一不小心跳到第三行的情况，同时也会大大减少眼睛看在文字上，思绪却不知道飘到了哪里的情况。所以，笔尖这个引导物能够很好地引导我们阅读，大大提高我们的阅读效率。

阅读很多时候是我们获取知识的第一步，如果在这个获取知识的入口提高效率，相信你整体的学习效率也会大幅度提高。我个人其实有很多年的语文和英语学习都遇到了瓶颈，都是因为阅读速度的限制，所以特意研究出了这个方法，也切身地感受到了这个方法为自己的阅读能力带来的突破。

最后要强调的是，这个方法开始使用的效果也许并不会立竿见影，甚至于上手也不会很快，但关键在于坚持和勤奋地练习。不用多，就坚持一周，效果就会呈现，之后就会越来越得心应手了。

第七篇

守正出奇 | 自我能量管理

我的第七个学习技巧是：自我能量管理。

能量管理属于个人管理的一种，在我们整个人生中，自我管理能力是非常重要的一项能力，对于学习而言，也不例外。

我们通常将学习中的个人管理理解成时间管理。但事实上在我看来，更需要管理的是我们的能量，它比时间管理更为重要。因为一天24小时是固定的，如何能在这固定的时间里，产出更多或者更大化的效果或成绩，究其根本，是让自己的能量，在有限的时间里得到更充分的发挥，也可以理解成充分提高自己的效率。之前，我们讲过的日周任务系统，其实更多强调的是一个时间管理的概念，如何将 24 小时合理用完。合理的时间分配只影响过程，而科学的能量管理，则直接决定了行动的质量和结果，今天我们来看一看能量管理是怎么一回事。

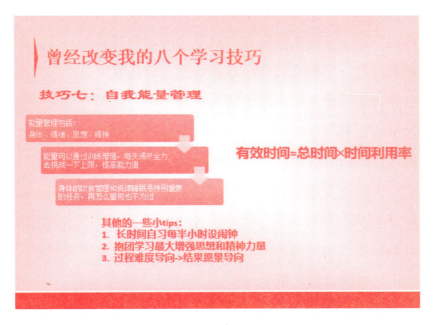

图 9

首先，自我能量管理实际上并不是通常理解的仅限于身体能量方面，真正的能量管理不仅包括身体，还包括了情绪、思想、精神方面。虽然我们会主要强调身体能量方面的管理，但是对于后三者能量，我们也一定不能忽略。

拿情绪来说，你会发现，当自己处于一个比较积极的情绪的时候，通常会更容易集中自己的注意力，效率往往也会变得更高。

从思想方面来说，当你觉得自己做的事情没有什么意义，或者你对这事情感到厌倦，或者你想不通自己为什么要付出这么大精力在这事情上时，这些思想都可能会对你的效率产生非常大的影响，这里边的影响其实是心理学领域有过的一个概念，叫作自我效能。自我效能是指人对自己能否成功地完成某件事情的主观判断。假设一个人对这个事情很有自信的话，那么他自己的能量通常也会更高，做这件事情的成功概率也会更高。

从精神方面而言，受多种复杂因素的影响，人在一天24小时里，精神饱满、状态绝佳的时间非常有限，如何能恰到好处地利用精神饱满的时间，最大程度地提高效率，也正是时间管理之根本。

所以我们的能量管理不只要关注于身体方面，同时也要关注情绪、思想、精神方面的能量。

其次，对自己身体能量进行管理的时候，我最想要重点强调的两点就是饮食管理和规律睡眠。很多同学习惯于将自己每天的效率不高归结于自己的精力不够，归结于自己的动力不足，归结于自己的体能上限。而实际上，这背后往往是饮食和睡眠的原因。

饮食上，一个人每天能否规律健康地饮食，会对他自

身能量有非常大的影响。我建议大家首先要保证的是：每天正常的三餐，早餐一定不能够忽略，并且要在每顿餐里边，将每一类的营养素都尽量覆盖到，要有充分的糖类、蛋白质、维生素，也就是通常说的营养均衡。具体如何安排饮食比较好，可以参考一下网上推荐的营养搭配。

另一点，规律的睡眠同样特别重要。通常，我们很容易犯的错误就是：当今天作业比较多，就会突然熬得非常晚，或者今天晚上有些事情没有完成，就会在第二天起得特别早来突击未完成的事情，导致白天一整天都不在状态；周末的时候，由于没有第二天早起的压力，就会突然熬夜到两三点，第二天一觉睡到大中午再起来，这都是对身体非常不利的。

大家一定要让自己的生物钟，自己的睡眠、起床时间形成规律，假设你能够将自己的睡眠固定到每天同样时段的话，只要能够坚持两个星期，你会发现自己白天不再容易犯困，精神也会更饱满，效率也会提高很多。假如你发现自己的固定睡眠时间不足，那就适当地延长一些自己的睡眠时间，最重要的是一定要保证自己白天的效率。有一个公式是这样的：有效时间 = 总时间 × 时间利用率。真正决定自己白天学习总量的是有效时间，既然总时间基本固定，那么决定有效时间的就是时间利用率，也就是效率。

我们知道睡眠分为浅层睡眠和深度睡眠，我中学的时候，虽然睡眠的时间并不是很多，但基本能够保持自己所有睡眠时间都是在深度睡眠的状态，睡眠质量非常不错，所以我白天的学习效率也比较高。我觉得能够保证我良好睡眠质量最关键的一点就是：做到了每天固定时间睡觉，固定的时间起床，养成了非常规律的生物钟。建议大家可以通过一些 App，比如像 Sleep cycle 等软件来监测自己的睡眠情况。睡眠几乎占据了我们每天 1/4–1/3 的时间，睡眠质量是保证我们工作、学习效率最基础的因素，只有夯实了这个基础，其他才能不成为空谈。

再次，还有大多数人不知道或者忽视的一点：一个人白天的总能量其实是可以通过训练来不断增强的。这有点像运动规律，当你每天运动得更多一些，你的肌肉便会更发达，由此可能达成的运动强度会更高，运动效果也会更好，身体能够承受的运动极限也会越来越高，从而进入一个良性循环。所以运动员要想取得优异成绩，就得日复一日不断训练，并且还要不断加大强度的训练。大脑活动也是如此，如果想要自己的大脑思维越来越敏捷，就得多用脑、多思考，这就是为什么很多记忆大师、逻辑大师等并不是天生的这方面能力超群，而是通过严格科学地训练后期培养出来的。

所以大家如果想让自己的能量极限增强，在打好了营养饮食和充足睡眠补充能量的基础之后，每一天都应该竭尽全力地把自己的能量全部发挥出来。在每一次竭尽全力试探到自己能量上限的时候，如果再努力稍微有些突破，就能促使自己的能量值提高了。每个人的潜能都是无限的，大家大可尝试一下自己的能量边界在哪里，再努力去不断突破，相信用不了多长时间，你也能成为一个学习效率极高的学霸了。

最后，再给大家分享几个提高效率的能量管理小贴士。

贴士1：不断为自己设定提醒。当你在进行长时间自习的时候，可以给自己每半小时设个闹钟，这样相当于有一个人每半小时都会提醒你一下，已经过去半小时了，你学习了多少，还剩下多少学习任务，你要好好学习，集中注意力了……这样能够时刻提醒自己，让自己的每一次自习都能像考试一样，始终保持一个较高的专注度。长此以往，你会发现在自己的自习时间里，注意力集中时间会不断增强，效率会不断提高，当然能量值也会逐渐增强。这里给大家推荐一个能够时刻提醒自己的 App，叫作 Forest。

贴士2：可以通过抱团学习的方式，来增强自己的能量。当你感觉自己一个人的学习动力不足时，你可以再多找几个同学一起组团学习，大家相互督促、相互激励、相互带动。这个原理在心理学领域叫作社会促进作用。还记得我们小学的时候，老师总喜欢给我们分学习小组，让一个学习小组的同学互相帮助学习进步，就是这个道理。只不过，我们将这种被动的绑定到一起转化为为提高学习效率主动结合到一起，所起到的积极促进作用更加不可小觑。组团在一起的几个同学可以互相分享自己的日、周计划，共同监督执行，给予惩罚奖励等，也可以互相取长补短，比如甲同学数学好，帮同组同学辅导数学；乙同学英语好，帮同组同学辅导英语等。组团学习可以发掘的积极作用有很多，绝对是 1+1>2 的功效。

贴士3：将自己的学习模式从过程难度导向变为结果愿景导向。什么叫作过程难度导向？就是在准备做一件事情的时候，可能首先会发现这件事情比较难做，然后就会感觉做这件事情比较痛苦，因此做事情的时候心态也就不会很好，中途如果遇到困难或者挫折一时不能突破就很容易直接中途放弃，这就是过程难度导向。它让你的着眼点和关注点放在了做这件事情过程中的难度上，以致影响了你自己的能量，最终可能导致这件事情失败。虽然做一件事情之前，有必要预判这件事情会遇到的各种困难和阻碍，以便于做好充分准备，但这种对过程难度的预判是为了更好更充分地准备，而不应该被难度所带来的压力或者阻碍来消弭自己的能量。

而结果愿景导向，就是在你做事情的时候，去坦然面对一切过程，始终着眼于最终的结果，去想象着结果的美好愿景，这样的导向型，会给你无穷无尽的动力和克服困难的勇气。举个例子来说，我们在写一篇作文的时候，不要总想着这个过程有多么困难，我要如何才能凑够这么多字数……这样只会引导你真的把写作文变成凑字数，而且是艰难地一个字一个字地凑。而应当直接去想写完作文的结果，想象一篇成功作文的美好愿景，例如设想自己快速成功地地完成作文，获得了高分，得到一大拨老师同学的称赞和羡慕。也因为作文的成功完成，心情放松，还可以去做一些其他更美好的事情。在这种结果愿景导向中，你会发现自己的动力会变得更强，克服困难的勇气和决心也会越充分，心态也会更积极，从而让自身的能量也会更强，做事情的过程也会相对而言变得更容易一些，这是一个良性循环。

另外，"万事开头难"，当一件事情总是停在规划设想阶段，甚至于被过程的难度吓停脚步，只会让过程中的困难越来越被放大，让你更加地裹足不前。一旦你迈出了第一步，只需要一步一个脚印，一个困难一个困难地去克服，那么离终点或者说结果的距离只会越来越近。所以当你准备做一件事情的时候，想好了就不要再犹豫，果断地先迈出第一步。仍然以写一篇作文为例，你可以先不去管能写出多少字，是否能够写出充足的论据，是否能够严谨充分地进行论证，是否能够得到高分，你只需要拿起笔，写下题目，认真审题之后，先根据题目提示，写出开头文字，你会发现接下来的作文创作过程其实就像顺水推舟，变得流畅容易起来。

　　每天拥有充沛的能量，想必一定是大家都很期待的事情，那么就从改变自己的习惯开始，按照我们的能量管理方法行动起来吧！

第八篇

守正出奇 | 我的小团体

前面我在提高效率的自我能量管理的几个小贴士中提到了组团学习，这里我就重点剖析一下我组建的"我的小团体"。它也是我的第八个学习技巧，在我整个中学阶段，也是对我影响最大的一个因素。这里就给大家讲一下我自己的真实故事：

在我看来，我本身并没有很强的天赋，如果仅仅靠我自己的天赋和力量，我感觉几乎根本没有希望考上北大，即使加上我自己琢磨总结出的这些学习技巧也还是不够。而且我发现，在我身边有很多的人，他们的头脑远远比我灵光，他们身上有很多闪光的地方值得我学习，如果能跟他们一起学习，我相信会远远比我自己学要高效得多，于是我组建了"我的小团体"。

"我的小团体"由四人构成，我们每个人擅长不同的方面。有一个同学他的数学特别好，有很快的反应能力、运算能力和逻辑能力；有一个同学，他理综特别好，非常擅长生物物理化学科目，在这些科目方面有着很强的见解和很广的知识面；还有一个同学，他对语文、英语、历史等文科很有天赋；对于文字很敏感；而我自己，应该属于比较勤奋的那一个，也比较细心，善于总结，可以很好地把握一些课堂内的重点。通常由我为我们这个团体来整理笔记，总结一些重难点题目，做一些复习提纲。

我们四个人在这个小团体里，形成了一个很好的协同共进的局面。当我们任何一个人在任何科目中有他的疑惑时，往往能够很快在这个小团体里找到一个这方面的强者，来帮他解决疑难困惑，这就省掉了很多需要请教老师的时间。况且提到请教老师，多少都会让大家有点发怵，不会像请教同学这样自然轻松随意，这样便捷轻松的学习模式，会大大提高学习的效率。我们四个人经常一起约自习，一起定目标，有什么不懂的地方就会以小团体的形式来及时解决，并且谁的哪一科比较好，他就会全权负责这一科，保证另外三人对这个学科的知识能够完全掌握。最终，我们这个小团队经过三年的配合，每个人都去了相对很好的大学，每个人的能力也都超过了自己的极限，也就是常说的"超常发挥"。正是这个小团体，给我们带来了一个多赢的结果。我们每个人在这个团体里都有自己的专长，因为这个小团体的促进和推动，每个人自己的专长也得到了更好、更充分的发展和提高；同时，在其他人专长的帮助下，还能够很好地攻克自己的薄弱领域，因为团体的相互帮助，团体里每个人的学习效果都获得了最大化。这种互相促进，让各自成长得更好更优秀的友谊，弥足珍贵，最终我们四人也成了挚友。

这就是我的小团体，希望大家都能认识到一点：在你的学习成长生活工作当中，永远不要一个人战斗，作为社会中的一员，你首先具有的是"社会"这个属性，只有很好地利用了自己的"社会"属性，才能让自己在社会的茫茫人海浪潮中成为弄潮儿，立于不败之地，而不是淹没于无声。一个人战斗，也许可以走得很快，但不一定会走得更远，因为自己再全能，也终究会有短板的地方。你需要有意识地为自己组建一个团队，以一个团队的形式，共同在这个漫长的求学过程中相互配合，所谓"三人行，必有我师"，大家互相取长补短、互相督促激励，最终一定能让团队实现共赢，让每个人达到超过自己能力极限的更好的学习效果。

图10

对于团队的组建，最好有意识地去找一些能够形成互补的同学，或者不同的方面比较擅长的同学，大家相互配合、带动、促进，同时也尽量保持一个团队的所有同学脾气秉性或者说气场相合，这样便于大家更好地相处，保持良好的友谊，更好地配合互助、督促和促进。这种友谊以及这个团队，很可能改变你的整个人生路，并且在团队每个人的人生路上，你们都可能成为彼此不可替代的珍贵的朋友。

当然有同学会说，自己似乎并没有什么优势，那又凭什么来找到一些有天赋有优势的同学与自己一起组队呢？

其实，在我看来，每个人都是有自己的亮点的，要善于去挖掘，即使你真的感觉自己没有任何一个学科有相对的优势，你可以成为这个团队的服务者，为团队提供学习上的辅助，比如为团队整理笔记，或者为你的团队写一下复习计划，为团队制定监督机制，作为团队成员学习时间的监督者，等等，这都是一些没有太大难度的任务，但对于团队中的每个成员的学习又都是非常有益的。需要特别强调的是，作为服务者，你是为团队做学习上的辅助，是做对每个成员提高学习效率有帮助的事，而不是无原则无界限地成为杂事处理者，这样只会让这种团队关系变质，并不能良性循环。

所以我相信只要你能组建小团体，在这个团队中，你就会有大家认可的价值和作用，你的团队一定也会因为你的存在而变得更好，当然，团队中的每个成员也都会因为其他成员的共同作用而变得更好。

以上便是我经过自己无数次的反复实践，以及不断学习钻研总结出来对学习最有效的八个学习技巧。虽然适合每个人的学习方法各有不同，但万变不离其宗，希望我的这八个学习技巧能对大家提高学习效率有所帮助，或者能给大家带来一定启发，从而帮助大家找到最适合自己的学习方法。

最后，我想告诉大家，适合自己的好的学习方法固然重要，"出奇"确实能够让你在万千埋头苦读的学子中脱颖而出，但比之更重要的是"守正"，它也是"出奇"的基础和前提。不管你运用何种学习技巧，都离不开坚持和努力，否则便成了投机取巧。只有在学习上坚持不懈地努力，并不断运用巧妙的学习技巧，才能成为最终的赢家！

编者给父母的话

孩子在自己的人生路上永远是自己的主导，需要自己思考走哪条路，如何走，走多长时间，父母就像是路标，适时给予提醒和引导，确保孩子不入歧途，帮助孩子即便走到死胡同或绝境时，仍能保留不屈的意志，能够有勇气折返另寻他途。

从谭天禹同学关于学习方法的分析与总结中，可以看出他是一位非常具有学习自主性和学习力的同学，这应该和他从小的家庭教育有着密不可分的关系。

他说自己是一个非常爱玩的人，兴趣广泛，但并不沉迷。由此可以看出，父母于他的管束是相对宽松的，既不对他高压约束，也并没有让他走歪或者误了学习。对于心智尚未成熟，"三观"尚未建立，是非辨别能力、自我约束力都非常有限的幼年谭天禹同学，这应该很大程度上都得益于他父母的管教和引导。

而且从他自我觉醒的经历来看，他应该是比较擅长自我反省的，并且能够及时发现自己的问题并加以改正。能有如此心境和思维，不得不说，他从小到大接受的教育非常正向。由此，我们可以从他身上深入探讨一下他父母对他的教育。

可以肯定的是，他父母对他的教育肯定没有过度"严格"，对他并没有过多约束和限制，给予了他一个相对宽松和自我探索的空间，让他能够广泛接触各项诱惑，却又能很好地把握度，只作兴趣，并不沉迷。这对很多家长而言，其实很难做到或者把握好度。从这一点上我们可以得到的启发是：

第一，不要认为孩子的认知不成熟，就将自己的判断和选择强加给孩子，只把自己认为对孩子成长有利的所谓的正面因素摆放到孩子面前，而把其他一切消极不利因素通通杜绝在外。

这种做法虽然净化了孩子的成长环境，让孩子能够少走弯路地"正向"发展，但同时也剥夺了孩子去认知接触社会的机会，更是屏蔽了培养孩子辨别力、分析力和自制力的机会。这样的成长并不完整，也同时埋下很多隐患。一旦孩子在未来遇到任何诱惑或者消极因素，只要没有约束、管制，自己又缺乏应有的辨别、分析和自我约束力，很容易就误入歧途或者走入弯道。

要知道，孩子也需要经历挫折、失败和挣扎，以此明白自己不是世界的中心，明白努力的意义，明白自己该如何抉择，明白自己内心真正想要的是什么，为此应该付出何种努力，如何努力。只有这样才能培养出孩子的完全心智，能够自己应付思考自己遇到的各种问题，并很好地进行处理。

因此，作为父母，我们可以为孩子消除一些不利、不确定因素，但最好不要完全屏蔽，应该适当地放手，让孩子去了解、感受这些不利、不确定因素，并引导孩子去思考这些给自己成长造成的危害，甚至于在后果可控的范围内，让孩子自己去切身体会一下这种危害，正如古人言"自食恶果"，只有真正食了"恶果"才能深刻认识到它的"恶"，才能去思考去提醒自己未来如何提防或者避免"再食恶果"。这是孩子心智逐步成长的必经历程，父母不可代劳，不可剥夺，只需很好地控制危害范围以及积极地引导。诚然，并不是所有不利因素的损害都需要自己去切身体会，从他人的得失中总结经验教训，取长补短，也是一种历练和成长。因此，父母可以引导孩子去多了解、多观察、多思考，切勿自己代劳，设定好框架和路线，只让孩子一马平川地按部就班简单往前走。

第二，拒绝过度教育，给孩子留下足够的自我选择和思考空间。为了让孩子未来的简历更漂亮，获得所谓更强的竞争力，督促孩子拼命学好课业的同时，为孩子报一个又一个兴趣班，整天疲于应付高强度的学习。最终的结果是：孩子内耗过度，严重缺觉，失去了对这个世界的一切好奇和兴趣，啥都懒得动一动，消磨了所有的精气神。如果给他自由支配的时间，才发现模式已经形成，他已经失去了思考的能力和习惯，根本不知自己该干啥。躺在那儿，刷刷视频、玩玩游戏就能消磨一天，没有追求，没有喜好，没有了积极学习成长的动力，更别提自己去反思、去钻研如何提高学习效率的方法，去阳光下运动，最终养成必须被人在身后不断鞭策，只有牵着、赶着才能前行的奴性思维。这是非常可怕的，就像一具没了精气神的行尸走肉。所以，父母一定要尽早意识到这种过度"教育"的危害。

父母应该意识到：孩子的人生是他自己的，我们可以努力为他们创造更好的教育条件，提供更多的教育学习机会，但前提是这些是孩子自己想要的，而不是强加的。

所以父母在为孩子报兴趣班之前，应该首先获得孩子的认可，将强迫孩子被动学，变成他主动想学，我们只需为他们提供学习的条件，并在他受外界诱惑或者自身惰性干扰，想要半途而废时，督促帮助他坚持下去。同时也应该帮助他进行选择，在精力有限的情况下，果断舍离，让有限的精力更好地更集中地用在自己选择的重点上。

在督促孩子学好课业之前，我们更应该让孩子认识到学习的意义，帮助孩子树立学习的目标，引导孩子自己去制订学习计划，并督促陪伴孩子去践行计划，在孩子遇到瓶颈、困惑时，及时帮助孩子去思考突破或者解决的办法。而不是一味地高压逼迫孩子去拼命地学。

这些都需要给孩子足够的空间，让他得以去沉淀、去思考、去抉择、去突破。他在自己的人生路上永远是自己的主导，需要自己思考走哪条路，如何走，走多长时间，父母就像是路标，适时给予提醒和引导，确保孩子不入歧途，或者即便走到死胡同或者绝境时，仍能保留不屈的意志，能够有勇气折返另寻他途。

这两点对于父母而言，说起来容易，做起来却是相当不易，需要父母不断学习，不断地提升自己的认知，不断地与孩子进行沟通，来及时调整好这个"度"。我们常说，孩子的人生是不可逆的，在这条人生路上，始终都充斥着未知和探索。同样，父母的教育之路也是不可逆的，它也同样充斥着各种不确定和探索。孩子需要不断学习，成长进步，我们父母也需要不断学习，成长进步。

2

你能做到的可以远超你所想到的

——找到更加适合自己的学习成长之路

宋曼嘉

北京大学经济学院金融专业硕士研究生，本科就读于北京大学社会学系，舞蹈特长生，北京大学舞蹈团团长，北京大学经济学院研究生会部长，曾获得六个校级奖、两个市级奖、两个全国级奖。

为你讲述北大的故事，北大的精神。

不断地突破，不断地往前，不断地走出属于自我的方向，不要退缩，也不要害怕，在任何时候，人生都充满了挑战，在任何时候我们都需要去面对未知的恐惧，我们需要做的就是战胜这样的挑战，战胜这样的恐惧，坚定地往前走，往更远的方向去走出适合自己的道路。

　　你们是否也和曾经的我一样，成长过程中充满了这样一些困惑：将来自己应该去往什么样的学校，应该怎么努力去往这样的学校，是否有其他的途径去往这样的学校？现在我们要做的就是走进这样的一些困惑，去思考这些困惑背后有没有更好的解决办法。

　　伴随着这些困惑一路成长过来，我感觉学习是这一路上最重要和最核心的内容，但我们走过的每一步又都不只是学习。在这段成长过程中，我对很多学习之外的东西都非常感兴趣，比如学生工作、兴趣爱好、社会实践，甚至一些校外实习等。因为有了它们的存在，我的成长过程中就需要去不断地平衡它们之间的关系，促进它们不断地进步，从而寻找到最适合自己的道路。

　　在寻找最适合自己的成长道路的过程中，我想说的是："你能做到的可以远超你所想到的"。我将从不同的方向、不同的角度，结合我自己的成长故事，以及你们成长中可能会遇到的问题，让大家能够走进我的世界，也走进你的世界，进行一场真正心灵上的成长沟通和交流。帮助大家一起去反思自己的生活，反思自己的学习，希望通过我的这些成长小故事，能够让大家更加关注学习本身和生活本身，都能找到适合自己的道路。

第一篇

任何时候都要大胆地去做梦

　　曾经的我可能和现在的你们看着一样的书，感受着或多或少有些相似的压力，过着紧张有序的学校生活，最期盼的事儿就是考试结束。无聊的时候也会翻看北大清华的学长学姐们写给我们的励志文章作为消遣，那时我真没有做过进北大清华的梦，直到后来有了梦，并且现在也真正成了一名北大学子，有幸与大家分享自己的故事。

　　这不是炫耀，只是想告诉你们：任何时候都要大胆地去做梦，有了梦想，才有实现的可能。

　　初、高中的时候，我也曾经物理、化学不及格，也曾经学不明白地理，也曾经上课时候犯困睡觉，也曾经把数学机读卡全部填错……总之，很多打着"学渣"标签的事情我都做过，而那些有着"学霸"标签的事情，我却只在高中的时候颇具选择性地做过。

说到这里，大家是不是以为，我要讲的又是一个逆袭的故事？事实并非如此。像那种因为某一个契机，仿佛被雷劈中一般，从此改头换面、奋发图强，最后获得成功的故事毕竟还是非常少的。它也证明了任何人任何时候开始努力都不算晚，只要行动起来，就有逆风翻盘的可能。但竞争异常激烈，真正能够逆袭成功的也并不是被雷劈而转运这么简单，他们都是付出了常人无法想象的突击式努力和艰辛，还掌握了适合自己、一通百通的学习方法，才最终获得了成功。诚然，大多数人承受不了如此加倍高强度突击式努力的艰辛，也没有开窍的方法，因而也无法逆袭成功。这种疾风骤雨式的人生，对于我们大多数人而言就显得遥远而陌生，甚至是虚妄的。我们大部分人的状态都是集中在中间层，既没有好到极致，也没有差到垫底，平平而过。

对于我们大多数人而言，如果缺乏愿景，缺乏内心最真切的呼唤，或许，就这样得过且过、知足常乐了。想要让自己变得更好，突击式的努力虽然可能逆袭，但逆袭成功真的需要有着过人的毅力、耐力、自制力、学习力。因此打好一个好的基础、培养一个好的习惯，日积月累地长时间不断努力，才是适合我们大多数人让自己变得更好的办法。

如果我们缺乏清晰且坚定的目标，缺乏努力进取的原动力和方向，要想持续不断地努力坚持下来，也几乎是不可能的。英国有句经典的谚语："对于一艘盲目航行的船来说，所有方向的风都是逆风。"这句话的意思是如果航船没有目标，就不知道自己要驶向哪里，那么它就不可能乘风破浪，到达理想的彼岸，只能盲目地打转，漫无目的地在大海上徘徊。人亦如此，人如果没有目标，就不知道朝哪个方向努力，无论做什么都是徒劳。因此，要想让自己变得更好，光有"更好"这个模糊的概念是不行的，我们首先必须为自己找到清晰却坚定的目标，让其指引着我们不断向着这个既定的目标前进。

我进入北大，是以舞蹈特长生被录取的。在没有梦想考北大的时候，我的目标也就是要把舞蹈学好，像精灵一样优美地在舞台上跳好看的舞蹈。目标虽有，也指引着我从小一直坚持不懈地学习舞蹈，练习舞蹈。但因为这个目标并不具体，对我的作用和影响并没有足够的大，因而滋生了我的那些为数众多的"学渣"行为。

坚定考北大这个目标是在高一的第二个学期。高一的寒假，我到北京游玩，期间去逛了一下北大。当时我既没有看享誉盛名的博雅塔，也没有看未名湖，很奇怪我当时自己胡乱转悠到了光华楼。在一条走廊里看到了一对学长学姐正倚着墙，将电脑放在窗台上看动画片。或许是当时温暖的橘色灯光，或许是因为当时电脑里播放的俏皮配音，也可能是他们呈现给我的一种青春状态，那个有些甜甚至有些撒狗粮的场景成了我对北大第一个深刻又清晰的印象。它像一束光，突然照进了我稍微苦闷的高中生活，我的内心深处萌生了一股非常强烈的渴望，渴望拥有像学长学姐们这样的校园生活，渴望享受他们那样的青春，渴望，非常渴望。这束光激励着我强烈地想要去了解北大，伴随着我对北大越来越多的了解，就越被它的自由以及多元可能性深深地吸引。因此，我非常坚定地明确了自己的目标：考北大！对，通过艺术特招考北大。

虽然对于学习成绩中等的我而言，这个梦想似乎过于遥远，但我就是大胆地做了这个梦，并坚定向着它前行。从这之后，每当我犯懒、想玩、懈怠、低落的时候，都会特别傻地对自己说一句："我要考北大！"虽然这句话很傻，但是对我却非常管用，它总是及时地提醒着我奋斗的方向，提醒着我客观审视自己与目标之间的差距，激励着我向着目标不断前进。

在高三上学期那个冬天，我开始疯狂地填写各个高校的特长生报名表，每天找教务老师盖章，体育课和晚自习偷溜去舞蹈教室练基本功，周末就去准备考试剧目。与此同时，其他的同学也都在紧张地复习、认真准备着每一轮模拟考。整个高三的这种紧锣密鼓、争分夺秒的氛围，无形中给我带来了非常强烈的紧迫感，促使我更加珍惜所有准备舞蹈考试的时间，并且付出更多的努力保证不让学习落下。有的同学会问，你不是立志考北大吗？为什么要"疯狂地填写各个高校的报名表"？这是为了积累丰富的考试经验，锻炼考试心态，检测学习成果，我把它看作一种试验。我记得当时参加完一诊考试的第二天，我就飞往了北京大学参加特长生冬令营考试，考完之后又马不停蹄地赶回学校补课。那段时间我觉得自己已经把全部的潜力都逼迫出来了，就像个不停旋转的陀螺，不是在备考的准备中或者去考场的路上，就是在考场上。现在描述起来看似简单，真正背后所吃的苦只有自己才知道。

终于，我在最后的艺考中取得了不错的成绩，并且高考的文化科成绩也顺利达标，梦想终于变成了现实。回头来看我的那段高中生活，如果当时没有大胆地去做梦，去明确那个目标，也许我高考前的那一两年，就不用那么辛苦，不用将自己逼得连轴转，恨不得生出一双翅膀；也许我仍然安安稳稳地随着大流，得过且过，待在舒适区随波逐流，直到淹没在高考大军中……当然，也绝对不会让我能够有幸成为北大一员，不会有现在这一项项闪亮的成绩，不会有现在这个正在试图让自己变得更好而不断努力的优秀的我。我要感激那次北大之行，感激那束照进来的光，感激自己大胆地去做梦。所以，我想告诉大家：任何时候都要大胆地去做梦，如果我们连梦都不敢做，那又让你的努力向着何方呢？没有方向的努力都是徒劳，久而久之看不到努力的意义，也必然不愿再努力了。大胆地去做梦不仅能够为你确定努力的方向，更能够带给你无法估量的力量，只要你足够坚定，愿意努力，梦想就一定会实现！

第二篇

关于考特长生的经验

很多同学认为，通过特长生考试迎战高考，是一种非常省事的捷径。仿佛只要锻炼出自己的特长，通过了特长考试就万事大吉了；有的同学则认为特长生考试，得花费大量的时间去学习训练特长，必然会严重影响学习，一旦特长考试失败，文化考试基本也就不能指望了，因而风险太大。

作为一名通过特长生考试考入北大的"过来人"，我将结合自己的经验来给大家剖析一下特长生考试。

首先，我们应该正确地看待特长生考试。特长生考试加分只是你进入高校的另外一种方式，但它绝对不是一种捷径，同样需要努力和付出，特长生在中学时期绝对不会比其他同学更轻松，所以咱们得把心态摆正。

特长生主要有体育特长、艺术特长、科技特长生三大类。艺术特长生包括了音乐特长生、舞蹈特长生、美术特长生；体育特长包括田径、篮球、足球、排球、乒乓球、武术、游泳、羽毛球 8 个项目；科技特长生主要是指经过教育厅、教育局发文，有正式定义的、享有特殊招生政策的学生群体，其认证需要在专业比赛中（国际、国内、省区市等）获得前三名等优异成绩，例如奥赛等。体育和艺术特长生在参加高考前，都要先参加特长考试，经过了特长考试之后，仍然是要与大家一起参加高考文化课考试的。

特长生比其他高考生在文化课的学习时间上更少，因为特长生需要花大量的时间去练习特长，并准备特长考试。相应地，特长生的文化课录取分数也要相对低一些。但是特长生的报考院校也要相对少些，只能报考具备招收特长生资格的院校，所能选择的专业也只能是招收特长生的少数专业。

需要特别注意的艺术特长生不是艺考生，我们通常所说的"艺考生"是指高中学习艺术专业并在 12 月报名参加省级艺考联合考试和在 2 月由大学院校组织的专业校考考试，并获得相应的艺术专业考试合格证，再参加普通高考的学生，在高校录取时按照专业成绩排名加文化成绩进行录取，执行艺术类院校录取标准。

艺考生的录取分数也比艺术特长生的低很多，按照750分的满分，一般只要考到400分以上就有机会考到一所不错的学校，而艺术特长生的高考成绩必须达到高校同批次录取控制分数线，能够招收特长生的学校都是比较好的综合类院校，分数线自然也不低，不过艺术特长生可以享受降低20分提档优惠。

艺考生可以报考所有艺术类院校以及普通高等院校的艺术类专业，比艺术特长生可报考的院校多不少，而招收艺术特长生的学院和大学并不多。目前，全国只有约50多所大学招收艺术特长生，而且招收人数不能超过高校本科招生人数计划的1%。艺术特长生一般在校招考试合格后都会和学校签协议，志愿填报时一般只能以协议学校为第一志愿，所以基本艺术特长生在艺考后就决定了志愿填报。

体育特长生与艺术特长生政策基本一样，科技特长生主要是以参加各类竞赛的成绩为准，向院校申请录取，以前还有竞赛成绩优秀的可以直接申请到保送资格，但现在能够申请保送资格的越来越少，最多也就是降10-60分录取。

由此可见，特长生考试并不是赢取高考的捷径，相反，特长生不仅需要准备艺考，文化课也同时不能落下，特长生付出的努力、经受的艰辛并不比普通高考生少。而且，从 2024 年开始，国家将全面取消艺术特长生，如果走艺术这条路，就只能报考艺术相关专业。因此做决定前应该了解清楚，根据自己的情况慎重决定。

其次，一定要处理好文化课学习和特长考试的关系。我原来的班主任曾经这样说过："特长生加分只可能让我们的高考锦上添花，绝不可能是雪中送炭，自始至终学习才是更重要的，千万不能本末倒置。"作为"过来人"的我，现在才对这句话深有体会。我周围有太多的同学花费了大量的时间去准备自己的特长考试，却在无形中耽误了学习，有的艺考过了，但文化课的分数却差得太多，有的不仅艺考没通过，还耽误了文化课学习，导致文化课的成绩也不理想，最后得不偿失。而且，无论你的特长有多么拔尖，多么的厉害，无论这个学校给了你多大的优势，你最基础的分数也是你要上一本线才可能会迈入顶尖高校的门槛（当然了高水平的运动员例外）。

此外，如果你想要去参加艺考，平时也需尽量多参加一些比赛，或者尽量丰富你的社团经历。每个学校都会通过你提交的简历来筛选，往往会看中你的成绩、你的得奖情况和社团经历，这些经历对艺考的资料初审比较有利。就以我自己而言，高中的时候我有幸担任了学校舞蹈团的团长，也曾经参加了成都市的一些特长生的舞蹈考试，在那个过程中，得到了一些一等奖的成绩。我的这些经历为我的初审资料增色不少，也为我的校招艺考成绩助力不少。

特长生考试竞争是非常激烈的，并不比高考轻松，所以我们对于得与失都不要抱以太大的期望和太大的情绪，一切顺其自然，尽人事，听天命，只要不是因为自己的懈怠怠懒耽误了成绩，只要不给自己留遗憾即可。不然，很容易由艺考的失败而导致情绪失控，严重影响到艺考之后的高考备考。记得我高考的那一年，我的一位同学和我一样想要去参加北京大学特长生的考试，他们一家人对于他的这次特长生考试抱有极大的期望，可想而知给予他的压力有多大。最终，他还是遗憾地考试失败了。正所谓希望有多大，失望就有多大，考试失败后他的情绪完全崩溃，导致特长考试回来后，他的高考备考受到了非常严重的影响，文化课成绩不仅没有在最后的备考冲刺中有所提升，反而下降了。

这种情绪在高考之前出现是非常不利的。所以建议各位在一开始做决定是否走特长生降分这条路前，就应该认真权衡此后的结果，既然做了决定，也就应该预料到可能会出现的各种结果，从而对于得与失都坦然接受，冷静处置，不要给自己太大的压力。尤其是在参加北大、清华、人大这三所高校考试的时候，没考上也没必要太伤心，毕竟好的学校人人都想去，但是人外有人、山外有山，全国那么多的考生就招这么十几、几十个的，失败是正常的。当然，考上了也不要忘乎所以，后面还有全国高考等着你，只有文化课的成绩同样也过关，才算真正的胜利。

也有很多特长生因为特长考通过，跟高校成功签约，就感觉自己已经向那所高校迈进了一条腿，一味地骄傲自负，没有很快调整好自己的状态，进入高考备考冲刺，从而影响了学习；也有的特长生虽然没有骄傲自负，但也没有足够重视文化课高考，因为自己的大意，高考成绩同样没有达到签约协议上要求的分数，所以依旧是竹篮打水———一场空。

所以，正确地处理好学习和特长考试的关系非常重要，就像我的班主任说的，重点还是在学习，要在保证文化课成绩的基础上，兼顾特长学习，准备特长考试。虽然即将取消艺术特长生，但我的经历和感悟仍可作为艺考生的参考，对于艺考生而言，也不能只关注艺术成绩，而忽视文化课成绩。

最后，要学会去做一个聪明的艺考生。既要大胆做梦，也要给自己留退路。能够大胆做梦是好的，但并不是说要做不切实际的梦。大家仍然要根据自己的实际情况，合理制定目标。北大、清华等名校确实人人都想上，你在很早的时候这样立志并没错，但是到了特长考试选择的时候，就不能再不切实际，应该在认真分析自己的成绩和个人情况后，做出合理选择。并且在最高梦想之下，很有必要为自己选择一个不那么难考的"退路"保底。

一是可以选择一些当地的同类院校或者调档线低一些的自己喜欢的院校保底。当地的同类院校一般对当地考生的录取线及标准都会低一些，二类院校的录取线比一类院校的录取线本来就低很多。我高考的那会儿，在准备考北大清华这样很高目标的时候，也选择了电子科技大学、西南交通大学等一些四川高校的特长生考试。这是因为这些学校的竞争没有那么激烈，考试难度相对较小，学校其实也还不错，并且对于我而言还有地方优势，录取标准以及录取线都会低一些；也不用跑到外地去参加考试，省去了很多长途交通的麻烦和时间，同时准备这些学校的特长生考试无须花费过多的时间和精力，那我为何不给自己多做几手准备呢？

二是可以选择一些同样优秀但地域不那么热门的同档次院校保底。因为特长生招生院校基本都是一本类院校，主要集中在北京和上海，又尤以北京为甚，所以导致了北京、上海成了最热门的特长生考试追逐地。我高考那年，我们那儿的同学百分之八十都会选择飞往北京参加考试，这必然也加剧了这两个地方院校的竞争激烈程度，更增加了考试的难度。其实，除开这两个地方的院校，其他很多地方的院校也会有特长生考试，比如说厦门大学等，这些学校并不比北京的高校差，但因为选择考这类院校的同学相对少很多，所以考试的竞争压力也就降低了很多，能够考上的容易度也就大得多。我高考那年，厦门大学特长生考试的时间和北大、清华、北京邮电大学等好几所大学的考试时间都重合，大多数同学都选择飞往了北京，参加北京这些学校的考试，只有少部分同学选择去厦门大学参加考试，所以那一年厦门大学的总体竞争激烈程度比北京这些大学的低不少，相应地，考上的概率也大不少。

三是尽量选择跟自己成绩相符合的院校。做梦或者立目标的时候可以大胆一些，但临近考试时应根据自己的学习成绩对自己进行一个客观并尽可能准确的评价，尽量选择跟自己成绩相符合的院校，不能不切实际，好高骛远。绝大多数学校将高中的课程提前上完，一般高二结束，高中的所有新课程就会全部结束，高三就是集中总复习，所以在艺考前，大多已经进行了几场模拟考。根据自己的模拟考成绩，基本能为自己进行一个大致的定位，然后参考往年各院校的调档分数来选择院校。到了高三，如果感觉自己的特长技能成绩离特长考试通过还有很大的距离，可以跟父母或者老师慎重商讨后，决定是否果断放弃特长考试，安心准备普通高考，以免因为准备特长考试训练耽误太多的学习时间，反而影响了高考。这个决定应该越及时做出越好，切不可怀着投机心理，奢望那个"万一"或者寄希望于"好运气"。

以上是根据我的亲身经历以及个人对特长生考试政策了解的一些浅见。虽然，随着时代的发展，特长生考试政策发生了很大的改革变动，特长生考试将取消，艺考还存在，而选拔艺术人才的大原则和大方向，仍然是以文化课为基础，艺术特长要求标准大幅提高。所以艺考生还是可以借鉴我的特长考试经验的。不过切记一定要以当年的艺考最新政策为准，如果考虑参加艺考，就必须准确详细了解最新的艺考生政策。

第三篇

关于中学的学习心态：
少抱怨，多珍惜

说起高中生活，很多人首先想到的就是高三岁月，因而也就立马想到"水深火热""地狱模式""黑色高三"等词语。我并不认同这些形容，但是看着说这样话的人总是一脸悲哀却很认真，而且不堪回首的表情，又默默咽下了想反驳的话。即便如此，我仍然想说：学习这件事上，心态非常重要，高中时代虽然要比初中、小学紧张艰辛得多，但我们首先应当有一个良好的心态，用一种一生一次、独一无二的体验心态去感受你的中学学习生活，少抱怨、多珍惜，这样一定会让你的中学学习生活更加快乐轻松，也非常有助于你学习效率的提升。正所谓："不苦不累，高三无味；不拼不搏，高三白活"，为了不让自己的高中生涯乏味、白活，我们也应该坦然接受高中的一切奋斗拼搏、努力艰辛，享受这份"独一无二"的高中生涯带给你的快乐和成长。

于我而言，中学永远是一个独一无二的青春阶段，其最特殊的，就是"性价比"比较高，对于一生的影响会比其他的阶段大一些。也正因为它的独一无二，它之于一生有非常重要的意义，我更想抓住这个时间探其究竟，好好体验。

抱着这样一种"探索""体验"的心态，高中时代的我总是格外喜欢看只有高中时代才独有的大家争分斗秒、铆着劲地比学习，熄灯后还蒙在被子里打着手电背英语、背历史、刷题……那样一种全力一搏的状态；喜欢那种只有在高考前才会有的：完全可以摒弃一切外因，真的"两耳不闻窗外事，一心只读圣贤书"的纯粹紧迫感；喜欢每天看着倒计时牌上的数字逐渐变小的那种惊心肉跳却又期待满满……这些对我而言，都是高中时代甚至是高考备战独有的特殊体验，体验的极致是高考前我与好友的一句戏言："考完英语一定要申请去上一趟厕所，体验一下上厕所还有人护送的级别待遇，可能这辈子就这一次机会了！"当然这只是一句玩笑话，高考的时候，无论做了多么充分的准备，其实都很紧张，除了全力以赴、认真对待，并没有人无聊到真的去做这样一次尝试。

是不是我以这样的角度来解读高中生活，就没有那么的"水深火热"，那么的"黑色""地狱"感了。高中生活是特别的，是一种其他任何阶段都不可能再现的独有的状态、独有的心境，如果我们珍惜这种特别，用一种体验的心情去认真品味，坦然接受它的压力、接受它的紧迫、接受它的纯粹你会发现，高中生活也没有那么难过，没什么可值得抱怨，一切都是合理和特别的，心态自然也就平和了。心态好了，就不会慌乱无措，不会颓废无力，会让你保持清晰的头脑去思考每一个阶段、每一个时间应该做什么、怎样做，自然也就能有效提高学习效率。每当我遇到作业压力很大或考试手感不顺的时候，"体验"就成了我的一句金玉良言。"你想知道中学作业最多能多到什么程度吗？""你想知道大家常说的中学低迷时期是什么感受吗？""你想试一试中学的刷题能有多疯狂吗？"……抱着对这些问题的探索和体验心态，能够瞬间释放我因为这些本不愿意面对的情况而产生的负面情绪，并把它变为一种找寻答案的"体验"，负面情绪也就被成功转化为因好奇答案而生的激情和动力。

我一直以体验的心态对待生活中的每一件大事小事。痛苦也好，快乐也罢，凡事总有新鲜的一面，这就是一种体验，就像从未从高空落下的人想要去通过蹦极感受生命的极限。很多难以越过的坎儿，或是欣喜若狂的愉悦，之所以让人印象深刻，也正是因为不曾体验过。那么为何不把高潮与低谷同等对待？体验式的生活让自己在很多情绪波动最大的时候都能找到一丝柔和。大风大浪不过是生命的一个瞬间，10年之后再回首往昔，那些也不过就是生命万花筒中的一点色彩。所以即使当我们百感交集时也不必过分当真，能够在大喜大悲中保持一丝冷静也恰是生命中最动人的感触。我也始终坚信着这一点。

中学时期的我们，对世界已经有了一定的认识，对未来也充满了憧憬，又正值青春年少，无知无畏，正是很容易激发我们心中波澜壮阔的时段，因而我更在意"体验"的难能可贵。如果人生是翻山越岭，那中学也无非是爬了一段坡，即便高考大捷也并非就是登临人生顶峰，到达了终点，剩下的路还有很长，这段坡也只是整个道路上颇有难度又独一无二的一段，既然每段路都不同，所看到的风景也各异，何不用良好的心态美丽的心情去体验它们的不同、感受它们的特别？

第四篇

拼搏和反思的力量

体验也好，淡定也罢，最终落到实处还是需要实打实的一笔一画。生命中的每一个阶段、每一年、每一天，甚至是每一秒都是唯一的、不可重来的，所以我们更需要去珍惜，用自己的青春和热血去畅快体验每一刻的不同，为自己心中描绘的未来去努力拼搏。初、高中尤其是高中可能是整个人生学习最紧张、最争分夺秒的时期，我们应该珍惜，去畅快体验这段"唯有读书高"的学习时刻，把每一天都当作最后的学习机会去奋力拼搏。

因而我更在意老生常谈的"更待何时"。其实这哪是"更待何时"，是"再无此时"。

"拼搏"这个行为，我们往往愿意去想，不愿意去真正做，因为它不是必需的，而且在执行这个行为的时候，尤其是开始阶段，往往会感到痛苦。光听一个"拼"字，就好像是要把整个人的精气神全都用完、抽空，这样的感受怕是谁都不想有。但是，真正有过"拼搏"经历的人一定不会为这样的行为而后悔，反而会有一种畅快淋漓的舒爽。如果能够为了某个目标"拼搏"到最后一刻，则除了畅快淋漓，更有面对结果的坦然，无论胜或败。胜者能坦然接受，那是自己努力之后的必然结果；败者也能坦然接受，自己已经尽了全力，问心无愧。

　　我常怀念的高中时光正是自己最累最忙的一段时间，至今仍能深刻地记得那时候的精疲力竭但又强行打起精神，记得把自己的每时每刻都奉献给了自己正在做的事情，这并不是因为我有自虐的倾向，也不是因为我热爱痛苦。拼搏就是这样一个远远看上去面目可憎，但真正经历过又觉得畅快淋漓、刻骨铭心的东西。

　　高三时很多人说"此时不搏，更待何时"，为的是拼搏之后的结果，把话补充完整应该是"此时不搏，就考不上好的大学"。我说这句话的时候却是另一种态度："此时不搏，以后想起来会后悔——我的高三被狗吃了吗？"所以不是"更待何时"，而是"再无此时"，因而更要抓住机会。

　　说到底，我们的成长就是登临一座山峰的过程，经过的每一段路程，都是一段将来不再会有的时光，所以一定要好好珍惜，好好感受其中的酸甜苦辣。但这又不是人生的最后一战，它只不过是人生旅途中路过的一段，虽然需要好好珍惜，却也用不着全部都是紧张和不安，也要学会潇潇洒洒地生活，去开心享受时光赋予我们的独一无二。

　　在我看来，6 岁到 22 岁是人生中唯一一段可以专注于自我准备的时光，这一段时间的成长速度与质量，都将深刻地影响着未来生活的状态。现在，我已经完整地度过了这一段时光，有一些收获，也有一些遗憾，如果说一定要和大家分享一些什么，也就是"反思"二字了。

　　这显然不是一个多么新鲜的话题，我很早前就听到过无数以此为题的心灵鸡汤，相信很多同学都和我一样，被老师和父母念叨了无数次"要多反思""做十题也不如反思一题"等之类的话。耳朵听得起了茧子，却也未必真的能学会反思的方法，养成反思的习惯。

　　关于反思或者说反省，有一句话是我们都耳熟能详的："吾日三省吾身。为人谋而不忠乎？与朋友交而不信乎？传不习乎？"这是《论语》学而篇记录的曾子所言。宋代大儒朱熹对这句话的注解是：尽己之谓忠；以实之谓信；

传，谓受之于师；习，谓熟之于己。曾子以此三者日省其身，有则改之，无则加勉，用这样的生活来影响他自己，相当于把这个作为他的传习之本。参照朱熹的解释，我们就能够把曾子的话理解得更明白一点。为什么他日省的是这三点，而不是其他，为什么他先反思"忠、信"再去谈"传不习乎"？因为他的目标在于"为学"。我们读过一点儒家的书籍就会知道，儒家学者"为学"的目标就是为了发明本心、成为君子，就像《礼记》里面所说的那样："大学之道，在明明德，在亲民，在止于至善。"儒家的教育总的来说是一种道德教育，因而"忠"与"信"就成了曾子内省的重点，也会成为反思"传习"的基础和前提。由此我们可以看出，反思活动的展开离不开目标的确立，或者说，一个人所确立的目标就决定了他反思的内容，也深刻影响了他进行反思的态度。像达·芬奇这样多面向的天才人物，他在数学尤其是几何上的造诣，也一定程度服务于他的绘画。一个没有目标或者说不知道前路去向的人，要如何培养起良好的反思习惯呢？他甚至连该反思什么都不知道。很多人都很认可"反思是提高效率的有效方法"这个观点，可当我们对一个没有目标的人去讲这样的话时，就像是给一个并不打算去任何地方的人说："嘿！哥们儿你坐我的车吧，我载你一程，保证速度又快又平稳。"别人或许感念你的一片好心，但是你的建议却并不能对他产生任何实质的帮助。

我到初中之后才开始进行有效反思，当然，这个反思是特指在学习上的反思，这种反思的具体形式就是：整理错题。小学的时候犯错了，可能算错一个数，或者写错了几个字，常常就会说："哎呀，这里只是粗心了。"基本不会想得更多，更谈不上整理、归纳了。到了初中之后情况变得不太一样，我的初中班主任是一个很严厉和非常干练的人，开学第一节课他就拿出一个很厚的笔记本对我们说："这就是以后你们需要去做的纠错本，它会跟你们三年。错过的题、有价值的题都要记上去，随时要拿出来看看。"当时被老师的气势唬得一愣一愣的，最开始的时候我也学着去纠错，去认真整理反思。但是没过多久，体内的劣根性就开始作祟，变成了装模作样地往纠错本上记上一些随便的东西，以应付检查。那个时候的我，还没有太明确的目标，处于一种比较被动的、跟着学的状态，对于老师布置的任务自然也是能敷衍就敷衍，不过我却热衷于刷题。那个时候，我们老师会印上百套练习卷放在她的办公室，大家自己去领着做，做完一套再领一套。在这个事情上我却是很积极的，每天都可着劲儿地刷题，倒不是因为我真的有多勤奋，只是出于一种攀比心，要和同学们比谁做得更快、更多。刷题这种事做多了，你真的会发现它是能带来快感的，尤其是你把刷完的卷子一摞一摞得放起来，摸着试卷背面凹凸不平的笔印，会觉得非常的有成就感。

相比而言，整理错题就没那么有意思了，它不仅耽误我继续刷题，还非常费心思。错题本来就是自己掌握不太好的地方，现在不仅需要去改正错误，还需要去归纳思路，如果发现自己基础不太稳固，还需要回头去查漏补缺。虽然我确实感受到了通过整理错题这种形式进行反思是行之有效的，但也因为没有明确目标的驱使，只觉得这样一件事情很麻烦，所以仍然不太愿意做，自然也就不怎么用心，只想应付检查。当我成绩达到中上等的时候，内心就更满足了，哪怕我仍然有不少题不会，有不少题容易出错，甚至有不少知识点掌握得并不稳固或者根本没会，我也不喜欢整理错题，不愿意认真反思。整理错题、查漏补缺还不如我跟朋友聊聊天来得开心。所以，无论我题刷得再多、再快，也总考不过在我前边的那些人。虽然最后中考的时候，我考的成绩还算过得去，这也说明了我的那一摞摞题没有白刷，但遗憾的是，我终究没有发挥出反思最大的力量，如果那时我能多去整理一些错题，利用整理错题的动作，去认真做一些归纳反省、查漏补缺，好好发挥一下反思的力量，我想我一定会考出更好的成绩。

虽然我的初中并没有好好利用反思，但仅仅为数不多的认真反思也确实让我感受到了有效反思的意义。我想说目标是反思的前提和基础，有了目标，反思才有灵魂。在目标驱动下的反思，能够很好地帮助我们审视自己，及时发现自己的不足，查漏补缺；也能及时地帮助我们去总结思考，找出更好的解题思路和解题规律。

初中有限的一点"认真反思"和永远无法弥补的遗憾和教训教给了我认识"反思"的重要性，也让我清楚认识到要反思，首先得有明确的目标。然而成长路上，仅仅靠"目标"和"反思"显然是不够的，只有与拼搏一起并进，才能成为成长路上最重要的力量。

在成长的过程中，我是一名特长生，更是一名普通的学生。也许大家看到的是我作为特长生享受的降分优惠政策，也据此认为我的高考会比别人容易，但事实并非如此。作为特长生，我不仅需要完成文化课的学习，也要同时为特长考试做准备。

正是自己之前的懒散怠息、随心所欲、敷衍了事，以致文化课方面学的并不是特别扎实，也导致了成绩上的差距，为了能够给自己多加一重保障，我也确实积累有特长考试的资本，所以选择了特长生考试。这个选择并没有减轻我的压力，只是多给自己寻一重保障。是反思让我能够彻底清醒地分析审视自己，给自己选择了努力的方向，剩下的就得靠我自己的全力拼搏来交上这份高考答卷。我必须在有限的时间内，不断弥补文化课学习上的不足，还需要花一定的时间和精力去不断提高自己的特长水平，为特长生考试进行充分的准备。

高二之前，我一直以为自己要上理科，所以，在我经历了初中的遗憾和经验教训后，高一开学后我就把政治、历史、地理的很多学习时间，用来刷物理题、生物题、化学题等，以免浪费光阴，又给自己找遗憾。但是高二选科那天，我在经过一个文科班的时候，却被那个班的氛围深深吸引，脑子一热搬了一套桌椅进去，从此就变成了一名文科生。可想而知，因为这个选择，我高一很多在生物、物理、化学科目上做的努力基本就浪费了，反而是高一被忽略掉的科目打下的基础比较薄弱，需要花极大心力去尽快弥补。

可想而知，为了能跟上文科的学习进度，我的文科初段的学习真的不轻松。我拿出了十二分的精神，铆足劲的为此拼搏。高二的政治、历史多花些时间，通过背诵补充基础之不足的效果还是立竿见影的，唯有地理靠背诵好像就不太行得通。于是我沿用了理科的老办法，疯狂地刷题，什么题都找来做，但遗憾的是成绩并不见有什么起色。在付出了十二分的努力、全力一搏仍未见成效后顿觉苦恼，甚至非常委屈，觉得天道酬勤在我的身上并未应验。

大受打击、苦闷中的我只好去找老师寻求帮助。老师听完我的诉求后，非常嫌弃地看着我说："刷了那么一大堆，那你嚼透了几道题？"意思是："你做了那么多的题，真正会的，能够明白这个题背后意思的，又有几道呢？"老师一语惊醒梦中人，我立马顿悟了自己的问题所在——还是忽略了"反思"的过程。于是我开始回头去细致地看曾经做过的那些题，从题干到材料到图表到答案一点点地去抠，去反思我的知识是否掌握，审题是否清楚，思路是否正确，答题是否准确。那段时间我每天只午休十五分钟，晚上十二点睡觉，多挤出来的学习时间全都用来整理分析这些错题，从中发现了自己很多基础知识的缺陷，也同时积累了不少审题的经验，解读材料的思路，大大提升了答题的准确性，将自己刷过的题的价值尽可能发挥到最大。

经过一段时间的努力和坚持，我渐渐习惯了这样的作息和学习方式，并切身感受到了它带给我的好处，便在其他的科目上也充分地运用起来。它的作用在短时间之内虽然不是特别显著，但像滚雪球一样，长期坚持下来后发现，这种方式对提高学习成绩有非常显著的效果。

虽然我强调反思总结的重要性，但大量地刷题、背诵、复习与反思并不冲突。实际上，大量的练习是反思的基础，可以说，离开了大量的练习，反思就会变成无源之水、无本之木。我们一定要清醒地认识到，反思主要的意义在于：让你做过的每一道题都充分实现其价值，帮助你充分地获得这个题目所提供的经验、教训以及对掌握知识点的检测，并在下一次练习的时候发挥作用。反思必须与拼搏并进，反思只是给拼搏提供了一种相对高效的方式，其基础还是在于拼搏。只有你付出了比常人更多的努力，拿出了全部心力，真正去搏过一回，回首之时，才不会为自己曾经的懈怠而后悔。

文化课上我拿出了绝不输于其他人的学习劲头努力学习，弥补自己基础知识的欠缺，跟上其他同学文化课的学习进度，同时我还得挤出时间去不断练习特长考试内容。别人学习的时候我在学习，别人休息的时候我在练习，别人睡觉的时候我在复习。早上别人还在睡觉的时候，我已经起来开始背诵……就是靠着这股拼劲，靠着我对所剩不多的高中学习时间的无比珍惜和最大限度的利用，最终我赢得了高考，成功进入北大，圆了自己的梦想。

第五篇

北大精神——不断地突破自我

明确的目标能成为我们努力的强有力动力。目标越明确越清晰，给予我们的力量也必然越强大。所以这里我想和大家聊一聊我的大学时光，带着大家一起走进我的北大生活。

很多同学认为，只要成功通过高考这座独木桥，进入了大学，也就进入了天堂，一切都由自己做主，当然前提是完成学校规定的最基本学习任务。剩下的时间里全凭自己做主，想学就学，想玩就玩，想提前工作就提前工作，再也没有人像初高中那样，追着我们交作业；追着检查我们的课堂笔记，错题整理；再也没有三天一小考，五天一大考，不断地让你看到你在学习上的不足和差距……自由万岁。

虽然，表面而言，大学的学习模式较初高中乃至小学，确实发生了非常大的变化，大学的学习更加强调学生的自主性，绝大多数老师只负责授课，不负责验收知识的掌握程度，掌握多少，消化多少，全拼学生自觉，也不再有频繁的考试，只在每学期结束有一次学习成果检验考试，及格就好。也因此，很多同学彻底地放飞了自我，便出现了上述那样的状态。但实际上，进入大学并不是人生的终点，这里是你社会化人生的起点。大学把握的好坏，直接决定了你以后进入社会之后的角色状态。大学里有着最充分丰富的学习资源，尤其是好的大学，更是集合了全国乃至全球最前沿的专业领域学习资源，这是多么难得的学习机会。大学更是我们步入社会的桥梁，从这里开始，我们将一步步进入社会，开始接触自己今后将要从事的行业。

所以进入大学之后，首先需要做的是好好为自己的未来进行一下规划。 大学之前我们的目标大多是要考上某某大学，上了大学之后该考虑和认真思考的是自己的未来想要怎样的生活。只有真正明白自己心中想要的是什么，才能好好利用每一段时间、每一个机会。有了目标之后你便会发现，时间真的不够用。每天不仅要好好学习自己的专业知识；还要多多参加各类社团活动，拓展自己的素质能力；对于自己的兴趣爱好，有了更多学习和提高的条件，也想好好学习提升一下自己兴趣爱好的水平；还想多找些实习机会，早早接触未来想要进入的行业，实践学习的专业知识，积累实际经验；还想跟同学们融洽相处，好好经营一下人脉关系……每天安排得满满的，早出晚归，马不停蹄。有更多的事情要做，更多的情况要考虑，要转换更多的角色，做出更多的选择，在不同的地方为不同的事情奔波拼搏。这才是真正的大学校园状态，大学生们真正的生活。

正如我身边所有的同学，一个赛一个地忙，早上天未亮就去图书馆门口排队抢座的；寻一个僻静之处背英语的；下课后飞奔社团，组织参加活动的；还有上完课马不停蹄赶往兼职工作场地的……这里也有一种争分夺秒的状态，但不是高中那种全部步调一致只埋头学习上的争分夺秒，因为每个人追求的不一样，所以争分夺秒拼搏的方向也不一样，更加多元化，更加的丰富多彩。当然这些快节奏的来来往往中也不免在青春荷尔蒙的影响下燃起一簇簇爱情的火花，这些爱情的火花，更是给忙忙碌碌、青春火热的校园增添了一抹特别的色彩。

刚进入北大校园的时候，我更多的感受是迷茫和自卑。觉得能进入北大的一定都是学霸，都非常的厉害，而自己只是一个靠特长加分才能进入的特长生，并且我对自己所学的专业完全不了解，也不知道是学什么的，就这样迷茫又自卑地迎来了新生见面的第一次班会。我印象非常深刻的是，当时班主任提出一个问题，"在座的同学们，你们愿不愿意和大家分享一下，为什么选择了社会学系？"当时大家都很沉默，私下里了解了才知道，当时在座的有百分之七八十的人和我一样——茫然。我们自己都不知道我们为什么选择了这样一个专业，可能是因为调配，可能是因为调档线稍低，可能是因为觉得这个名字很洋气……总之，对于为什么要选择社会学系，基本心里都没有答案。就在我们都很沉默的时候，有一位男生举了手，很坚定地站起来，他说："老师，我选择读社会学系，是因为我已经读过了20多本关于社会学系的相关著作，他们有的在研究社会结构，有的在研究社会分层，等等，各种各样的研究。我却想做一个专门针对中国社会的研究。因为我的妈妈是一名老师，我的爸爸是一名律师，从他们的职业和平时的工作上，我看到了这个社会的一些问题，所以我觉得时代在召唤我，他们需要我今天站出来选择这样的一个专业去认真钻研，做更多对这个社会有意义的事情。"

当时他说完这段话之后，我的内心异常激动，触动非常深刻。我想，再过十年，我仍然能够清楚地回忆起他说的这段话。我还记得当时我是带头鼓掌的，在他身上我看到了一种魄力，这种魄力来源于对学习的自信，来源于对生活的关注，更来源于一种高度社会责任感的大格局。不免感慨：不愧是学霸。

几天下来，北大这个神圣的校园，让我看到了每一个人的不同可能性，即便是学同一个专业，他们对于未来的幻想，对于未来的坚持也大不相同，学习的动力来源也千差万别。这便是百年名校北大的魅力，它集合了极尽丰富的学习资源，创造了尽可能多的学习条件，提供了最为丰富的机会和选择项，让每个同学都能有机会有条件去实现自己的梦想。

那位新生见面会上发言的同学我一直没告诉过他，在整个本科学习阶段，我都把他当作我的榜样。我发现他的学习成绩很好，也做了很多与学习无关的事情，还做了很完善的一系列学生工作，做了很多的社会实践，兼职了很多的社会实习，他有着自己的梦想，并且非常清楚在实现梦想的道路上，自己应该做什么、如何做，把自己的所有时间安排得丰富充实、井井有条，又游刃有余。

我的一位室友，在大学的四年时光里，每天都坚持 5 点钟起床背英语，晚上 11 点一定要睡觉，四年如一日，日日如此。她说这是从小养成的习惯，她觉得这样的作息非常规律，让她感觉舒服，而且早起的时光能让她更加清醒。我们同宿舍的其他人包括我，偶尔也会睡懒觉，会放纵一下玩通宵，但只有她，从来没有因为各种各样的诱惑，任何原因打乱过她的节奏。她总是坚持着自己的方向，坚持着自己的努力，这样的努力也让她取得了更大的成就和收获。

我身边这样的人或事还有很多，他们让我发现，在每一个时间段，总有很多比你更优秀的人，比你更加努力，更加坚定地在向着自己的目标拼搏奋斗，他们的言行也总是在不断影响着我、激励着我。

正是一个个这样的灵魂汇聚一起，相互影响，相互作用，才生动诠释了北大的精神：永远不满足于当前，不断突破，不断向前，不断地走出自我的方向，不退缩，也不害怕，任何时候直面未知和胆怯，直面挑战。相信凭着我们的努力坚定不移，必然能披荆斩棘，战胜困难。你的热爱和追求也终会被人认可，赢得尊重。即便你所付出的热情和汗水，当下没有直接回馈，也终将会以另一种形式补偿给你，不差分毫。这个世界没有亏欠，只差时间。

无论北大是否会成为你的梦想，我都希望北大精神能给予你力量，珍惜当下，从此刻起为自己定下一个目标，哪怕只是个今天之内背下这篇课文的小目标也好，不再犹豫，立即行动，拿起你手中的课本，或作业，或试卷，脚踏实地，一个个地攻克当前目标，不断挑战新目标，把一个人活成一支队伍，坚定又勇敢，披荆斩棘。当你成功完成一次又一次挑战之后便会发现：自己已然有了做梦的勇气，更有了实现梦想的信心与战意，大胆做梦吧，从有了梦想的那一刻起，保持这份勇气、信心和战意，你离梦想也就不远了。

编者给父母的话

我们培养孩子学习一门兴趣的本质应该是培养孩子的一种生活能力:一种懂得学习一样东西从不会到熟练甚至到成功是一种什么体验、什么感觉,需要付出什么样的辛苦,要具有多大的毅力,要忍受什么样的寂寞和枯燥,要学会如何控制自己的欲望和情绪的能力。

宋曼嘉同学作为一名特长生，高考优势之一便是她的特长加分，这份优势并不是高中分析成绩之后为了高考的临时起意才学习，而是从小开始培养、积累下的资本。这也正是其父母的成功之处。

任何特长的培养都不是一蹴而就的，都必须通过长期的学习和练习。曼嘉同学的舞蹈能从小一直坚持练习到现在，并能顺利通过校招考试，成为高考的有力助力，离不开她父母长久的督促和支持。

很多同学，甚至是绝大多数同学，很小的时候会被父母安排学习一门或多门兴趣，例如绘画、乐器、舞蹈等，但真正能一直坚持下来的却很少，大多数孩子半途而废了。父母们理所当然地认为原因都在孩子，就是自己的孩子三分钟热度，坚持不了。

其实我要说的是，孩子半途而废的真正问题在于父母，并不是孩子。因为谁会对一件枯燥、无聊又很辛苦的事保持持久的兴趣呢？就连大人如果没有利益或者某种因素的催动都很难坚持，更何况是孩子。孩子们一开始出于好奇，可能会对某项技能产生兴趣，会有学习的意愿，但如果要将这门技能长久坚持学习下去，难免会认为枯燥乏味，甚至是辛苦，再加上兴趣的学习并没有升学考试的压力，相反还得为升学考试的学习时间让路，父母如果不引导督促、支持孩子坚持，那么放弃也就再正常不过了。

究其根本原因，还是在于父母自己都没弄清楚，让孩子学习培养兴趣的目的到底是什么。如果只是想让孩子多掌握一门技能，那显然在社会大环境的考学压力下，当然是好的学习成绩更重要，有了好的学习成绩，能够进入好的大学，必然能够学习并掌握赖以生存的生活技能，作为兴趣的技能就无关紧要了；如果只是想增加孩子未来的竞争资本，俗话说：技多不压身，那么它也只是一种附属，有则更好，没有也无所谓；如果只是为了让孩子替自己圆梦，那么这个让孩子坚持下去的理由则更站不住脚……再加上，支持孩子长久坚持学习一门兴趣，不得不说真的是一件很麻烦的事。常常在兴趣班听见有父母说："我容易吗？每周都要带你来练琴，耽误我这么多时间，你还不好好练习，还花那么多钱，你要练就好好练，要不愿意练，就不要练了。"父母这么说，孩子心里想的是："我本来就不想学，还不是你逼着我来学的"，孩子即便不说放弃，也大多是为了不让父母之前的付出白费，不让父母失望，这种孩子的兴趣学习已经成了一种枷锁或负担，效果好坏可想而知。

不可否认，父母们长久支持孩子学习一门兴趣，花费的人力、精力、财力确实可观，需要克服的各种问题和麻烦也是众多，对父母而言本就是一种挑战，很多父母在这个过程中已经不胜其烦，到最后干脆懒得再管，全部扔给孩子自己决定，就像上边那个父母抱怨的"想练就好好练，不想练就算了"传达给孩子的思想就是，父母都不耐烦了，很开心自己正好可以不用再学再练了。父母自己都没弄清楚，兴趣学习的目的是什么，孩子又如何能搞得清楚呢？对于一件自己都不知道为什么要做的事，谁又能长久地坚持下去？大人都不行，更别说孩子。

那么，我们让孩子学习培养一门兴趣的目的到底是什么呢？很少有父母认识到，我们培养孩子学习一门兴趣的本质应该是培养孩子的一种生活能力：懂得学习一样东西从不会到熟练甚至到成功是一种什么体验，什么感觉，需要付出什么样的辛苦，要具有多大的毅力，要忍受什么样的寂寞和枯燥，要学会如何控制自己的欲望和情绪的能力。这些东西在孩子成长的过程中会不断出现，这才是他以后和别人的竞争中最需要具备的一种强大的内心支持和竞争力。如果孩子的兴趣培养从小到大能够一直坚持下来，推己及他，将这种一步步成长起来的感受和自我超越的经验和心态应用到其他任何事物上，也必然很容易在其他事物上赢取胜利。

　　所以，从现在开始，不要再对孩子说："技多不压身，多学总没坏处"这种不痛不痒的话；也不要说"想学就好好学，不想学就算了"这种看似尊重，实则是自己已经不耐烦的"甩锅"言论；也不要说"多学一样兴趣，未来的生活也会更丰富多彩一些"这种冠冕堂皇的理由，凡此种种。

　　父母应该首先从自身认识到：让孩子持久学习一门兴趣，这是对孩子未来竞争能力的培养。我们可以不在乎这门兴趣技能孩子到底学到什么程度，但一定要在乎在这门兴趣技能的学习上，孩子是切实付出了努力，这份努力也确实让孩子在不断进步，并且要让孩子明确感受到自己努力带来的进步，帮助孩子认真体会这种通过自己的努力和付出收获成果的过程，让他明白任何成绩或者成功都必须付出一定的努力。这不只是一个兴趣培养的过程，更是一个帮助孩子建立人生观、价值观的过程。让他学会将这份坚持不懈的毅力、耐力，能够抵御诱惑，调整情绪，很好地控制自己坚持下去的这份心性发扬推及到任何事上，那么他未来不管遇到任何事，就已经具备了大多数人不具备的竞争力。

　　父母想要让孩子坚持下来，自己先得克服各种问题或

困难坚持下来。父母自己坚定了持久支持孩子学习的决心，才能在孩子三分钟热度过后，或者学习遇到困难、挫折的时候，或者感觉无趣乏味等各种原因导致打退堂鼓的时候，及时给予孩子引导和支持，帮助并督促孩子克服困难坚持下来。

虽然尊重孩子的意愿很重要，但不能盲目地遵从，而是需要分清孩子是真的非常厌恶排斥，还是仅仅出于惰性或者害怕困难的逃避心理等主观劣根性导致的退缩放弃。如果是前者，家长可以和孩子深入沟通交流后，协助其换一样自己更喜欢的兴趣项目学，如果孩子自己并没有更好的兴趣项目选择，家长可以做主帮助孩子培养一门兴趣，并严格督促其坚持下去；如果纯粹是孩子被自己的劣根性左右，不愿意付出努力持久学下去，那家长便不能听之任之，要知道没有哪个孩子不爱玩，没有哪个孩子天生就有强大的自制力，能控制自己抵御住强大的诱惑的。所以有退缩、有放弃、有敷衍糊弄都很正常，只要家长能够及时发现，给予正确积极的引导和支持，帮助其战胜自己、抵御诱惑、克服困难、控制好自己便是真正成功了。

不仅是兴趣培养，在孩子的整个成长过程中，类似的教养问题有很多。家长需知道"静待花开"的前提是默默浇灌，只有家长自己首先在孩子的教养问题上做出了努力，并坚持不断学习，不断进步，才具备了等待花开美好的条件。所以，家长在埋怨自家的熊孩子不如别人家的孩子的时候，在羡慕别人家孩子的时候，不要一味地责怪或者给孩子施压，更应该的是反省自己身为父母的不足，学习别人家父母睿智科学的教养之法，在不断完善提高自身的同时，陪伴孩子一同成长进步。

曼嘉同学的经历也让我们意识到：高中尤其是高三对于高考非常重要，但小学和初中阶段的储备也不可忽视。孩子小的时候，认知辨别能力有限，对社会规则的认识更是几乎空白，这就需要父母有一个清醒的认识，能够帮助孩子做出正确的规划和选择。

第一，从小培养一门特长好处多多。从小培养一门特长，让孩子坚持学下去，不仅可以帮助孩子培养出一种技术能力，为高考积累资本。正如曼嘉同学的舞蹈特长是从小培养的，到了高考的时候，已经积累了很多奖励、表演参演经历，还有持久培养出的技术能力，这些长久积累下的成绩，都成了通过校考的助力，艺术特长也成了她的高考加分项。

更为重要的是，兴趣特长更能培养孩子的一种生活能力，一种克服一切不利或消极因素，持之以恒、坚持不懈地将一门技术培养成自己的兴趣，并成为自己的特长的毅力、习惯和处事态度。因为特长学习不像文化课学习，它没有考试、升学等各方面的压力促进，也没有学校和家长等各方面的督促，甚至还会因为文化课学习不得不压缩或者放弃特长学习的时间等，这些困难和阻挠，导致学生想要持久地学习，需要其自身具有很大的毅力和情商。假如在以后的生活学习甚至是成年后的工作中，如果遇到任何困难，都能够像学习特长这样，坚持不懈地努力，那将是非常强大的一种力量，必然能大大提高做事的成功率。所以，兴趣培养能很好地培养孩子的一种生活能力。

必须注意的是：从 2024 年起全国高校将停止招收艺术特长生。也就是说像曼嘉同学这样通过特长加分进入好的学校的情况，2024 年以后不会再有了。不过艺术特长过硬，以后想要进入艺术行业发展的同学仍然可以参加艺术类院校或专业的招生考试，专业学习艺术类专业。所以，有了艺术特长，虽然 2024 年后不能再享受艺术特长加分，但高考的时候也能多一个选择：或者和其他同学一样统一参加高考，统一录取；或者通过高考 + 艺考，进入艺术类院校或专业学习。2024 年后取消的仅仅是艺术特长生，体育特长生仍然保留，通过体育特长加分进入名校还是可以的，另外，科技特长生政策正在覆盖全国。而且，科技特长生从高中录取中就开始，全国各大重点高中都出台了科技特长生招生政策。

家长应该从小多多关注孩子，及时发现孩子的天赋，并加以培养。比如有的孩子计算上有天赋，有的孩子逻辑推理上有天赋，有的孩子物理学习上有天赋，等等，在有天赋的方面着重培养，多多积累些比赛经历、奖项等。2021年教育部公布的全国性竞赛名单中一共规定了有36项竞赛活动属于全国性竞赛，其中包括自然科学素养类20项，人文综合素养类10项，艺术体育类6项，其中"五大学科竞赛"可以说是"含金量"最高的，除了能被高校强基计划、综合评价测试等认可，如果入选国家集训队，可直接获得高校保送资格！这5类竞赛分别是：数学竞赛、物理竞赛、化学竞赛、生物竞赛、信息学竞赛。相比五大联赛，文科类、自然学科类竞赛所获奖项，不同学校认可度是不一样的，比如在综合评价招生中有的可作为报考条件，可降低学考等级要求；或者既是报考条件，又是高校综合素质测试分的"素质特长分"。这也为更多普通考生提供了低分进名校的机会。

第二，父母们应该提前多了解高考政策信息，早早为高考准备助力。尤其是高中孩子的父母们非常有必要提前了解高考政策信息,比如体育特长生加分校招考试,可以在高考前通过校招的特长考试享受降分政策;比如通过五大联赛所获奖项申请降分录取;又比如还有院校的自主招生考试,例如北京大学的"强基计划"招生考试,浙江工业大学等的"三位一体"招生考试等。还有从 2015 年开始实行的综合评价招生考试,等等。近年来已有越来越多的高校采取这一招生方式,以 2022 年为例,就在江苏、浙江、山东、上海、广东多地多校试点进行综合评价招生。

这里就综合评价招生为大家介绍一二。综合评价招生主要通过选拔综合素质全面、品学兼优的优秀学生。它是综合考量考生的高考成绩、高校考核结论、高中学业水平测试成绩、综合素质评价,以及高校自身培养特色要求五个维度的内容,对入选考生进行考核、综合评价,择优录取。有些学校把考生的高中会考成绩、综合测试成绩、高考成绩通常按照 1∶3∶6 的比例,折算成综合分,最后按照综合分择优录取,也有的学校高考成绩占到了 85%,校测成绩占 15%,总之,就是必须以院校发布的综合评价招生简章为准。

一般情况下,每年的 4 月到 5 月,学生们在网上开始报名,一般在学校官网或教育部阳光高考信息平台进行报名；5 月底到 6 月初，公布初审名单；6 月高考统考；6 月下旬到 7 月初，进行院校综合评价测试；高考成绩公布后，公示拟录取名单；最后进行录取工作。更具体的时间需要以各院校招生简章为准。对于综合评价这种招生模式，特别适合那些高考成绩并不突出，但综合素质比较优秀或有一定学科特长的考生报考。

由此可见，除了普通高考的其他降分招生考试，无一例外都要求了学生必须有较突出的学科特长。所以，从小培养孩子一门爱好特长真的非常重要。尤其进入初中后，父母更应该提前了解规划，趁初中和高一、高二学有余力，多关注各类比赛，开拓兴趣爱好，多参加权威比赛，积累成绩，为高三报考时提供助力。

3 说说降分、保送那些事
——全面系统梳理国家降分、保送等录取政策

赵浩陪

北京大学法学院硕士，通过自主招生获高考加分60分——自主招生加分最高分，进入清华大学中文系。

对招生的政策、考试技巧有很深入的了解和研究。

为你讲述

高考招生加分

笔试及面试的必备绝招

现在的学生将高考当成了人生最重要的目标，但高考的最终目的无非还是进入理想的大学。既然进入大学路的不止高考一条，我们也可以在学习之余，看看其他的办法，找找其他的路口，说不定，你的高考会因此突然变得容易、变得简单。

在绝大多数人眼里，我就是一个上天眷顾的幸运儿。我来自河南，高考时，借助 60 分加分顺利进入清华大学中文系，本科毕业后又通过学校保研，幸运地避开了考研的激烈竞争，顺利进入北京大学法学院修读法律硕士。我就在千军万马过独木桥的高考大战和考研苦战中，两度幸运地另辟蹊径，成功进入大家梦寐以求的国内顶流高校。

高考时，我得益于自主招生考试政策，考研时，我又受益于保研推免政策。虽然，国家现在已全面取消我当时参加的自主招生考试，但仍然有"专项计划"以及新推出的"强基计划"等。所以，我想告诉大家的是，不管大家现在处于哪个学习阶段，小学、初中还是高中，只要有进入理想大学的理想或者目标，那我们就应该视野开阔一些，要知道进入名校不止凭高考裸分一条路，能够详细了解国家的相关政策尤为重要。根据国家的相关政策并结合自身的实际情况，为自己早早做下规划，找准正确的道路，早做准备，早打基础，说不定，你的高考就会因此突然变得简单。

　　关于学习方法，已经有非常多的优秀的学霸同学从各个方面全面地与大家分享了他们的成功经验总结，在这里我们不再谈具体学习方法，而是根据国家政策及相关规定，带领大家一起梳理下，高考中的降分或者加分，以及保送那些事。

　　总的说来，这类特殊情形一般包括三大类：特殊类型降分、国家"四大计划"降分和保送。下面我们根据教育部有关规定及国家相关政策来具体分析总结。

第一篇

特殊类型降分录取

根据我国的教育考试招生政策，目前，我国已明确取消 5 类高考加分项目，分别为：体育特长生、中学生奥林匹克竞赛、科技类竞赛、省级优秀学生、思想品德有突出事迹等，到 2024 年全面取消艺术特长生，另外 95 类地方性加分项目也要逐步取消。目前还享有加分的项目或者说享受降分录取的情况主要有以下几类。

一、根据国家政策，享受加分的政策性照顾

教育部最新的《2022 年普通高等学校招生工作规定》第 46 条明确规定，有下列情形之一的考生，省级招委会可根据本地投档录取办法决定，在其文化统考成绩总分的基础上增加一定分数投档；达到高校投档条件的，由高校

审查决定是否录取。同一考生如符合多项增加分数投档条件的，只能取其中幅度最大的一项分值，且不得超过20分。

1. 烈士子女；

2. 在服役期间荣立二等功以上或被战区（原大军区）以上单位授予荣誉称号的退役军人；

3. 边疆、山区、牧区、少数民族聚居地区的少数民族考生；

4.归侨、华侨子女、归侨子女和台湾省籍（含台湾户籍）考生。

第四十七条规定：自主就业的退役士兵，可在其文化统考成绩总分的基础上增加一定分数投档，分值不得超过10分。

对这类国家规定给予政策性照顾加分投档的考生，也必须严格遵守规定程序进行申报、审核才能有效。除此之外，一些地方也会根据当地实际情况，自行增加一些政策性照顾，这种地方性政策照顾需要以当地当时的高考政策为准。对此，大家平时也要多注意关注。

国家对于上述5类考生以及有关省（区、市）自行增加的政策性照顾项目的考生，还规定了严格的程序，即必须经过本人申报、有关部门审核、省地校三级网上公示后方能予以认可。高级中等教育学校还须按有关规定公示到考生所在班级。未经公示的考生及其加分项目、分值不得计入投档成绩并使用。所以如果发现自己符合这些照顾条件的，则应当熟知申请流程，严格按照流程执行，切莫因为一时疏忽，白白丧失了难得的加分机会。

二、同等条件下享受优先录取

大家都知道，在每年的高校招生中，分数线和调档线都只是参考，最终还是会根据高校在地方的招生人数要求，在调档线以上从高分往下择优录取。所以很多时候，尤其是北大、清华此类的重点院校，由于录取人数有限，竞争异常激烈，往往实际录取分数会高出调档线很多。然而国家政策也规定，以下几类考生，只要参加全国统考录取并达到有关高校投档要求的，同等条件下，享受优先录取的政策照顾：

1. 平时荣获二等功或者战时荣获三等功以上奖励军人的子女；一至四级残疾军人的子女；因公牺牲军人的子女；驻国家确定的三类以上艰苦边远地区和西藏自治区，解放军总部划定的二类以上岛屿工作累计满 20 年军人的子女；在国家确定的四类以上艰苦边远地区或者解放军总部划定的特类岛屿工作累计满 10 年军人的子女；在飞或停飞不满 1 年或达到飞行最高年限空勤军人的子女；从事舰艇工作满 20 年军人的子女；在航天和涉核岗位工作累计满15年军人的子女，这些军人子女只要参加全国统考录取并达到有关高校投档要求的，在与其他考生同等条件下优先录取。

2. 公安烈士、公安英模和因公牺牲、一级至四级因公伤残公安民警子女参加全国统考录取的，按照《关于进一步加强和改进公安英烈和因公牺牲伤残公安民警子女教育优待工作的通知》（公政治〔2018〕27号）的有关规定执行。

3. 国家综合性消防救援队伍人员及其子女参加全国统考录取的，参照军人有关优待政策执行。

4. 退出部队现役的考生、残疾人民警察参加全国统考录取并达到有关高校投档要求的，在与其他考生同等条件下优先录取。

5. 经共青团中央青年志愿者守信联合激励系统认定，获得5A级青年志愿者的，达到有关高校投档要求的，在与其他考生同等条件下优先录取。

三、定向招生特定条件下可降分录取

根据教育部《2022年普通高等学校招生工作规定》，高校定向就业招生计划在学校调档分数线上不能完成的，可在学校调档分数线下20分以内、同批录取控制分数线以上，由省级招办补充投档，高校根据考生定向志愿择优录取，经降分仍未完成的计划，则就地转为非定向计划执

行。也就是说报考定向招生院校或专业的，如果学校招生计划在调档线上不能完成，就有机会享受降分 0-20 分择优录取。

不过定向招生在招生时就明确了毕业后的就业方向，选报定向志愿的，毕业以后必须到指定的地区或者行业就业。定向招生现在基本只有教育部所属重点院校以及有关部门单位所属高校经主管部门审核并报教育部备案后，面向地质、矿业、石油、军工及边疆少数民族地区的国家重点建设项目用人单位招收定向就业生。

四、高校高水平艺术团招生降分录取

根据教育部《2023 年普通高等学校部分特殊类型招生基本要求》的规定，部分高校通常都是具备建团条件，设有艺术团，且又未设艺术团相关专业的高校，为了推进高校美育工作开展，活跃校园文化生活，承担校园艺术文化普及和对外交流演出任务，引领、辐射和带动全国高校相关艺术团的发展和提高试点招收艺术团首席表演者或对幼功要求高的相关专业项目的艺术团成员，类似于已经取消的艺术特长生。具备这类艺术团招生选拔资格和条件的院校，基本都是国家一流重点院校，所以不管是文化课成绩还是艺术成绩要求，即便有降分优惠，仍然是非常高的。不仅要求文化课成绩必须达到一本线，还要求有优秀的艺术基础成绩，而且2024年要求全面取消艺术团选拔招生，这类降分也就取消了。

由此可见，想要遵循老路走艺术特长生加分这条道路的是完全行不通了，应趁早另做规划和打算。

五、高校高水平运动队对于少数体育测试成绩特别突出的考生可降分录取

虽然体育特长生的加分优惠已经取消了，但这类高水平运动队的降分录取并未有政策显示近期要取消。根据教育部《2023年普通高等学校部分特殊类型招生基本要求》的规定，按照教育部、体育总局关于进一步完善和规范高校高水平运动队（以下简称运动队）考试招生工作有关工作部署，部分具有招生选拔资格的高校可在奥运会、世界大学生运动会项目（包括足球、篮球、排球项目等）范围内，按照教育部评估确定的项目，结合学校实际，根据本校运动队建设规划，确定运动队招生项目和招生计划。考生需申请参加相关项目专业测试，根据专业测试成绩择优确定合格名单。

这类考生的专业测试采取全国统考、高校校考等组织方式，有全国统考的项目必须参加全国统考，由高校根据全国统考成绩分布情况提出本校相关项目专业合格成绩要求。到2024年起，高水平运动队考生文化考试成绩全部

使用全国统一高考文化课考试成绩，专业测试全部纳入全国统考，由国家体育总局牵头组织实施，高校不再组织相关校考。

以 2023 年清华大学"高水平运动队"招生简章为例：获清华大学高水平运动队认定的考生，在高考录取中可以享受如下优惠政策：

1.A 类项目中部分运动成绩特别突出符合教育部关于高水平运动队单招条件的，需参加国家体育总局统一组织的运动训练专业单独招生文化课考试，通过后予以录取。考试具体要求以教育部有关文件为准。

2.A 类项目中其他被认定的高水平运动队考生，当其高考实考分数达到当地同类科目第二批次最低控制线的 65%（部分 A 类项目考生要求达到当地同类科目第二批次最低控制线）时，予以录取。

3.B 类项目被认定的高水平运动队考生，当其高考实考分数达到当地同类科目第一批次最低控制线下 20 分时，予以录取。

4.取消本科文理一本线、二本线的省份，按照各省相关规定执行。如教育部关于高水平运动队的政策有所调整，学校也将进行相应调整并发布。

根据《教育部 国家体育总局关于进一步完善和规范

高校高水平运动队考试招生工作的指导意见》的规定，从2024年起，获得国家一级运动员（含）以上技术等级称号者方可报考高水平运动队，且招收高水平运动队的"世界一流大学建设高校"，对考生的高考成绩要求须达到生源省份本科录取最低控制分数线；其他高校对考生的高考成绩要求须达到生源省份本科录取最低控制分数线的80%。

2027年起，符合生源省份高考报名条件，获得国家一级运动员（含）以上技术等级称号且近三年在国家体育总局、教育部规定的全国性比赛中获得前八名者方可以报考高水平运动队。

据此我们可以发现，教育部的统一规定，从2024年开始想要通过报考高水平运动队进入名校的有几种情况，这是教育部规定的基本条件，其他具体要求各个学校各不相同，要以各个学校发布的最新招生简章为准：

第一，通过报考高水平运动队进入"双一流"大学，也即211和985大学的，必须达到生源省份本科录取最低控制分数线，并且需要在报考前考取到国家一级运动员证。

第二，通过报考高水平运动队进入其他高校非体育专业的，可以享受本科录取生源省份最低分数线下80%录取。对于体育专业成绩突出、具有特殊培养潜质的考生，国家允许高校在这个分数以下破格录取，但必须经过严格的审核程序。

第三，报考高水平运动队，就只能是专门报考名校的体育专业，这种文化课成绩要求较低一些，走的是专门的体育专业录取线。

国家现在对学生的体育训练及体育成绩越来越重视，要求也越来越高，我们需要从小重视体育训练及学习，如果能从小培养一门体育特长项目，不仅能增强身体素质、强健体魄，更能为我们考入大学积累更多有利的资本。

第二篇

国家"四大计划"降分录取

　　除了特殊类型的降分情况，还有一种享受降分优惠的是国家规定的"四大计划"。国家要求高水平高校拿出计划招收特定的考生，录取时单独划线、单独批次录取。主要包括国家专项计划、地方专项计划、高校专项计划，另外还有一个特殊的强基计划。

（一）国家专项计划

　　国家专项计划是招生学校为中央部门高校和各省（区、市）所属重点高校，定向招收集中连片特殊困难县、国家级扶贫开发重点县以及新疆南疆四地州学生的一种扶贫计划。它要求考生除符合本年度统一高考报名条件外，还需考生本人具有实施区域当地连续3年以上户籍，其父亲或母亲或法定监护人具有当地户籍；而且考生本人具有户籍所在县(市、区)高中连续3年学籍并实际就读。

目前中央部属高校共118所，都是全国顶尖学府。包括北京大学、清华大学、中国人民大学、哈尔滨工业大学、北京理工大学、北京航空航天大学、中央民族大学、中国青年政治学院、中国人民公安大学等都属于全国重点高校范畴。总之这项计划适用的招生学校基本覆盖了全国所有一流院校。

国家专项计划的优势在于不仅多享受一次录取报考机会，还有机会享受约10-30分不等的降分优惠。

国家专项计划是在普通本科之前提前批次录取，相比普通批次而言，多了一次填报志愿的录取机会。如果报考国家专项计划被退档了，也就是未被录取，可继续填报之后的普通批次本科志愿。

国家专项计划的录取分数原则上不低于招生学校所在批次科类录取控制分数线。对于合并本科录取批次的有关省份，国家专项计划在本科批次前开始投档录取，录取分数不低于本科批次录取控制分数线，一般就相当于最低一本线。在实际录取中，一般都会比普通批次一本录取分数低10-30分，但每年每所学校的国家专项计划在每个地区的降分多少都不一样，这个要根据招生学校在当地的招生计划来定，最多有降 60 分的，但这种非常少见。例如，2022 年北京大学在陕西的文科投档分数线为 641 分，而通过国家专项计划的文科最低投档线是 628 分，降了 13 分；理科投档分数线为 689 分，而通过国家专项计划的理科最低投档线是 663 分，降了 22 分。

需要特别注意的是，报考国家专项计划的考生必须到户籍所在地的教育考试招生机构申领"资格审查表"进行资格认定及备案，凡不进行资格认定的考生一律不得参加国家专项计划录取。

（二）地方专项计划

地方专项计划是指地方高校定向招收实施区域的农村学生的专项计划。一般只为省属重点大学，在国家专项批次之后，一般不会少于本校一批次招生规模的 3%。这项计划的招生院校只面向本地考生。

地方专项计划均实行单设录取批次，一般安排在国家专项批次之后、普通批次之前报考，它是在高考成绩下发后，单独设置志愿填报及录取批次，省招办单独划线，单独录取。适用的学校都是一本院校及二本院校的一本专业。

报考学生必须是三年或以上农村户口，父母中有一人是当地农村户口，而且报考的学生成绩最好能够达到一本线（具体各个学校要求不同）新高考改革后需达到特殊类型招生控制线，同时，如有高中期间的社会实践活动报告，最好是有市级、省级或国家级的奖，学业水平考试在 B 级以上（各个省要求不同），这样审核通过的概率比较大。

地方专项计划基本没有降分优惠，只是增加了一次进名校的录取机会。即在普通批次之前，享受一次地方专项计划的单独批次录取机会，如果未被这个批次录取，还可以再参加普通批次的录取，当然如果已经被录取，则不能再参加普通批次录取。只有在计划内生源不足的情况下，才可能降分录取。

地方专项计划按专项计划录取的考生可自行决定入学时是否签转户口，在校学习期间可按照相关规定和程序申请调整专业。地方专项有些是定向的，有些不是定向的，报考时要特别注意看清楚。

（三）高校专项计划

高校专项计划是农村学生单独招生计划的简称，由教育部直属高校和其他自主招生试点高校承担，招生计划不少于学校本科招生规模的 2%，主要招收边远、贫困、民族等地区县（含县级市）以下高中勤奋好学、成绩优良的农村学生。具体实施区域由有关省（区、市）确定。

报考的考生必须符合本年统一高考报名条件，考生父亲或母亲或法定监护人具有当地户籍；其本人具有实施区域当地连续 3 年以上户籍；并具有户籍所在县高中连续 3 年学籍并实际就读。

高校专项计划实行单报志愿，单设批次，单独录取。高校专项计划的申报流程相对比较复杂，一般需在每年的 3 到 4 月份，相关高校公布招生简章后，如果考生符合报名条件，就可以在阳光高考平台上，提交相关材料。一般在五月份左右高校就会完成考生的申请材料审核，通过初审的考生可以在对应高校的招生网站或者是阳光高考网报名系统中查询到初审结果。有的学校还会要求考生，在高考结束之后，再次参加学校组织的笔试和面试。复试的结果，会在高考出分之前公布，并设定专门的特殊类型招生控制线。考生统考成绩需达到特殊类型招生控制线，这种形式类似于之前的自主招生。特殊类型招生控制线与一本线差不多，可能略低于一本线，招生的学校都是教育部直属等的一本院校。

以上国家专项计划、地方专项计划和高校专项计划统称为三大计划。此外还有近几年刚实行的"强基计划"。这也是我们接下来要重点剖析的一条进名校途径。

（四）强基计划

2020 年《教育部关于在部分高校开展基础学科招生改革试点工作的意见》决定开始在部分高校开展基础学科招

生改革试点，称之为"强基计划"。强基计划主要选拔培养有志于服务国家重大战略需求且综合素质优秀或基础学科拔尖的学生。

目前开展强基计划招生的试点学校是由教育部从进行"一流大学"建设的高校范围内遴选出来，主要有北京大学、清华大学、中国人民大学等 39 所"双一流"建设高校或将还有增加。由这些高校在保证公平公正的前提下，按照"一校一策"的原则，根据有关拔尖创新人才培养需要，制定具体的招生和培养方案。根据教育部公布的最新数据形式，从 2020 开始实施强基计划到现在，三年来通过强基计划共计录取 1.8 万余人。

申请强基计划的考生必须注意以下几点：

第一，申请强基计划的考生必须参加全国统一高考，并且高考成绩所占比例不得低于 85%。

第二，强基计划明确限定了招生专业，以基础学科（如数学、物理、化学、生物等）为主，针对的专业聚焦高端芯片与软件、智能科技、新材料、先进制造和国家安全等关键领域以及人文社会科学领域，重点在数学、物理、化学、信息学、生物学及历史、哲学、古文字学等相关专业招生。

第三，强基计划实行"一校一策"原则，各个学校的招生方案都由学校自行决定报教育部审核备案，因此必须密切关注这 39 个试点高校的最新"强基计划"招生简章，了解最准确的招生要求。

第四，根据招生简章，符合高校报考条件的考生可在高考前申请参加强基计划招生，由高校依据考生的高考成绩，按在各省（区、市）强基计划招生名额的一定倍数确定参加高校考核的考生名单。与以前的自主招生不同，"强基计划"需要"高考"这块敲门砖，它由高校根据报考人员的高考成绩从高到低选出一定倍数备选名单，再对这些考生进行高校考核。

第五，强基计划的最终录取依据是"综合成绩"。综合成绩是由高考成绩、高校综合考核结果及综合素质评价情况等按比例合成（其中高考成绩所占比例不得低于85%）。由高校根据考生填报的志愿，按综合成绩由高到低顺序录取。

第六，对于极少数在相关学科领域具有突出才能和表现的考生，参加统一高考后，由高校组织相关学科领域专家对考生进行严格考核，达到录取标准的，经高校招生工作领导小组审定，报生源所在地省级高校招生委员会核准后可以破格录取。破格录取考生的高考成绩原则上不得低于各省（区、市）本科一批录取最低控制分数线（合并录取批次省份应单独划定相应分数线）。也就是说"强基计划"

的高考成绩最低也得要求达到一本线，实际入围分数基本都会远远高于各地一本线。

第七，高校考核由招生高校负责组织实施，含笔试、面试和体育测试，其中体育测试结果作为录取的重要参考。

第八，考生综合素质档案由省级教育行政部门或中学根据入围高校考核的考生名单于 6 月 27 日前提供。已建立省级统一信息平台的省份，由省级教育行政部门统一将考生电子化的综合素质档案提供招生高校。未建立省级统一信息平台的省份，由考生就读中学提供经中学校长签字确认的综合素质档案。综合素质档案须提前在考生就读中学详尽公示。

第九，通过强基计划录取的学生入校后原则上不得转到相关学科之外的专业就读。入围强基计划的考生基本上都需要在其擅长的领域从事基础学科学习，而不是把个人专长作为一个进入名校的跳板，转而就读其他热门应用专业。

之前已说过，强基计划的最终录取依据是"综合成绩"。综合成绩是由高考成绩、高校综合考核结果及综合素质评价情况等按比例合成。高考成绩全国统考，高校考核由高校组织，那综合素质评价的依据又是什么呢？

综合素质评价的依据一般包括以下八项材料：

（1）**报名申请表**。申请表不用考生单独准备，只需按照报名系统提示填写完成各项信息后系统自动生成。

（2）**自荐信/个人陈述**。大部分强基计划招生学校会要求提供自荐信/个人陈述，字数一般在800-1000字之间。个别高校还会要求中英文双语或者亲笔手写。自荐信或个人陈述一定要依据招生简章的具体要求，根据个人在综合素质评价所考察的各个方面的实际情况来写。重点阐述自己报考相关院校和相关专业的理由，比如自己在所报考的专业方面的优点介绍、自己在综合素质所考察各个方面的表现及成绩，自己对未来及大学和职业的规划等。切记不要自夸自大、不要浮夸冗长，最好诚恳踏实，条理清晰，实事求是，字数不宜过短或过长。自荐信或者个人陈述是招生高校的考核老师了解考生的第一渠道，所以一定要认真对待。

（3）**高中阶段文化课成绩**。在强基计划中，虽然考生平时成绩不会成为报名的硬性门槛。但是在综合评价中，几乎全部高校都会在报名材料中要求提供高中阶段期末和模考的成绩，这也会作为初审的重要考核标准。

（4）**高中学业水平测试成绩**。学业水平测试成绩在报名系统里有对应的填写模块，根据本省情况填写A、B、C、D、E或合格、不合格，不能直接填写分数。同时还需填写对应最高等级。在综合评价中，学业水平考试成绩不仅是初审审核依据，还在最终录取时占据约 5% 至 15% 的比重。

（5）**推荐信**。部分高校可能会要求提供，一般由考生的班主任、任课老师、课外活动指导老师等叙述学生特点及推荐的理由，一般要求在 800 字之内。现在要求推荐信的学校越来越少，了解即可，无须重点准备。

（6）**高中阶段获奖证书及证明材料**。这点是所有需准备的材料中的重中之重，临时抱佛脚是无用的。需要从一上高中开始就多做准备，多做积累。例如：五项学科竞赛省级及以上奖项、参与各所名校学科营、综合营的经历，以及优秀营员等奖项都是极为重要的材料，拥有以上奖项的考生不仅极有可能在初审中获得高评级，在面试中也更能获得面试官的青睐。有强基破格资格的考生，切记不要忘了填写破格信息。

（7）**其他可证明材料**。这类材料包括但不限于以下材料，如社会实践活动，省级或市级三好学生、优秀班干部等可以反映学生综合素质发展情况的材料。

（8）**高校特殊要求提供的材料**。如诚信承诺书原件（网上报名系统自动生成，打印后须本人签名），《健康状况信息登记表》等。

对于"强基计划"的综合素质评价中所认可的学科竞赛主要是指官方举办的五大基础学科竞赛：数学、物理、化学、生物、信息学竞赛。

表1　五大学科奥林匹克竞赛奖项

竞赛名称	主办单位
全国中学生数学奥林匹克竞赛	中国数学会
全国中学生物理奥林匹克竞赛	中国物理学会
全国中学生化学奥林匹克竞赛	中国化学会
全国中学生生物学奥林匹克竞赛	中国动物学会 / 中国植物学会
全国青少年信息学奥林匹克竞赛	中国计算机学会

第一，信息学竞赛，即全国青少年信息学奥林匹克竞赛。由中国计算机学会统一组织，全国统一大纲、统一试卷。初、高中或其他中等专业学校的学生可报名参加。新生参加信息学竞赛最开始的选择一般都是从 CSP-JS 开始，CSP-JS 的成绩将一定程度上决定是否能参加 NOIP 比赛。

第二，数学竞赛，即全国中学生数学奥林匹克竞赛。由中国数学会主办，分为预赛、联赛和决赛。预赛由各省自行组织，联赛公布省一、省二、省三获奖名单，省一排名靠前的有资格进入省队名单，省队成员有资格参加决赛。决赛得出国一（金牌）、国二（银牌）、国三（铜牌）奖项。

第三，化学竞赛，即全国中学生化学奥林匹克竞赛。由中国化学会主办，竞赛分初赛（省级赛区）、全国决赛两个层次。获奖者组队参加国际竞赛，参赛年级：高一年级、高三年级。

第四，生物竞赛，即全国中学生生物学奥林匹克竞赛。由中国植物学会和中国动物学会联合主办，全国生物学竞赛一等奖获得者可参加全国中学生生物学冬令营，人数限制在 18 人，第十八名总成绩若出现并列，以实验分高者为先。允许高一、高二学生参加，但一个学生在高中期间只可以参加一次冬令营。全国竞赛委员会负责组织测试，从进入冬令营的选手中选出 4 名，作为代表参加国际生物奥赛的中国队队员。

第五，物理竞赛，即全国中学生物理奥林匹克竞赛。由中国物理学会主办，包括预赛、复赛和决赛。在校高中学生可向学校报名，经学校同意，由学校到地方竞委会指定的地点报名。

"强基计划"是 2020 年开始实行的新的特殊类型招生政策，它并不是已经取消的"自主招生"政策的替代升级。我国国家教育考试指导委员会专家组成员陈志文老师说，"强基计划"不是自主招生的升级版。

首先，它最突出的一点就是已经跳出招生的狭隘范畴，更着眼于国家对战略人才的需要，而不仅仅是高校个体的需要。

其次，它取消简单的降分录取，实施综合考核评价。

再次，"强基计划"是高考录取的一部分。原有的自主招生录取过程与现行高考是一个并列关系，甚至先行于高考，学校的各种测试都是在高考分数公布之前进行，其结果也是不同的人获得不同的降分幅度；而"强基计划"选拔过程全部放在高考结束，分数公布后进行，完全作为高考录取的一部分，并且高考成绩占到了85%，更加透明公开规范。

最后，"强基计划"强调拔尖创新人才从选拔到培养的整个贯通培养，而不仅仅是招生。

强基计划强调学生有志向、有兴趣、有天赋，而不再是进入名校的"跳板"。通过强基计划进入高校后的学生都需在所录取专业继续学习深造，不得转专业，可单独编班，配备一流的师资，提供一流的学习条件，创造一流的学术环境与氛围，实行导师制、小班化等培养模式。畅通成长发展通道，对学业优秀的学生，高校可在免试推荐研究生、直博、公派留学、奖学金等方面予以优先安排，实行人才培养一体化，贯通培养，而不仅仅是招生。

第三篇

保 送

　　根据教育部等有关部门规定，及最新的《2023 年普通高等学校部分特殊类型招生基本要求》，中学生学科奥林匹克竞赛国家集训队成员、部分外国语中学推荐优秀学生、公安英烈子女、退役运动员等人员具备高校保送资格。高校可以从上述人员中招收保送生，其中公安英烈子女按有关规定只能保送至公安类院校。

（一）中学生学科奥林匹克竞赛国家集训队成员的保送条件

　　从 2020 年开始，教育部规定，只有五大学科的奥林匹克竞赛国家集训队成员具备高校保送资格，五大学科是指数学、物理、化学、生物、信息学。中学生学科奥林匹克竞赛国家集训队成员需要通过学业水平测试，必修科目成绩必须合格或 C 级及以上的学生，由所报考的大学进行测试和评定后，才能决定是否具有保送生资格。保送进入高校后就读的是与学生特长相关的基础学科专业。例如化学奥林匹克竞赛国家集训队成员申请保送进入高校，就读的只能是与化学相关的基础专业。

（二）部分外国语中学推荐优秀学生可保送到小语种相关专业

高校招收外国语中学推荐保送生专业范围为外国语言文学类专业，从 2024 年起，除北京外国语大学、上海外国语大学、外交学院可继续招收一定数量的外国语中学推荐保送生安排在英语语种相关专业外，其他高校招收的外国语中学推荐保送生均安排在除英语以外的小语种相关专业，并且重点在"一带一路"建设发展所需语种专业及国家急需紧缺语种专业。虽然录取专业有限制规定，但同时也鼓励高校培养"小语种 +"复合型人才。也就是说鼓励保送进小语种专业的学生同时选修其他专业，但禁止高校以保送生招生形式将外国语中学推荐保送的学生录取或调整到非外语类专业。

（三）退役运动员可申请保送至高校体育学类本科专业

根据教育部、国家体育总局等六部委《关于进一步做好退役运动员就业安置工作的意见》和教育部有关文件规定，退役运动员申请保送的条件包括：

1. 拥护中国共产党领导，拥护社会主义制度；无犯罪记录，无严重兴奋剂违规记录。

2. 符合当年高考报名条件，并取得生源所在地高考报名号。

3. 运动成绩优异，能够满足以下任一条件：

① 奥运项目破世界纪录或亚洲纪录或全国纪录（不含青年纪录）；

② 被授予国际级运动健将称号；

③ 足球、篮球、排球项目被授予运动健将称号；

④ 除足球、篮球、排球外的其他奥运项目、围棋、象棋、国际象棋、武术套路、武术散打项目的运动健将，应参加附件1中所列赛事和小项的最高组别比赛，且取得世界体育比赛前八名，或亚洲体育比赛前六名，或全国体育比赛前三名。

需要注意的是，一定要按时参加生源所在地省级招生考试机构组织的高考报名，逾期一律不予受理。经院校初次审核，未通过初次审核的运动员可进行调剂，调剂填报志愿时间一般在2月下旬。

通过保送系统选择学校和专业，如申请就读非体育学类本科专业，应按当年要求在保送系统内同时报名并参加当年普通高校运动训练、武术与民族传统体育专业招生文化考试，具体考试安排见当年具体的招生管理办法。

运动员申请保送并被录取后，因个人原因放弃录取资格、主动退学或被开除的，原则上不得再次申请保送。

（四）公安英烈子女可申请保送至公安类院校

按照公安部《普通公安院校招收公安英烈子女保送生的暂行规定》与教育部相关规定，全国公安系统革命烈士（生前系在职在编民警）或被公安部授予全国公安战线一、二级英模的公安英烈的直系血亲子女，只要高中毕业，年龄不超过 22 周岁，经审核条件合格者均可被保送进入公安院校深造。

公安院校是指公安部直属普通公安院校和省、自治区、直辖市公安机关所属普通公安院校。

申请保送的公安英烈子女需向英烈生前所在单位或现工作单位提出书面申请，逐级报至省、自治区、直辖市公安厅、局政治部审核。

并需参加公安部统一组织的考试，达到最低录取资格线的才具有保送资格。

各省、自治区、直辖市公安厅、局所属公安院校原则上招收本地区的保送生；公安部直属院校招收保送生的比例不超过当年保送生总数的 20%。

入学后，英烈子女将享受学费全免待遇，毕业后原则上分配到英烈所在地公安机关工作。

所有申请保送的学生，除满足以上各项条件之外，都必须经过报考院校的考核评定，考核通过的才能获取保送资格。

以上所说的所有降分、保送情形都是指的全国性高考加分项目，针对的是全国 211、985 重点院校。此外，各地根据当地实际情况及地方政策，也规定有省属重点院校的地方性加分项目。地方性加分项目的政策规定，各地有所不同，需要注意关注各地近期的高考政策。但从党的十八大以来，按照"促进公平、规范管理、科学精准"的原则，国家正逐步清理和规范高考加分项目，并指导各地逐渐减少地方性加分项目，进一步降低加分分值，到 2022年已减少 95 项地方加分项目，保留的地方加分项目也在逐渐降低加分分值，力求让高考政策越来越完善，越来越公平，谋求教育的高质量发展。

由此，我们可以看出，高考统考成绩永远是第一位，是最重要的，任何想要走捷径的投机心理都不可取。我们应该准确掌握国家高考相关政策，可以从小为自己的高考奠定基础，积累资本，但我们更需明白：想要进入自己理想的学校，成绩永远是重中之重，其他都只能是锦上添花，切不可舍本逐末，得不偿失。

编者给父母的话

父母的信息量直接影响了孩子的起跑线，我们说"最适合的就是最好的"，那如何帮孩子选择最适合的，首先就得要求家长拥有足够的信息量，给孩子提供足够的选择空间，如此才能有利于孩子选择出相对适合他自己的路。

　　古语云："父母之爱子，则为之计深远"，对于孩子而言，在他们心智尚未成熟，世界观、人生观、价值观等尚未确立之时，都需要父母的陪伴、引导与教诲。如何能让孩子赢在起跑线，并不是花钱给孩子报多少个课外班，让孩子学多少东西，更需要父母要有全局观、格局观，要知孩子心意，要知道什么才是最适合孩子的，是对孩子真的好。所以，明智的父母都需要深入了解孩子的内心，知道孩子的真正的兴趣与擅长。美国微软公司联合创始人比尔·盖茨曾说："父母唯一应该为孩子做的事情，就是找到孩子的热情所在，鼓励他们全力以赴去追求，并发挥得淋漓尽致。"

　　如果决定了之后走高考这条路的，都应该对国家政策早做了解、早计划、早安排，不要等着孩子已经进入高中之后才开始考虑这些问题，甚至于进入高中后仍然对此毫无意识、不闻不问。

　　从前文关于降分或加分以及保送的相关国家政策及规定可以看出，这些高考特殊降分或加分以及保送条件，等到了高中再来考虑，肯定已经彻底晚了。需要至少从初中开始就做准备和积累，甚至于从小就有意识地进行培养。

孩子自身对社会以及对未来的认知非常有限，这就需要父母能够多多了解这方面的政策以及发展趋势，为孩子做出明智的判断，给予孩子最科学的引导，帮助孩子做出对其最有利的选择。父母的信息量直接影响了孩子的起跑线，我们说"最适合的就是最好的"，那如何帮孩子选择最适合的，首先就得要求家长拥有足够的信息量，给孩子提供足够的选择空间，如此才能有利于孩子选择出相对适合他自己的路。

如果父母从小就看到了孩子的天赋所在，或者是艺术，或者是体育，更或者是数学、物理、化学等方面的天分，那么就应该有意识地加以培养。比如从小为孩子报兴趣班、奥赛班等，当然这个前提必须是孩子对此有天赋，或者感兴趣，至少在这一方面有较好的领悟能力，否则完全靠父母的高压及强迫，可能不仅不能让孩子学有所成，反而容易损害孩子的心理健康，刺激孩子逆反叛逆，不利于孩子健康成长。

父母的明智判断来源于对政策及发展趋势的敏锐察觉和把握。从前文介绍的国家高考加分政策以及根据党的二十大精神，教育工作方面的发展趋势来看，家长需注意以下几点：

第一，如果孩子在艺术或者体育方面有一定天赋，而文化课成绩虽然也努力学了，仍然不是很理想的，可以考虑着重培养艺术或体育方面的才能，成为这方面的佼佼者，之后就往艺术或者体育方面专门发展。正所谓"术业有专攻"，不要认为艺术或者体育就是不务正业，只有文化课学习才叫学习，非要勉强孩子，必须取得文化课的高分。事实上"三百六十行，行行出状元"，如果能在艺术或者体育方面好好培养，成为这一领域的佼佼者，也是学有所成。而且这种艺术或者体育的学习，也并不比文化课学习轻松、容易，只是因为孩子喜爱、擅长，才会显得这种学习更容易一些。兴趣是最好的老师，所以，选择孩子感兴趣或者擅长的加以重点培养和学习，不仅能够让孩子更加容易获得成功人生，更能让孩子的成长之路轻松、开心和健康。

对于艺术类而言，可选择的艺术类专业相对较多一些，文化课成绩要求较低，但在艺术专业技能的考试中，竞争也是相当激烈，尤其是一些对童子功要求高的专业更是需要孩子从小培养，持之以恒地不断重复枯燥训练和练习，不断突破和进步。

但是家长需要了解的是，在2024年高水平运动队改革政策实施后，报名门槛将大大提高，更多体育特长生只能选择体育单招考试。体育单招只限于运动训练和武术与民族传统体育专业两个专业。在体育单招考试中，文化考试是单独命题，只考语文、数学、英语、政治，虽然考试难度比普通高考难度低，但一旦选择体育单招就无退路可言，只能这两个专业走到底，未来也是向体育行业发展。未来体育单招考试越来越难，竞争越来越大，它需要持之以恒地进行枯燥、乏味的学习和训练，同时还需要文科课成绩达到要求，这需要考生有强大的自律性和坚韧不拔的决心和毅力。

对于孩子而言，可能因为训练辛苦或者乏味，或者外界诱惑等中途想要放弃、退缩，这时就需要父母拿出足够的耐心，加强引导、监督、陪伴和鼓励，帮助孩子度过疲乏期、煎熬期，努力地坚持下来。只有父母首先坚持了，才能帮助孩子坚持下来。

第二，父母可以从小培养孩子五大基础学科方面的兴趣，五大学科包括：数学、物理、化学、生物、信息学。如果孩子小时候并没有显现出对什么感兴趣，家长也可有意识地去培养孩子的兴趣，可以着重激发、培养下孩子在五大基础学科方面的兴趣。为什么很多在某个领域非常优秀的家族都是子承父业，世袭传承。这并不能完全归功于遗传，更多的是后天家庭氛围及孩子成长环境耳濡目染的影响及培养。所以，兴趣是可以后天培养的。

党的二十大之后，国家强调教育、科技、人才三位一体的教育指导精神，这就更加强调了未来科技教育的重要性，所以，父母培养孩子的兴趣可以更多考虑五大基础学科或者科技关键领域相关方面，在这方面培养孩子的兴趣，不仅能让孩子具备未来更被社会所需的才能，大大增强孩子在未来浪潮中的竞争力，同时也能为孩子赢取高考早早积累下更多资本。

父母从小培养孩子的五大基础学科兴趣，可以支持孩子从小多参加些国家认可的官方比赛。多多积累丰富的比赛经验，与同龄人中学习同样兴趣地佼佼者多多交流，也有利于提高学习兴趣，获取更多学习的动力。如果真能在某一学科学有所成，成为佼佼者，还可引导孩子将在某一特长学科上的学习方法或者感觉，触类旁通地运用到其他学科，从而在拔高特长科目的同时，也能提高其他科目成绩，正所谓一通百通，如果能将自己擅长的科目作为提升整个学习效率的突破点也不失为一种很好的学习方法。

虽然，国家取消了奥林匹克竞赛、科技竞赛的加分，但仍然保留了中学生学科竞赛的国家集训队成员的保送政策，并且在新实施的"强基计划"中也认可了基础学科竞赛成绩的破格录取资格。所以多参加国家认可的官方比赛还是有必要的。

第三，父母自身应该不断学习，不断提高自身的眼界和格局，如此，才更能为孩子的未来指引更适合的方向，更好地保驾护航。作为父母，我们不仅应该关心爱护孩子的衣食住行，更应该关注父母自身的学习和眼界。

人们常说"父母的格局决定了孩子的未来"，只有父母不断学习，不断开阔自己的眼界，不断提升自己的格局，才能在纷繁复杂的社会浪潮中，更加敏锐地掌握发展趋势，更加明智地为孩子的成长指引正确方向，更科学地疏通孩子的心理健康，也更强有力的为其保驾护航，如此，才算真正地让孩子赢在了起跑线上。因此，父母自身的学习与提高对孩子的成长也尤为重要，不要仅仅把眼光放在督促孩子的学习与培养上，父母更应该关注自身的提高与成长。

学习高手说成长
习惯篇

——十余名北大优秀学子讲述自己的成长故事、
进步心法和学习方法

牛子希　陈　蕾　编著

北京工艺美术出版社

图书在版编目（CIP）数据

学习高手说成长．习惯篇／牛子希，陈蕾编著．——
北京：北京工艺美术出版社，2024.1
ISBN 978-7-5140-2729-7

Ⅰ．①学… Ⅱ．①牛… ②陈… Ⅲ．①学习方法－青
少年读物 Ⅳ．① G791-49

中国国家版本馆 CIP 数据核字 (2023) 第 219886 号

出 版 人：夏中南　　策 划 人：杨玲艳　　装帧设计：启胜文化
责任编辑：周　晖　　责任印制：王　卓

法律顾问：北京恒理律师事务所　丁　玲　张馨瑜

学习高手说成长　习惯篇
XUEXI GAOSHOU SHUO CHENGZHANG XIGUAN PIAN

牛子希　陈蕾　编著

出 版	北京工艺美术出版社
发 行	北京美联京工图书有限公司
地 址	北京市西城区北三环中路6号　京版大厦B座702室
邮 编	100120
电 话	(010) 58572763（总编室）
	(010) 58572878（编辑室）
	(010) 64280045（发　行）
传 真	(010) 64280045/58572763
网 址	www.gmcbs.cn
经 销	全国新华书店
印 刷	阳谷毕升印务有限公司
开 本	710毫米×1000毫米　1/16
印 张	36.75
字 数	270千字
版 次	2024年1月第1版
印 次	2024年1月第1次印刷
印 数	1～3000
定 价	168.00元（全三册）

　　我从事家庭教育、青少年素质教育已经有近 20 年了，其间创办了引航者青少年夏、冬令营，在我们的夏、冬令营里一直保留一个大的特色，就是邀请北京大学等名校的优秀学子做孩子们的辅导员，全程陪伴孩子们学、住、行、游、玩。同时，我们会在有限的时间内尽可能多地邀请这些名校优秀学子来和孩子们分享自己的成长经历和学习方法。

　　而每一次每个优秀学子在分享他成长学习经历的时候，不光激励启发了孩子们，也让我一次又一次地被触动，在他们身上，我看到了太多的闪光点，和孩子们一样，发自内心地想"学霸就是学霸"。我记得总有孩子对我说："子希老师，我发现这些北大哥哥姐姐们学习都特别特别刻苦……"，"我以为学霸都是书呆子，现在发现他们不仅学习好，各方面都特别优秀，我想成为他们那样的人"，"子希老师，学霸的学习方法真的特别棒，一下让我茅塞

顿开"。这些优秀学子的榜样力量真的是非常强大……孩子们看向他们的眼神里那种对未来强烈渴望的光芒，深深触动了我，那一刻我觉得自己做的事情特别有价值和意义，这也让我萌生了将这些北大优秀学子的故事录制成音频课程和图书的念头，让更多的孩子能从这些榜样的身上获取力量，助力他们逐梦未来。

于是，从 2017 年 9 月开始，我给上千名学子做了访谈和调查问卷，初步筛选出百余名北大学子进行深入沟通。经过大量、深入、漫长的访谈、总结和分析，我从他们的成长经历是否有代表性；是从小学习就好，还是有什么原因激励了他们成功逆袭；学习的过程中是否有一些难忘的经历；他们的父母是否在他们的成长过程中对其有特殊帮助、影响；是否有自己独到、系统、高效的学习方法；除了学习是否还有其他的爱好和特长；大学学的是哪些专业，以及进入大学之后如何发展；甚至于来自哪座城市等众多的综合素质考量等方面，筛选出来 11 名具有代表性的北大优秀学子。他们每一个人都代表一种成长类型，他们可以说是学霸中的学霸，优秀者中的佼佼者。由他们亲口讲述，我们录制了 68 讲的《北大学霸说》音频课程，并编辑出版了本系列图书。

在这个过程中，我发现学霸们在智力水平方面，和绝大多数的孩子并没有什么差别。到底是什么原因，能让他

们考入北大，并成为佼佼者呢？

经过不断总结、分析，我从他们身上发掘出三大共同特点，这正是他们能成为佼佼者的主要原因，也是我现在经常和大家分享的主题讲座——成为学霸的三大秘诀。

第一，他们都是自主学习的高手，具有强大的自主学习能力。他们有着主动独立完成学习的能力与方法，不需要被催促，就能进行高效学习。是否拥有自主学习能力是存在优秀和普通差距的根本原因。

第二，他们都具备三个关键要素：一是他们都有清晰的目标，在大部分的孩子还处在懵懵懂懂的时候，他们已经清晰地知道自己想要什么，当前对他最重要的是什么，他应该做什么；二是他们会为了自己的目标主动寻找适合自己的实现目标的方法；三是更重要的一点，他们会为了这个目标持之以恒、坚持不懈地努力下去。

第三，他们都有支持和信任他们的智慧父母。他们和父母之间都能顺畅沟通，能够很好地向父母表达自己的想法和意愿，并能够得到父母的理解、支持和鼓励，同时自己也能理解并珍惜父母的良苦用心。这些造就了他们健康的心理和积极向上的"三观"，才会让他们不仅具有优秀的成绩，更具有优秀的综合素质和能力。

本系列图书，不仅会一一解锁以上三个共同点，另外在每个学霸身上又有着自己独有的特点，书中汇集的这11

名学霸，正是所有典型中的典型，这 11 名学霸集合起来也基本覆盖了所有学霸的类型。我们汇编整理了他们的故事，希望通过了解他们的故事、他们的成长经历、他们的学习方法，以及他们父母的做法，中小学读者朋友们能获得启发、激励，找到适合自己的学习方法，获得成长的力量！同时也让父母们能够反省己身，有所悟、有所得，可以更好地与孩子沟通，更好地为孩子做好引导，更好地理解和支持孩子，为孩子营造更好的家庭成长环境！

最后，在此特别感谢我多年的挚友、本书的另一个编者陈蕾老师，如果不是她的辛苦付出和坚持，可能大家就看不到这本书了；还要感谢北京大学的张智勇教授，是他的支持和鼓励让我一直坚持在做自己想做的事。最后感谢为这本书付出的所有朋友、伙伴和同事们，希望我们友谊长存，携手共创未来。

牛子希 2023.4 于北京

前言二

　　我们在深入总结、分析、研究、访谈千余名学霸后，发现他们之所以能够在学习上超越绝大多数人，取得成功，背后多多少少都有他们父母的一份功劳，父母在他们的成长道路上所起的作用，是绝对不容忽视，并应该引起足够重视的。从这些学霸父母的身上我们看到——

　　他们有的给予了孩子足够的信任，让孩子自己去主导自己的人生，作为父母只是坚定地站在孩子的背后做好辅助和陪伴，即便孩子走入低谷，仍然相信孩子能够自己走出来，不放弃，不求全责备，耐心地和孩子一起想办法，突破自我，寻求进步；

　　有的没有过多的说教，只是用自己的实际行动，给孩子树立了良好榜样，给予了孩子无穷力量和信念，成了孩子上进的最强动力；

　　有的帮助孩子从小养成了非常好的学习习惯，并让这种习惯根深蒂固，为孩子以后的学习生活打下了良好基础；

有的虽然在学霸们的讲述中并没有出现，但就从学霸表现出的端正积极的"三观"，以及强大的自主学习能力和多才多艺上便可看出，这类父母对于孩子的管教就胜在了"度"，一切把握得刚刚好，既给予了孩子足够的自由成长、探索思考空间，又很好地防止了孩子走弯路；……

　　我们从这些学霸父母身上看到的闪光点还有很多，不一而足。也正是因为如此，才能让学霸们的成长之路事半功倍，才能让学霸们除了学习，更有健康的身心。要知道，孩子的成长从来都不只是孩子自己的事。

　　所以我们在汇编整理本书时，特别加了"编者给父母的话"这部分，希望把从学霸讲述中提炼出来的其父母们的智慧理念与明智做法更清晰地分享给大家，并简单地加以解读，也给予父母们更丰富的信息，希望能够让本系列图书不仅带给孩子们成长进步的力量和方法，同时也让父母们及时反思、自省，开阔眼界，提升自己的理念认知，完善自己的亲子沟通与教育方法，不再说"孩子应该怎样怎样"的。在孩子的成长道路上，父母的作用尤为重要，既不能过度干涉，也不能放任自流；既不能缺席，更不能代劳。作为父母，我们应该不断学习接收正确的观念，找准自己的定位，努力成为孩子翱翔天际时，承托其翅膀助其飞翔的风！

——陈蕾

1 养成自主学习习惯受益一辈子
——自主学习好习惯的养成与解析

沙梦吟

北京大学前沿交叉学院生命科学专业博士，连续多次年级第一，获国家奖学金，多次被评为校级三好学生、优秀学生干部，曾荣获北京大学校长奖学金及「院学工之星」等荣誉称号。

为你讲述

自主学习

先人一步的高效学习方法。

自主学习将在你的学习生涯中
扮演绝对重要的角色
它将是你终身学习的必要保障

我是沙梦吟，来自天津，北京大学前沿交叉学科研究院生物科学专业博士。高中就读于天津一中，学习成绩一直较为理想，但高考却发挥失常，没能进入自己的理想学府。在南开大学生物科学专业就读本科，我为了梦想努力了 4 年，最终以年级第一的成绩被保送到了北大读研。在南开 4 年，我一直践行着自己的自主学习方法，这种学习方法让我能够较为轻松地学习并形成良性循环，使得我在学习之余还有时间拓宽视野，参与组织各种学校活动。大学 4 年里，我在学校活动与学生工作方面都取得了不错的成绩：连续多次年级第一，获得国家奖学金，多次被评为南开大学三好学生、优秀学生干部、优秀志愿者。进入北京大学之后我同样走学术学工并行之路，荣获了北京大学校长奖学金及"院学工之星"等荣誉称号。

　　我自认并不聪慧，是良好的学习习惯帮助我取得了目前的成绩。我在学习方法和学习习惯方面有些心得体会，这也是我接下来想要和大家分享的内容。比如，自学时看书都看不懂怎么办？教科书和教辅材料如何配合使用？如何让高一背的语文课文到高三也不会忘记？如何提高考场上解决信息类题目的能力？如何为自己创造自学的时间？自主学习对大学有什么样的意义？希望通过我的分享，你们可以获取你们想得到的答案，解决你们学习生活中的一些困扰。同时，我也期望，你们读完我的故事后，能结合自身的情况，选择适合自己的方法并切实行动起来，真正运用这些学习方法。

　　学习的过程无非是预习、听讲和复习三个阶段，其中预习和复习都是要通过自主学习来完成的。其中的听讲阶段，虽然是被动获取信息，老师对我产生的影响是毋庸置疑的，但课堂知识吸收效果还是取决于自主思考能力，所以自主学习将在你的学习生涯中始终扮演绝对重要的角色，它将是你终身学习的必要保障。因此我要和大家谈一谈自主学习，后面的章节也都将基于这项能力展开。

第一篇

如何养成自主学习好习惯

我自认并不聪慧，之所以能取得现在的成绩，我总结除了一直以来不曾懈怠的努力，主要还是得益于良好的学习习惯和自主学习方法，这也激励着我不断向前。

在此，我想将自己在自主学习方面的所有心得体会与大家分享，希望可以启发或帮助大家解决学习生活中的种种困扰。

古人云："活到老，学到老。"从牙牙学语到高中、大学乃至工作……老师传授知识是我们一生学习的重要环节，但人的一生大部分的学习时间都是没人传道授业、没人监控督导，主要还是靠自主学习。所以，初高中阶段能够养成自主学习的好习惯，并实践摸索总结出适合自己的行之有效的自主学习方法，将是终身学习的强有力保障。

我的自主学习之路有痛苦，有煎熬，也有很多收获和成就，我也会为大家穿插介绍一些各学科的学习方法。

我的自主学习从数学开始

我是从小学 6 年级开始练习自学的。我母亲是一位小学老师，在我小学 5 年级的暑假，母亲拿回来一本 6 年级的数学书和我说："6 年级的数学有些难度，你可以提前看一下书。" 6 年级的数学书讲了什么我已经记不清了，但我记得当时翻开书觉得好难，完全看不懂。于是我和母亲说："妈妈，太难了，我根本看不懂啊。"母亲让我从书的第一页开始一个字一个字地看，包括所有的导语、正式讲解前的案例等，不要着急，一遍不懂就看两遍或者三遍、四遍……古人云：书读百遍，其义自见。

刚开始看的时候真的很难，概念基本看不懂，也理解不了，很是煎熬。然后我就跳过概念去研究例题。做第一道例题时一点都不会，连思路都没有，只能直接看参考答案，仔细地揣摩答案的每一个步骤。一般来说，例题 1 都是对概念或是原理的解读分析，因此通过仔细分析例题，我对跳过的不懂的概念有了一定的理解。带着这种理解再去做其他例题。

例题 2 相较于例题 1 更难一些，我发现自己依旧没有思路，就继续看参考答案，结合概念、原理去不断地揣摩分析，反复思考，直到完全理解了答案。把例题 2 搞懂后，我发现自己对基本概念和原理的理解更加透彻了。带着这种新的理解继续去看例题 3。这个时候，我发现例题 3 的内容太灵活了，目前我的理解能力还是难以应付，还是得去看答案。看了答案之后对照概念和原理，我发现，哦，原来这个问题还可以这样理解和解决，思路又拓宽了一些……当知识储备越来越多时，我发现一些例题我不需要看答案也可以自己解答出来了。

通过这个摸索阶段，我发现了这种用概念和例题对照学习的方式，它能够帮助我比较轻松地理解概念和原理，同时这种将例题和概念对照学习、分析的方式也能帮助我对概念和原理、判据不断深入理解。因为理解了题目的逻辑关系，当这些题目相似、解题方法相同时，我就去理解并尝试背诵这些解题方法，是的，就是"背诵"解题方法，因为理解不了，就先背下来，等上课时再去重点听老师讲，或是请教老师，也可能在后面知识储备到一定程度时，自然就理解了。

数学，其实也是一个充满套路的学科。很多同学只觉得语文、英语、政治、历史等这些文科科目需要死记硬背，没有想过数学、物理这样的理科也需要记忆背诵。其实数学的学习方法不仅是记下老师随堂默写的公式那么简单，数学的典型例题也是需要记忆背诵的。我们之所以某个题目不会，是因为我们没有建立起来对应的思路与逻辑关系，所以我们看到题目之后才想不出来可用的套路，以及用什么方法来解答。

此前在给一些学弟学妹做辅导时，我经常发现，有一些非常相似的题目，几乎就是换了几个数字而已，刚刚完成，再做的时候还是不会。为什么呢？这就是因为做上一道题的时候他们没有去记忆解题思路，再遇到一道稍微变装的题目就感觉是面对了一道全新的题，无从下手。所以，在数学学习中，记忆至关重要，这也就是为什么绝大多数人在谈到数学的学习窍门时，都会强调"大量刷题"。"大量刷题"的一个最重要最直接的意义就在于，可以通过不断反复的练习，去记住解题思路，从而在碰到此类题时便可信手拈来，非常容易。不要认为中学的数学是因为智商的高低而影响了答题的成功率，很多时候都是因为大家没有意识到数学的解题思路也是需要记忆的。

语文、英语自主学习的妙招——滚雪球

在初高中，我没有上过任何的课外班，所有的内容都是依靠自学预习完成的。课堂上再着重巩固和解决疑难问题。我的语文、英语自主学习是从初中开始的。

6年级暑假，母亲又帮我借来了初一的语文、数学和英语的教科书。这一次，我的时间比较充裕，不仅可以预习数学，还可以自学语文和英语。说到这里，同学们肯定觉得奇怪，语文和英语有什么好预习的呢，想必大家平时上补习班也很少去学这两门课吧。其实我预习语文、英语非常简单，无非是提前背诵语文课文和英语单词。有些人会质疑，课文和单词这么早背诵，背诵完就忘记了，为什么还要提早去背呢？

所以这里就给大家分享一个滚雪球的复习方法。大家可能多少已有些了解，我们在中考和高考的时候，所有的科目考试都会涵盖3年内所学的全部知识。也就是说，语文考试会涉及3年内全部要求背诵的课文，英语考试会涉及3年内所

有要求背诵的单词。我的一些同学，在当时学习的时候背诵得非常不扎实，仅仅是磕磕绊绊地背下来而已，这样到了初三、高三就忘得差不多了，又需要重新背诵。这样所有需要背诵的内容都堆积起来，学习任务就会很繁重，压力也会很大，学习的效率也会受到影响，甚至由于时间不够，到考试的时候，还有好些知识根本来不及再记了，从而导致考试失利。而我在寒暑假的时候就提前开始背诵有什么好处呢？

首先，会让我之后的学习更扎实，也更轻松。我的背诵并不是当天背下来就可以了，而是在此后的第二天、第三天、第四天还会去背诵记忆。第一天背诵的时候可能还是有些磕绊，不要求有多熟练。第二天就可以针对那些不太熟的地方专门记忆，已经熟练的快速过一遍即可。第三天再重点记忆之前不熟的，并快速过一遍已经熟练的。第四天再背基本已经不用动脑子，可以脱口而出了。这样形成的记忆会留存很长时间。我就是这样在每次背诵新的内容时，都会在接下来的连续 3 天里不断复习，当 3 天后很熟了，就会在一周后、两周后再去复习。如果 3 天后还不是很熟，就再连续背诵几天。周而复始，循序渐进，这就是滚雪球的背诵方式。这种方式是非常符合记忆规律的。

根据心理学家艾宾浩斯对记忆规律的描述，结合我在某英语口语培训网的兼职教学实践，不难得出：英语单词一般需要 3~5 次记忆才能熟练地记住；经过 6~7 次反复记忆之后才能做到用时信手拈来。其实，我和不少的同学分享过这种方式，但很多同学听到了之后都会觉得太麻烦，背1天就够痛苦的了，我还要重复背诵这么多天，那我每天的背诵量这是要多大呀！如果谁有这种想法，那真的是不太会算账了。

大家可以想一想，如果只背诵1次，背诵的时候的确非常痛苦，而背诵完很快就会忘了，那你这1次的痛苦又有什么用呢，之后还需要痛苦地再次背诵记忆，等你痛苦地背诵记住后不及时复习又扔下了，需要用时又再次捡起来，还得再痛苦地重背……但是如果第1天比较痛苦地背诵，第2天只重点记那些不熟练或者没记住的，就会略微轻松一些，痛苦也会少一点；到第3天不熟练或者没记住的会更少一点，就会更轻松一些，痛苦也会更少一点……经过这么多次的巩固，我对需要背诵的内容掌握得非常的扎实，只要之后每隔一段时间轻松复习一次，即使到了初三、高三总复习的时候，都不需要再花什么时间去背诵了。而且，很多同学应该都会有这种感觉，对于自己比较擅长、熟稔的知识，再看起来心情也会更加轻松和愉悦，面对越来越多自己掌握的知识点，自然也会更加自信。那些不断增加进来的新的知识点，反倒成了挑战的调剂品，学起来也不如之前痛苦了。

其次，可以节省日常学习时间。寒暑假就提前背诵课文、单词还有很多其他的好处。除了上面我们所说的提早背诵可以帮助我们多巩固，减少学习的障碍和难度，还有重要的一点就是节省日常学习的时间。我想很多同学都有这样的经历吧，今天的作业非常多，但还有一篇语文课文需要背诵。这种情况下，作业都要写到 12 点，已经完全没有时间去背诵课文了。转天老师检查，又要被批评，这样心理负担又非常大。但如果我们能提前背诵呢，在当天只需要用 5~10 分钟的时间去复习一下，完全不会产生心理压力，反而当我们看到很多同学没有背的时候还会产生成就感，从而强化我们自主学习的动力。

总之，先人一步，步步领先。 寒暑假就提前背诵课文、单词，预习数学，当其他同学还等在起跑线的时候，你已经偷偷跑出了一大段距离，占尽了先机。等其他同学开跑的时候，你已经遥遥领先，只要你别做龟兔赛跑里骄傲的兔子，停止不前，原地躺着睡大觉，只需按部就班地保持一贯的学习节奏，那你就一直能有时间和精力继续去学习新的知识，永远都能领先一步。

上面和大家分享了在数学科目和语文、英语文科科目上我是如何进行自学的。接下来还想和大家讲一讲我在物理、化学等理科科目上是如何进行自学的。

数理化等理科科目的自主学习好帮手——教参

其实数学、物理、化学这些理科科目都具有这样的特点，书本的内容比较基础，平时考试的难题却比书本上的知识要难很多，所以我们只看书本是远远不够的。此外，书本的内容过于简洁，有一些内容没有完全展开，不利于我们理解。从高中起，我在复习理科科目时就会看一些教参作为辅助。我记得当时数学用了《王后雄学案》，物理用的是《优化》。

这些教参上会把概念、公式分解得非常细致，一点一点分析。书中的题目种类更加多样，便于我们进行进阶练习。

自学的时候，我会先看书本上的内容，同样是每个地方的内容都会看到，尤其是一些导语和穿插在正文中的思考题等。看完书中的概念，如果对概念有一定理解，我就先做书中的例题，如果对书中的概念非常不理解，我会先看看教辅材料中对概念的解读，然后再看书中的例题。做例题的时候建议先从简单的题目做起，有的或许还能自己想出来两个题目。这个时候，我会非常有成就感，觉得是自己真真实实地学到的知识。

以上所分享的这些自学方式并不是我一开始就运用的，而是在我长期的自学过程中逐渐摸索总结出来的。由于大家都有自己的学习习惯和特点，所以这些方法也只是给大家做一个参考，大家并不需要完全照搬我的方式，只是希望我的一点点经验，能够给予大家一点启发，从而在之后的学习实践过程中多思多想，不断探索寻找适合自己的好方法。

第二篇

学会自主学习受益一辈子

（一）自主学习的重要性

首先，知识爆炸时代，学会自主学习尤为重要。

都说学习是一辈子的事儿，从小学到高中乃至大学，老师传授知识都是学习的重要环节，但是这一辈子的大部分时间都将是没有人传道授业、没有人监控督导的。所以，学会自主学习、养成自主学习习惯将是一辈子受益的好习惯。

我们生逢一个信息爆炸、知识爆炸的时代。周围的新鲜事物层出不穷，而大家对待新鲜事物的心态也非常开放，各种信息铺天盖地地充斥着我们所有的感官，我们时刻主动接受或者被动接受着各种信息知识。父母刚买来的新的电子设备，当他们还在抱怨着说还看不懂说明书的时候，我们随便点一点便已经会用了。这是得益于我们平时看得多、接触得多，也正好说明新一代的我们是不缺乏自主学习能力的一代人。

随着外部环境变化的速度越来越快，自主学习的能力变得越来越重要，甚至于直接决定了我们是否能够很好地融入社会，不被社会所淘汰。对于自己感兴趣的内容，自学的速度将更快，自学的质量也更高。

其次，初高中阶段如果能早早培养出自主学习能力，就能打破外界约束，在学习上拥有更多自主权。

处于初高中阶段的你，如果能早早培养出自主学习能力，可以在没有老师讲解的情况下，通过自己的努力学到新知识，从而减少学习知识过程中的外部条件约束。简单地说，就是别人在没有老师帮助下难以学到新知识，而有自主学习能力的人则可以通过自学的方法学到新知识，不受这个外部条件的限制。而且可以更早锻炼出自行学习新知识的能力和信心。

再次，自主学习能力还能让你在考场中快速学习新知识来即时提高考场成绩。

自主学习不仅可以帮助大家提前学习新知识，更为实用的一点就是它可以让你在考场中快速学习新知识来即时提高考试成绩。我们知道，试卷的题目设置都是遵循7∶2∶1的比例，即有70%的基础题目，20%的中等题目和10%的难题。在30%的中难度题目中，为了追求新颖性，通常会引入一些新的知识或陌生的内容作为题目背景。其实这样的题目不一定很难，只是"披了"一层看似比较新的外衣，其实内里涉及的知识点及原理肯定不会超纲，还是我们学过的，颇有些"纸老虎"的意味。很多缺乏自主学习能力的人看到这些新知识就容易犯晕，觉得自己看不懂，对于后面的题目也就十分畏惧，先产生了抵触情绪，觉得自己不具备解这题的能力，也就没有太多信心和思路去解决难题，自然就败下阵来。而具有良好自主学习能力的同学在平时就会自主学习很多新知识，面对新的题目，他们反而会斗志昂扬、信心满满，轻而易举地梳理、把握新知识的要点，透过现象，探究到本质，化繁为简，化"新"为"旧"顺利解题。

最后，自主学习能力是终身学习的必要保障。

以上所说的是自主学习能力对当下学习成绩的重要性，从长远来看，自主学习能力也是一种终身学习的必要保障。我们在走向社会后缺少当面向老师请教的机会，需要我们通过自主学习的方式，为人生的每个阶段积累足够的知识。我就以自己所处的大学为例，来为大家说明吧。

相信很多学弟学妹都很好奇，大学的学习生活是什么样子的，是不是没有人管束了，学习非常轻松。的确，大学更多的是对自主性的锻炼。我国现阶段的小学到高中的教育仍是以应试教育为主，高中生的学习完全是由学校、老师决定，很少有自主权。而到了大学，老师不会每天都留作业，更不会每天都催着你写作业、交作业。学生基本都会住宿，家长距离我们很遥远，也很难远程控制我们。但是以上种种并不意味着学习会变得非常轻松。有不少自律性很强的大学同学会把自己的日程安排得很满，学习或者处理其他工作直到深夜，而转天早晨又要早早地起来去上早课。大学的课程不会有周考、月考，只有少数课程会有期中考试，剩下的课程只有最后的期末考试。但我们不可能平时不学习，全部等到期末考试才突击，否则那一定会不及格而重修的。要想成绩好，只能平时自己多做练习题，多看书。此外，有的同学为了之后更好的发展，去学习自己专业以外的其他专业知识，如辅修专业等。这些都需要我们具备自主学习的能力。所以大家需要通过不断的自主学习的尝试，体验到自主学习的快乐，找到自主学习的方法，将自主学习驾轻就熟地运用到日常生活中的方方面面。

有这样一种说法：进入工作岗位之后，人与人之间的差距就在于每天晚上 8 点到 10 点的这段时间是如何运用的。有的人用来刷手机，有的人用来追剧、打网游，但还有一些人是用来看书和学习的。每天 2 个小时的时间，积累起来就是巨大的知识量。就像我们平时说的，你每天多背一个英语单词，1 年就可以多背 365 个。这些都是建立在一个人对自主学习重要性的认知与自主学习方法的掌握上。大家可以想见，用这 2 个小时来学习的人会比其他人多积累出多少的知识量，在职场上自然会拥有更大的优势，因而也有更大的概率在职场上取得成功。

（二）克服自主学习的种种困扰

在和大家分享如何进行自主学习之前，我想先分析一下大多数的同学是怎样进行自学的。我在长期的兼职辅导实践中观察了很多学弟学妹们的学习方法，比较具有代表性的就是花费大量的时间来进行自主学习。写不完的作业，上不完的辅导课。但凡剩下一点时间，也要补补觉、玩一玩、追追剧放松一下。对于睡觉和放松我非常理解，在我看来只有休息得好，心情愉悦，学习效率才会高。因此，我从来不建议学弟学妹们以时间换效率，牺牲自己的休息和放松的时间来学习。当然，这个前提是，你已经将较多的时间与精力投入在了学习上。如果你属于上课玩手机、课后不写作业类型，那以下所讲还真的不适用于你。

通过上一讲大家应该可以感受到，自主学习是需要花费一定时间的。如果大家平时连作业都写不完，怎么会有时间和意愿去进行自主学习呢？

有很多学弟学妹跟我说，他们也想尝试进行自主学习，但由于家长给他们报了很多课外班，周六、日全都是课，周一到周五的晚上有的时候也有辅导班，再加上每天的一堆家庭作业，根本就没有时间去自学。而且很多课外班，老师把学校课堂要学的内容提前讲了，根本也没机会自主学习。这就是我想和大家谈的第一个问题。

首先，课外辅导班太多，没有时间自学怎么办？

我从初中开始就没有上过辅导班了。当时班中的大部分同学都报名参加了课外辅导课，基本一周内至少上1天，上1天半、2天的同学大有人在。当时初中班主任甚至问我，是不是有什么特殊情况才没有去上辅导班。初中班主任人很好，对学生很负责，在她看来，上辅导班似乎是必需的，不管是对好学生还是差学生来说。初中毕业时，她对我母亲说，虽然孩子初中没上辅导班，中考考得不错，但高中的知识很难了，没有特殊情况还是给孩子报个辅导班吧，有助于孩子的学习。我非常理解老师的良苦用心，但我还是非常懒得上辅导班，我很不理解为什么要将周六、日两天的时间全都用来出去上课，甚至会在路上耽误很长时间，而所学的内容就是老师上课讲过的，或者将要讲的。同样都是学，为什么不能自己在家学习呢？

上高中以后，这个现象就更加明显了，大家把寒暑假和周六、日的时间全部用来课外补习，能自主支配的时间几乎为零。周一早晨大家都会早早地到教室补作业甚至是抄作业。我知道，不是他们不想写完作业，实在是他们真的没有时间写。那么，针对这种辅导班太多、完全没有自主学习时间的情况应该怎么办呢？

我认为，针对这种情况，大家需要问一问自己，出去上这么多辅导班真的都有效果吗？如果大家在合理评估之后，觉得有一些辅导班的意义不大或者效率太差，那么建议大家大胆地尝试和家长沟通，详细说明这些情况，毕竟，你自己学习的真实情况只有自己最清楚，家长往往是不清楚的，他们只能通过成绩来评判，但是成绩并不能说明具体细节问题。所以，你在跟家长说明情况之后，一定要拿出行动说话，制订出周详的学习计划，并认真实施，用成绩证明自己真的可以通过自主学习来完成辅导班的这些内容，根本无须再疲于往来辅导班。这样不仅能节省下上辅导班的时间，而且能节省出很多往来辅导班路上的时间。我想在父母分析过这些利弊并看到你的实际行动后，会选择一条对你有帮助的道路的。

其次，提高自己的学习效率，为自己多创造一些自主学习的机会。有很多方法都可以提高学习效率，比如：

1. 一定要在课前预习，标记出需课堂上重点解决的问题，明确课堂听讲的主次，有利于更高效地消化课堂内容。

2. 课前做好准备工作，准备好课堂需用的所有学习资料，以免上课时再花费时间到处找资料。

3. 课间休息时间，快速翻看下预习笔记，将需课堂重点解决的问题了然于心，这将是课堂需重点听老师讲解或者向老师请教的地方。

4. 调整好学习状态，利用一切可利用的办法，让自己能够在课堂上，精力高度集中。比如，对付影响课堂效率的最常见敌人——犯困，就可以主动大胆地跟老师提出，站着听课，不用不好意思或者考虑其他，老师基本也是会支持的。

5. 准备一个课堂记录本，在上课时跟不上记笔记的时候，用记录本按照自己能够看得懂的方式写写画画，快速记录下老师所讲内容，不讲究整齐工整，只要能看懂就行。下课后再根据自己记录本内容，整理课堂笔记，既能确保课堂笔记完整详细，又能同时回顾复习课堂内容，还能在上课时有效防止走神，一举三得。

6. 我认为最重要的一点，不要陷入学习的恶性循环。其他关于提高学习效率的方法还有很多，而且针对不同的人，适用的方法也不尽相同。但我认为最重要的一点，就是不要陷入学习的恶性循环。

什么是恶性循环呢？一些同学写作业到很晚或者背诵文章到凌晨 1 点，等等。因为没有休息好，转天无精打采，上课就想睡觉，虽然勉强支撑没有让自己睡着，但思维节奏等都已严重受影响，非常影响课堂上对老师所讲内容的吸收。下课后实在支撑不住趴桌上就睡。下一节课开始，又赶紧支撑起来，继续迷迷瞪瞪听课……一天下来都是这样的情况。因为上课没有很好地消化吸收老师所讲内容，老师布置的作业就不会写。又只能花大量的时间自己去看书琢磨，导致作业写得非常慢，结果当晚睡得又非常晚，转天上课依旧没有精力听讲……这就是恶性循环。

如何打破这种恶性循环？这就突出了自主学习的意义。大家可以通过自主学习在寒暑假等时间提前把大部分知识学会，上课有针对性地听那些不懂的内容，这样就能很轻松地完全消化吸收当堂课堂内容，作业也相应会做得很快，放学后就会非常轻松，甚至于还有很多时间可以继续预习接下来的内容，从而将恶性循环转换成良性循环。

通过减少上课外补习班和提高学习效率的方式，大家有了空余的时间，可以进行自主学习了，那应该怎么做呢？接下来我们就系统地讲解自主学习的方法。

（三）掌握自主学习的具体方法

首先，培养自主学习的兴趣。对于知识这类干货的自主学习并不是一件轻松的事情。自主学习非常强调自主性，但人的天性都具有惰性和畏难性的，因此想要坚持自主学习，首先需要对自主学习产生兴趣。不可否认，对大部分人来说，自主学习知识比别人将知识消化后再讲给你听要困难很多，它需要我们自主捕食并消化理解知识。因为需要较强的自律性，很多人无法管住自己去自觉学习，自己给自己安排学习任务；因为困难，所以很多人不愿意自主学习，总希望别人讲给自己听。在这种情况下，培养自主学习能力是较为困难的。所以，我们首先应该培养自主学习的兴趣，有了兴趣，才有动力去进行自主学习，才有动力去克服困难，学习并理解新知识。那么应该如何培养自主学习的兴趣呢？

1. 邀请家长或朋友共同学习

我们可以寻求一些外部的帮助。如邀请家长或者好朋友一起看新的知识，互相督促。有时候我们学习的内容家长也不一定会，可以邀请他们和我们一起学习新知识，比比谁学得快，增加些趣味性和激励性；和共同学习或朋友之间如果遇到不会的内容还可以相互讲解探讨，提高学习的效率；此外，邀请家长一起学还可以向家长证明，你看，我真的在认真学习哦，也会由此得到家长更多的认可和支持。

2. 通过自学培养成就感

当然了，家长或朋友的陪伴不能解决所有的问题，更不能长期解决问题，但对于迈出自主学习的第一步却是很有用的。之后，大家可以通过自主学习发现其中的好处，体会到自学的成就感。比如，大家会在不断自主学习的练习中发现，不用老师讲，通过自己的努力也可以弄明白很多知识；或者会感觉到听课、做作业都比别人更轻松；或者不用整个周六、日和寒暑假或者每天放学赶着去外面上课觉得很开心……总之，这个时候大家要多多鼓励自己，给自己积极的暗示。

大家也可以多多和家长分享和汇报自己的自学成果。比如这周又自学了哪些新知识，学会到了什么，自己提前背诵了哪篇课文。当家长看到我们真的在努力进步时，也会更加放心地让我们自学并鼓励我们、支持我们。我们自己也会更有成就感，从而激发出更大的自主学习动力。

3. 自学阶段建立合理期望

首先，在自学最开始的阶段，大家一定要放低期望，不要过于追求自学的进度而放弃了自学的质量，否则会收效甚微。大家一定要认识到，自主学习真不是一件容易的事情，在自主学习的过程中，有看不懂的内容，甚至可能一点都看不懂，一点也看不进去，这些都没有关系，都是非常正常的事情。遇到这种情况首先不要气馁，不要放弃，以平常心对待，先大概把整个内容全部看完一遍之后休息一下，调整下心态，然后再看第二遍，第二遍看的过程中因为对整个内容有了一点了解，对于疑问之后的内容也有了大概了解，或许第一遍的疑问也就可以看懂了。如果实在看不懂，就做好记录，跳过这个内容，继续往后看简单些的内容。这个疑问可以等着课堂上听老师讲解，或者向老师请教。只要对自学阶段的期望合理，把这些困难都平常心看待，不让这其中的困难和挫折影响到自己的心态，而是更多地去关注自学中的收获，才能有助于建立起自学的兴趣。

除此之外，可以选择一些适合自己学的辅导书，这样能够有效地辅助自学，更快地去享受自学的乐趣。

其次，培养自主学习的计划性。 当我们通过自主学习取得越来越多的成绩时，就会慢慢爱上自主学习，享受自学的过程。有了兴趣就有了自学的动力，接下来重要的一点就是培养学习的计划性。所谓的计划性就是合理规划自主学习的时间和内容。当家长给我们留出自主学习的时间、减少课外辅导的时候，就一定要珍惜这些时间，好好利用，不要荒废。

所以我们应该对这些时间有一定的规划。在最初的自主学习阶段，可能会稍微吃力一些，所以可以以学习擅长的科目为主，不擅长的科目可以继续在补习班中学习。等自学过一段时间，找到感觉或一定的方法，有一定的自学能力后，可以所有科目都自学。这时更需要合理规划时间。

在这里，要用紧急不紧急、重要不重要两个维度去思考规划自己的学习时间。比如说，有一节的知识，老师马上就要讲了，但自己还没有预习，对这个知识点没有任何了解，这就属于紧急学习内容，需要抓紧用一些时间来预习一下。又如一个章节的内容学习之后马上就需要测试了，但对这个章节的个别内容还不是很熟练，就需要抓紧通过自主学习的方式来巩固。

除开紧急需安排的学习内容，其他的学习内容也都需要一个详细的规划和时间安排表，对于其中关键和重点的知识点，更需要多分配一些时间，并且认真地贯彻执行。这样才能让自学更有效率、更有收获，也更有意义。

再次，不同的科目有不同的学习方法。在对各科的不断自学过程中，我们不仅会培养出自学的习惯，还能不断提高自学的能力。当自学一段时间以后，你就会发现自己学新知识不再那么怵头了，学起来的速度也更快了，同时对自学的兴趣也更高了。但这并不是说所有科目都简单粗暴地用同一种自学方法或者同一种自学模式就可以。

在具体的学习过程中我们需要注意，不同的科目自主学习的方法都会有一定的差别，切记不要想着用同一种方法去自学每一科。当然，这里所说的不同学习方法是针对各个学科不同的知识内容具体而言的，尤其是文理科，在自学方法上会存在着较大的差异。因此，需要我们在自学的过程中，不断去探索每个学科具体适用的自学方法。

1. 文科提前背诵

对于语文、英语这样的科目，自学的内容和方法非常简单，这些科目更加强调基础的扎实程度。大家可以利用寒暑假的时间提前背诵下个学期的语文课文和英语单词，这样可以使开学后的学习压力大大减轻，当其他同学在花大量时间努力背新课文和单词的时候，你却可以轻松利用滚雪球的方法再多复习几次以前背诵的内容，达到巩固的效果。

有了比较充裕的时间，就可以去学习更多新的内容，或者去重点提高自己在学习中比较薄弱的环节。比如说，我发现自己的字音字形题目做得很差，那我可以做一做相关的题目，并且把做题过程中出现的错误以及不熟练的内容整理到一个本子上，积累下来。每天都拿出本子复习 10 分钟，也就是用滚雪球的方式去记忆。一些同学抱怨自己的作文总是写不好，很重要的原因就是平时积累的素材比较少，好词佳句也很贫乏。这种情况可以买一本作文书，专门整理其中的素材和好词佳句，每天读 10–20 分钟，将这些素材和好词佳句逐步记住，随着积累的素材和好词佳句不断增多，写作文的时候就能手到擒来、文思如泉涌了。

2. 理科科目注重课本 + 例题的结合

对于数学、物理这些理科学科，可以根据自己的学习情况买一些难度合适的教辅材料。在自学一个新知识点时，不要担心自己前面的定义概念没有看懂，而是在对概念有一定理解的情况下，结合例题一起看。通过例题，大家会对概念、公式有更加深入的理解。做例题也有一定的技巧，前几道题如果不会可以直接看答案，尤其是在对知识点还不怎么理解的情况下，我会对每道题的解析认真看，通过看例题解析来理解知识点的含义。光看概念不能理解的知识点可能结合几道例题就能找到一些感觉。之后的题目可以给自己更多的思考时间。让自己在对知识点有一定理解的基础上加强对知识点的运用。

此外，还要强调课本的重要性。虽然理科科目的预习建议大家看一些教辅材料，但最后还是要回归课本，尤其是预习的时候。很多时候，就是因为我们课本上的细枝末节没有注意到才会有一些题目不会做。

3. 文理科之内的各个具体学科方法也不尽相同

每个学科都有自己的特点，针对它的学习方法也不尽相同，我们需要进一步分析每一个学科的特点，根据自己在这个学科的学习情况，合理选择自学的方法，而不能一概而论。

以预习为例，不同科目预习方式也是不同的。比如高中的生物学科，它是理科的科目。但学习过生物的同学就会知道，学好生物很重要的一点就是背。它有大量的知识点需要记忆，如果记忆准确，分数就高，这其实更加类似文科科目的学习，和理科其他科目的学习方式大相径庭。而高中文科生需要学习地理，地理却又更加偏向理科。无论是分析洋流还是太阳角度等问题都需要较强的分析能力以及一定的计算能力。所以，即便是有文理科之分，也不能完全区分出各科的不同特点，不能简单粗暴地用单一方法展开自学。

4. 大学更加需要自主学习的意愿和能力

大学的学习过程中，老师参与的程度将大大减少。大多数老师是将学生引领到某个问题中，并教授一些解决问题的方法，具体如何解决问题，则完全交给学生自己来探索进行，大学老师并不会像小学、初高中老师那样，去严格督促甚至是陪同学生一步步学习，是真正的"师父领进门修行在个人"。因此，大学学习更加需要自主学习的意愿和能力。

以我自己的大学学习为例，我学习的是生物专业，学习整体情况和高中没有太大差异。上课听老师讲课，下课写作业，有期中和期末考试，但老师参与学生学习的程度会大大减少。大学老师基本不坐班，上完课就走。虽然留了作业，但做不做完全靠自觉，他不会督促交作业，也不会批作业，不会在平时催着你去学习。如果你有问题，那你一定要在下课赶快找老师问。考前，也并不是所有老师都会带领大家进行复习，一些老师会设置答疑课，但去不去、是否在答疑课上提问完全靠学生自愿。我经常会在答疑课上问老师一些已经考过的题目，而没有去的同学就没有机会了解到这些内容。而且即便去了，如果平时不注意自主学习，可能也提不出什么问题。所以，培养好自主学习的能力，将会有力帮助你完成大学学科考试，轻松取得学分，完成学业。

第三篇

自主学习的身法与心法

总体来说，小、初、高乃至大学阶段的学习都包括了课前预习、课堂笔记、课后复习这三个重要环节，我将其称为学习三部曲。它们无一例外地都要求我们具有自觉性、主动性、独立性、创造性和坚持性。下面我会从这学习的三部曲来逐一分享我自主学习的身法与心法。

学习一部曲——预习，也是自主学习的开始，它将助你先人一步

预习，作为自主学习的第一阶段，代表着良好学习状态的开端。如果说好的开始是成功的一半，那预习就是这个好的开始。预习是一种学习习惯、一项学习能力、一种好的学习方法，它考验了我们自主摄取知识的能力。好的预习能帮助我们非常顺利地形成学习的良性循环，循序渐进，将知识学习得非常牢固，因此具有重要意义。它不仅会对我们小、初、高的学习有很大帮助，对未来的持久学习更有着重要意义。

预习是自主学习最重要的阶段，并且是助你"先人一步"的最佳方法。如此重要的"预习"往往被大部分同学忽略了，究其原因主要如下：

1.认为反正都是课堂上要讲的，只要认真听讲就可以掌握，预不预习无关紧要。

2.预习也不一定看得懂，又累又耽误时间，有这时间，还不如多刷点题。

3.复习随堂知识，完成当天作业之后，往往已经非常疲惫，自觉性非常薄弱，就想休息放松。

4.认为假期辅导班基本已经完成了整个学期的预习工作。

在我看来，预习不等于课堂听讲的前置，而是贯穿整个学习阶段的自主学习。在这里我想强调两点：贯穿整个学习阶段和自主。

贯穿整个学习阶段是指预习不应仅仅局限于寒暑假，在开学之后也要在夯实老师所教内容、做好复习的同时继续预习后面的知识。

自主是说预习应该是一种自己学习的过程，既不是去上辅导班，将两个月后的课堂知识提前试听，也不是在家长催促下随便翻翻书，将下学期的课本翻一遍就算万事大吉。预习是由个人需求所驱动的有安排有规划地对下学期的知识点进行提前的学习。这种能力能够让我们的学习较为顺利地形成良性循环，让我们得以轻松高效地获取知识。

说了这么多预习的误区希望能够引起大家的足够重视，下面我们就具体谈一谈究竟要如何预习。

不同科目的预习方法有很大差异，进行预习的同学本就不多，预习文科的就更少，但文科的预习却是很有必要。

我预习文科主要是背诵。我会提前背诵课文和单词，这样在开学后，不会有大量背诵任务的压力。此外，提前的背诵也是多一次知识巩固，这对语文文言文和英语单词的积累是非常有帮助的。在我看来，文科预习的要点在于准确。有的同学假期也会提前背诵语文课文，但是没有书，所以就去网上百度。等到拿到书了发现自己背的和书上的内容有差异。可是考试一定是严格按照书上的内容走的，背诵部分是不会有多种答案的。因此，虽然说预习是学习的第一个阶段，但是预习也需要提前进行准备。每年在将要进行期末考试的时候我就会提前了解下学期所学的课本，去提前借出来。这样就不会出现已经放假不知道去哪里借书，最后只能自己多买一套的情况。但有的同学即将开学了还不知道下学期学哪些教材。

课文一旦背错，纠正起来很麻烦，所以说预习也要提前准备，对于文科，提前借好教材十分关键。

相对于预习文科而言，大部分同学会选择在假期进行理科预习，接下来我就和大家分享一下我是如何进行理科预习的。

初、高中阶段的理科学习更需要理解而非记忆。很多同学都会反映理科学习课堂上老师讲解太快，根本跟不下来，有的时候这个知识点还没理解，老师又讲到了下个知识点。而理科的逻辑连贯性强，没理解前面的知识点就很难明白后面的内容，所以理科的预习也显得更为重要。

就理科学习来说，如果不提前对老师所讲的知识进行了解，对课堂听讲有很大负面作用。倘若我们能够提前将知识点进行了解，上课再听讲时便会轻松很多，而且能够带着问题、有目的地去听课，会大大提高我们的听课专注力和效率。如果遇到某个知识点没有听明白也可以暂时先跳过，不会对后面的课程有太大影响。

那理科预习应该如何进行呢？根据我一直以来的经验，我认为有四点非常重要。

第一，要有规划。理科的预习不是简单的背诵，它需要花一定的时间对知识点进行理解和分析，这就需要对其进行一个合理的规划，这样才能按照计划按部就班地高效学习。

有的同学最初预习的积极性非常高，一放假就开始预习，花费一假期的时间认认真真地预习了数学第一章的知识，并遍寻天下习题，无论简单还是复杂，全都做个遍，对这个章节钻研理解得甚是透彻。然而开学后老师一讲解才发现，该章节并不作为考试的重难点，高考时可能也只会出一道填空或选择，老师在讲这一章时也只用了2周不到的时间，就将这一个章节全都讲完了。

这种预习效果非常低下，费时费力，让整整一个假期的付出没有多大意义，因而还会削减预习的积极性，可以说是得不偿失。倘若我们可以在预习前先向往届的学长学姐或者直接在放假前向老师询问下学期的授课规划或者是教学大纲，则会完全不一样。

我们可以通过老师的授课规划很好地把握重难点，知道期中考试之前将会讲哪些章节，从而能够做到心中有数。对于非重点章节把握住基础的知识点、基本概念就好，无须大量做题，更不需要做更多的难题，合理安排时间，将时间充分给到重难点章节，多做题。重难点突出，效率自然会提高很多。

在预习前，我会先把下学期所有章节的标题都看一下，从而能够对整学期要学习的知识了然于心。然后根据各科期中考试前的授课进度合理协调预习章节。在预习的时候也不要贪多，一般来讲，我在每个假期各科都会预习3个章节左右的内容。是的，就是3个章节，并不需要把整本书都预习完。

有的同学喜欢利用假期预习很多内容，但是这样每个章节给到的精力不多，重点不突出，预习的深度可能不足。比如只是简单地看了一下概念、例题等，而没有自己动手做题，或者只是大概了解了下各知识点，并未思考理解或者一知半解。这样等到开学后，学到后面章节时就已经把当初预习的内容都忘掉了，相当于浪费时间做了无用功。因此在预习时应整体把握进度，切莫贪多。

第二，要重视课本。做好预习规划后，具体应该如何展开呢？我的做法是先看课本。很多同学可能直接看辅导书，对课本关注不够，然而我认为，课本是最为基础的内容，是考试命题人最重要的依据。

　　课本中有最为基础的知识点、概念以及基本的例题，还有很多值得深入挖掘的内容。可能有的同学之前对课本不是很重视，因而不是很了解，没有太深的体会。但是当我们真正深入地了解课本之后再去看每道习题，你会惊讶地发现，这些考点，无论难易都可以在课本中找到相应的知识点。这点，大家尽可以在后面的学习中尝试验证。

　　课本中除了有知识点、概念、原理等还有配套习题。这些习题会在每一阶段的知识点后面出现。基础、简单。倘若你看概念觉得理解起来比较吃力的话，不妨先看看这些习题，认真分析理解一下习题答案。这种以练代学的方式非常有效。

　　如果直接看知识点，并且也能理解的情况下，也不要忘记在看过知识点后立刻看下书中对应的习题，检验一下自己理解得是否正确。

　　在章节后还有习题。通过这些习题，你就可以了解该章节哪些知识点是重点，哪些是难点，哪些你已经掌握了，哪些还有待学习。因此，预习时配以书中的习题，可以很大程度上提高我们学习效率。

　　如果你觉得书本习题比较简单，还可以在看过书本之后去做一些配套练习册等辅导资料。记得当时我们数学有《王后雄学案》，物理有《优化》等。这些教辅材料不仅有重难点知识点的详细讲解供我们参考，还提供了大量的习题，供我们咀嚼消化。

　　第三，多做习题，以练代学。我非常提倡多做习题，而不只是看书。长时间看书很容易走神，学习效率低下。而做题需要动手，动脑思考，有助于集中精力；此外，多做习题可以帮助我们很好地理解书中的知识点、概念、原理等，不仅加深理解更能加深记忆。由于书本的习题量较为有限且难度不大，这时我们可以借助练习册等教参。这些教参的补充可以很好地扩充习题量，帮助我们进一步深化理解知识点。

第四，做好预习笔记。预习绝不仅仅是将书看一遍，这样的话到开学就很容易都忘了。我们应该养成边看书边做笔记的习惯，最好能有一个预习笔记本。在笔记本上记下重难点，记下自己对知识的理解，记下预习时的问题，以便开学后向老师请教或者在课堂上重点听老师讲解。

做笔记我觉得有两点好处，一是可以让我们边看书边动手，防止因过于枯燥而走神，从而提高预习效率；二是有了预习笔记之后，我们开学要学这个章节时就可以把笔记找出来，快速浏览一下，便可以重新回忆起来，做到对马上要学的内容心中有数。因此，非常建议大家为预习也准备一个笔记本。

前面讲的这些预习方法可以适用于所有的理科科目，这是因为理科科目具有逻辑性强、推理要求高等整体特点，但数学、物理、化学、生物，每个科目又都有其独特的一面，所以还需结合各科目自己的特点，找到适合的具体方法，这样想必会让我们的预习事半功倍。

数学应多关注各个知识点之间的内在联系，多角度思考。

对于大部分同学而言，数学是较为抽象的一个学科，思考角度多，解题方式多样。倘若我们能够利用这个特点，训练自己一题多解的能力，必然会让我们对于数学各个公式、定义、推论掌握得更加牢固。

在预习时，我们应关注这个特点，充分理解各个知识点之间的内在联系，把握其中的逻辑，这样才能真正把书看懂。在做题时也会由一个知识点很快联想到其他相关的内容，从而顺利解题。如果大家不能把握这种逻辑性，只是单纯将各个知识点孤立来看，不去关注其间的内在联系，则无论是理解还是做题都会比较吃力。

对于物理这个学科，我建议大家多关注一下实验。我知道很多同学不喜欢实验，害怕看实验类题目，在预习的时候更是喜欢将这块内容直接跳过。然而我认为，实验作为物理每年中高考的重难点具有不容动摇、不可忽视的地位。倘若我们能在预习时先行一步，将实验理解，则会更加轻松自信地面对后面的实验习题。其实预习物理实验并不需要我们掌握太多内容，对课本实验能做到大概了解即可。预习时应主要关注实验目的、实验原理、实验步骤、数据处理、误差分析这 5 大方面。在看书后做些辅助习题，了解一下该实验的主要考点。对实验的提前预习不仅会让我们后面的物理学习更轻松自信，更是对一个章节理论知识的补充学习和深入理解。

化学、生物以及初二的物理更偏重于基础知识的背诵。对于这些学科我们可以通过教参了解重难点，在书中进行标注，反复背诵。这样开学后，就不会面临大量背诵的压力。此外，提前背诵也是多一次的知识巩固，对于学习这类学科非常有帮助。

如果你觉得单纯的背诵太过枯燥，也可以做些教参习题来帮助记忆。许多教参在知识点讲解的后面都会将知识点做成相应的填空题。这些填空题强调了知识点的关键字、关键词。多做一些这类填空有助于我们抓住重难点、快速记忆知识点。

以上是根据我的自学经验总结出的一些理科的预习方法以及针对理科的各个不同学科特点，预习所应关注的重点。虽然可能不一定适用于所有同学，但也希望能够对大家的自主学习有所启发。

学习二部曲课堂听讲中的自主学习——重在思考

学习一部曲预习具有一定的选择性，因为它完全取决于我们的自觉性和自律性。如果惰性占上风，稍微偷下懒，这个环节也就直接被略过了。但学习二部曲课堂听讲却是每个同学都必须经过的一环。对大多数同学来说，听老师讲课是获取知识的最佳途径，老师传授的是其在几十年学习和教学实践过程中积淀下来的精华，不能不重视。课堂听讲环节也成为这些同学学习知识的最为高效的环节。在这个过程里，会有大量的信息短时间涌入我们的脑海，想要高效地接收这些知识，我们需要从身心两方面都做好准备。这里就和大家分享一些学习二部曲课堂听讲中的自主学习小技巧。

技巧一，身体上的准备。课堂听讲是个脑力活，45 分钟的持续思考想要保持好的精神状态并不容易。犯困、走神、思维放空都是常有的事。因此，充分发挥自主学习态度和被动地听讲，最终效果是完全不同的。我们如果要在课堂听讲这个环节充分发挥自主学习的作用，就首先应该做好身体上的准备，调动充沛的精力到课堂上去主动接受新知识的挑战。

我经常会在课间出去走走，去趟洗手间、接个水、和同学闲聊几句、看看风景都是不错的选择。另外，休息时间也会尽量保证充足的睡眠。总之，使用一切自己能够想到的并且适合自己的办法，调动身体的所有精气神，高效使用课堂 45 分钟。

此外，给自己一些积极的心理暗示。告诉自己：我很清醒，我的精神状态很好，一点都不困，不要总和同学抱怨说我好困啊，这样只能使你更加低迷。想要不困，还有一个技巧就是保持好坐姿。记得小学刚入学，首先被训练的就是上课的坐姿，手放后，背挺直。这种训练随着我们的年级越高越被忽视。在初高中，我们有很多同学都是趴在桌子上听课，这能不犯困吗？可能我们自己睡着了还都不知道呢。如果坐直还犯困，我们也可以和老师申请，站起来听课。

另一点要强调的是，由于大脑消耗能量大，我们一定要吃好早餐。我见过很多同学都是早晨起不来，没有时间买早餐或者是简单对付一口或者直接不吃了，这样根本没法保证脑供血。况且人在初高中阶段脑组织正处于发育期，血、氧以及葡萄糖的需求较多，如果血糖过低，脑意识活动就会受到影响。

技巧二，时常对自己的听课效果进行自我检查。 在吃饱睡好的前提下如何才能在课堂上高效吸收呢？十几年的听讲经验告诉我，思考最为重要。思考的第一种方式就是时常进行自我检查。

有的时候我上课听讲的状态也不好，只是傻傻地坐在那里听老师讲，大脑不转，不思考，神绪早不知道跑到哪里去了。过一会儿问问自己老师刚才讲什么了，发现什么都不知道。这种状态非常可怕，感觉就是坐在那里耽误时间，还不如好好睡一觉。因此，这里也建议大家可以在老师上课有停顿、有休息的地方或者下课的时候不断用自我检查的方式检查一下上课听讲质量，问问自己，刚才老师都讲了什么，以便能够及时拉回跑远的思绪。如果你发现自己什么都不知道，或者自己能想起来的很少或者知识点有缺失，那一定是听讲出了问题，即可及时弥补，或者做好记录。

技巧三，多记课堂笔记。 上述的种种问题都说明了只坐在那里听课很容易走神、犯困等，要调动自己的大脑思维不断思考，消化吸收老师所讲知识内容，除了不断去自我检查听课成果，还需要在发动自己的大脑思考运转的同时也动起手来，就是多记笔记。这也是思考的另一种方式。这样不仅能够帮助我们把注意力集中到老师所讲内容上，大大减少走神的情况；而且帮助我们随时回忆检查对于老师所讲内容是否真正理解吸收，还能帮助我们有效抓住老师所讲重点，更好地理解课堂内容，也方便以后复习。

　　笔记有两种方式，一是我们对老师讲的知识比较熟练，也就是课前做了充分预习的时候，我们可以只记重点的内容，这样我们的笔记不需要再进行过多整理。另一种是对老师讲的所有内容都记录下来，下课后再来整理。有的时候，老师讲课的思路不是很严谨，或者并不是很有条理，那我们再转变为文字记下来可能更会缺乏条理性，因此就需要下课的时候去整理笔记。当然，光记笔记是远远不够的，听讲的一个重要环节是思考。学而不思则罔，思而不学则殆。听讲是用耳朵去接收信息，而思考则是判断、接受信息，这是存储信息的前提。不要总是觉得老师讲的就都是对的，我喜欢保持一种质疑之心去听讲。告诉自己，认真听，仔细思考，老师下一句讲的可能就是错的，看看在班里，你能不能第一个发现。这样上课就是给自己的一个挑战，有了挑战上课就会更有趣味，也就不容易犯困了。当然，这样的做法是基于尊重老师的前提下进行的，思考是对知识的批判接受。总之，听讲必须思考，只有思考了才能真正接收到知识。

　　当然想要高效听讲也是有些小技巧的。我为大家总结了以下几点：

　　1. 做好预习，紧中有弛。现在我们的一堂课基本是45分钟，想要始终保持高度紧张的状态是不可能的。所以，预习让我们在课前了解课堂内容的重难点，了解我们自己的困惑，从而做到有选择、有重点地去听。如果你没有预习，课前不知道重难点时，那就要注意老师上课的用语，老师往往会在讲重难点之前进行强调，告诉我们这块知识是重点，或者使用"注意听了"这样的话来吸引我们的注意力，这个时候就要打起十二分的精神，认真听并做好笔记标识重点。

2. 课前整理资料，课上一要就到。我们应该在平时养成随时整理好学习资料的习惯，以便我们可以在用时快速找到。课间的时候想一想，下节课老师会用哪些材料，提前都拿好，避免上课慌乱。到了毕业年级，我们的卷子都堆积如山，很容易出现课堂上要的时候找不到，或者找半天的情况，如果老师已经开始讲课了，但我们还是没有找到，我建议这时最好就不要再找了，可以先和同桌同学一起用，并做好笔记。下课找到后再对照整理笔记。

3. 准备课堂记录本，内容课下整理。我们可以为每个学科准备一个课堂记录本，大家可以将课堂上要记录的内容用自己能看的懂的方式以最快速度记下来，课下进行详细整理总结。这样做有两点好处：一是在课堂上可以快速记笔记，不用太在意字的好坏或是否整洁；二是课件及时整理，也是一遍复习，一举两得。

最后想说一下课堂写作业的现象。有的同学可能会有在课堂上写作业的情况，这点我觉得不同人的学习方法不同，无可厚非，但一定是要建立在对老师要讲的内容充分掌握的前提之下。不能单纯地认为这道题我做对了，或者这块知识点我在外面的辅导班已经听过了，便不再去听老师讲，转而做自己的作业。毕竟做对、听过不等于理解，更不等同于充分掌握。所以，如果没有充分的把握认为这节知识点确实已经理解透彻了，最好还是要跟着老师听，不要用这时间写作业。

学习三部曲——复习，是学习循环的必要环节

虽然学习三部曲——预习、课堂听讲和复习，每个环节都很重要，但第三部曲——复习这个环节是我们自主学习过程的最后一道屏障，从某方面来讲，也是最为重要的一环。因为虽然预习和听讲也非常重要，大部分同学获取知识的手段绝大多数来自预习和听讲，尤其是听讲，但是这两个环节大家的重视程度差别太大，养成的习惯也各不相同，学习效果也差距明显。而最后的复习环节则是学习的最后一道屏障。如果有的同学在预习和上课听讲环节做得不是很好，比如错过了预习，比如课堂听讲中犯困、走神，没有完全掌握等，都还可以通过最后的复习环节进行弥补，不仅可以查漏补缺，还可以深入消化，加强记忆……所以，它是我们整个学习过程的最后一道屏障，也是最为重要的一环。接下来我为大家从不同的角度介绍一些复习方法。

想要做好复习不仅需要有方法，也需要准备一些必需的工具。有了这些工具就可以帮助我们用更好的方法去复习。

在我复习的过程中一直有这样几个好帮手陪伴在我身边，它们分别是笔记本、错题本、思维导图和积累本。这些伙伴

各有特点，将它们运用熟练可以很大程度上提高学习的效率。

　　第一个好帮手是笔记本。大家一定要在笔记本上认真地记录，并定期或不定期地及时整理。**我认为记笔记最重要的是两点：一是准确，二是清楚。**很多同学可能都遇到过这样的问题：笔记本上记录的内容过一段时间再看可能就看不明白了。这就是不能及时复习整理的结果。因为课堂上时间有限，笔记记录得都尽可能简短扼要，碰上课堂开小差，笔记还会不全，如果课后不及时整理补充完整，过段时间来看，肯定就会有好些地方看不明白。还有的同学第一次记录错了，没能及时发现，可能还会一直背记的是错误的答案，到考试的时候才检测出来……

　　不同的学习阶段，不同的学习科目对笔记本的要求也不同。初中的时候有的老师可能还会把笔记本收上去看看大家记笔记的情况或者是批改一下笔记本上记的典型例题，并且还会定期检查。这样的笔记相当于是老师一笔一画地带着大家记录整理，以保证笔记的质量。但到了高中，老师会给大家更多的自主权，而且高中的内容很多，老师是很难带着大家完整地记笔记的，所以很多内容都需要大家课后自己去整理。从这个特点来看，初中的同学用普通的笔记本记笔记就可以，但高中的同学最好可以买活页本，这样可以方便大家对笔记进行删减增加整理和调整。

　　不同的科目笔记本在使用的时候也会有所不同，比如学习语文文言文的时候，我在誊写课文时，会选择隔一行一记，这样方便对文言文进行批注。而对理科科目的笔记，可以在每一节每一章后面都适当留些空间，方便补充一些知识和题目。

第二个好帮手是错题本。不知道有多少同学从一入学就进行错题整理，一直坚持到现在。能坚持到现在的，我想必然是能深刻体会到错题本对我们复习的重要作用的。它不仅能帮助我们认识到之前的错误，避免同样的错误再犯，同时还能帮助我们深刻记住与错题相关的知识点，甚至可以带动我们进入深一层的思考，触类旁通，举一反三，顺带打通很多关联知识点也有可能，另外还可帮助我们复习时节省很多时间。显然错题本集中记录的就是之前没有理解或者没有掌握等薄弱的地方，自然也是我们复习的重点之一。我现在仍保留着自己高中 3 年的数学错题本。有的同学喜欢每次遇到错题就立刻写入错题本，我的习惯是每章结束时整理一章的错题。

我之所以习惯每章结束时整理整个一章的错题，是因为这样的错题整理过程也是章节知识点梳理的过程。通过整理错题，我可以了解自己的薄弱环节，发现自己容易犯错误的地方，将知识点类似的错题整理在一起，有需要的时候，还可以在非常不熟练的地方放入更多的相似的题目。有时，我只是将错题先整理在错题本上而不写答案，过几天再做一遍，做个自我小测。我认为这样才真正实现了整理与复习的意义。倘若只是将错题誊写在错题本上，过后也不再翻看检查自己是否还会的话，错题本只能成为一种摆设，甚至于还成了浪费时间的负累。

第三个好帮手是思维导图。除了笔记本和错题本，我还会借助一些思维导图。我经常将思维导图运用在化学、生物这样的学科中。这些学科知识点比较琐碎，但都是围绕着一个大的概念去讲的，比如，化学会围绕一个元素展开一整章的内容。这时，我们可以以这个元素为中心，将相关知识串起来。

比如，我们可以在思维导图的最中间写上这个元素，在周围汇总这个元素在元素周期表中的位置、元素的存在、在生活中的应用，不同的性质以及由性质引出的化学反应等，这样就可以围绕一个元素将有关的知识都串联起来。

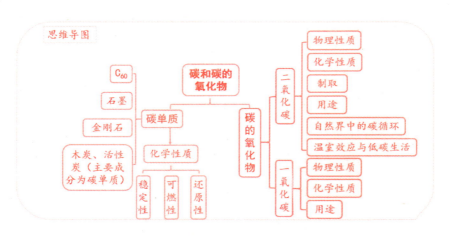

第四个好帮手是积累本。在复习时，难免会遇到自己不会的知识，为了能将这些知识突出出来，不断复习巩固，我还启用了积累本。课堂上或者平时的题目中一旦遇到了一个自己不熟练，或者对自己而言相对较难的知识点就立刻记录下来，并写明到底是哪儿不会，在课后或者其他空余时间随时都可以拿出这个本子进行复习。

例如，语文可以将易错的字音字形记录下来，数学、物理可以写下容易忘记的解题思路，历史可以把不熟悉的点，比如某某会议的时间等写下来，化学、生物也可以记一些容易忘记、混淆的知识点。这些知识点一定要反复识记，直到熟练掌握。

为了方便随时拿出来复习记忆，建议积累本要小，便于携带，这样才能方便我们利用零散时间随时拿出翻看，而不再占用专门的时间。

准备好这些工具，并明确了各项工具的用途之后，下面我将以时间为轴线，详细和大家谈谈什么时间去复习，都复习哪些内容。

相信大家都听过记忆曲线，它是被心理学家艾宾浩斯通过实验发现的，因此也被称为艾宾浩斯遗忘曲线。这条著名的曲线告诉我们，在学习了新知识 20 分钟后就将遗忘掉 42%，1 小时后将遗忘 56%，只记得不到一半的知识，31 天后只有 21% 的内容还能被回忆起来。也就是说遗忘率随时间的流逝先快后慢，特别是在刚刚识记的短时间里，遗忘最快。

为了解决这个遗忘问题，艾宾浩斯给出的办法就是根据遗忘规律进行及时复习。对所学知识和记忆效果及时进行复习和自测是艾宾浩斯记忆法的主要方式。比如知识学习 1 个小时后会遗忘很多，那么就在 1 个小时内进行一次及时的复习，3 个小时后又会遗忘，就在 3 个小时内进行第二次复习，以此类推。

第一阶段：课上或者课间及时进行第一次复习

记忆曲线告诉我们，在刚刚学过知识的短时间，我们会忘记大部分的知识，这个短时间有多短呢，差不多是5-30分钟。说到这里，大家可能会唏嘘，也就是说课上讲的内容，还没有下课可能就忘记了大部分。

根据艾宾浩斯遗忘规律来看，上课内容还没到下课可能就忘记大部分几乎是我们大多数人必须面对的一个问题，但聪明的同学却可以在上课时就及时复习。如何进行课上复习呢？由于大家的注意力保持时间都非常有限，所以老师一般也不会整节课全部都讲非常重要的新内容，老师的课堂内容一般也是会讲完一个重点内容后，就给出个习题或者问题，带着大家巩固理解下之前讲的内容，或者会穿插一些之前的旧内容……利用这个间隙，聪明的学生就会将刚刚学过的知识及时回想一遍，完美地在遗忘规律的时间点之前完成新知识学习后的第一次复习。

以上所说的这种课堂及时复习的方法，可能只适用于少部分比较优秀的同学或者已经充分预习了老师所讲内容的同学。成绩稍差的同学或者没有预习的同学对老师讲的大部分知识都会感到比较陌生，需要花费主要的精力去跟住老师所讲的每个知识点，因此很少有时间在课堂上完成复习。而且很多同学也没有这样的学习习惯，或者说"三心二意"的能力。这需要我们对老师讲的内容有很好的了解和把握，然后在老师讲对自己不重要的知识点时，及时切换到自己需要复习的知识上来，当老师讲重点知识时又再及时转换回去。这个要求相对而言确实比较高。当然，不少有丰富教学经验的老师会在课上讲完新知识后，主动带领学生进行及时复习，这个时候就需要调动一切注意力，紧跟老师的思维，及时回忆复习知识，并进行自查，看看有哪个地方没记住、没理解，或者压根就错过了老师的讲解，并及时做好记录。

这种课堂自主复习的方式确实只适用于少数人，而课堂跟随老师复习的时间，也很容易就被走神、犯困等各种因素耽搁了。因此，课下复习就显得尤为重要。而且这个课下复习还是没有门槛，对所有同学都适用的。只要老师不拖堂，那么大家都会拥有一定的课下时间进行休息准备和调整，这个时间就是快速进行第一轮复习的绝佳时机。由于课间时间非常有限，所以需要我们合理安排好自己的课下时间，并做好复习内容的安排。

合理安排好课间时间。 通常课间也就 10 分钟，这 10 分钟还得去接水、上厕所等，如何安排才能有复习的时间，需要我们合理规划。比如该休息的时候抓紧休息，保证充足的睡眠，确保白天精神充分，防止下课后就趴桌上睡觉白白浪费了这 10 分钟；又比如并不是每节课都是全新内容，都需要课间及时复习，那就把接水、上厕所的时间尽量安排在没有复习任务的课间。有复习任务的课间用几分钟时间来进行复习，还能余几分钟舒展下精神，并做下节课的准备工作。所以，这需要同学们一定要有课下复习的意识，到了下课时间抓紧拿出老师课堂上讲过的内容进行复习。

当然，课间的时间非常短暂，复习的方法和内容要依据大家所拥有的具体时间来决定。课间时间一般而言，非常少而紧张，那么建议大家只粗略地看课上讲到的知识框架或者大纲即可，也就是老师课上主要讲了哪几个点。

比如，一节化学课，老师可能开始介绍一个元素，讲解的元素在元素周期表的位置，元素在自然界的存在状态以及该元素的第一性质。一节语文课，老师讲了哪篇课文的哪些自然段，强调了哪些内容，有什么需要背记的知识等。时间紧张时，我们仅回想这些内容就可以了。

如果大家拥有较长的课后时间，则可以在课程大纲的基础上复习更多的内容。这时候建议大家从课程最开始讲到的知识开始看，这些开头的知识往往就是课堂的基本知识，此时我们只需要简单地浏览一下课堂的笔记或者对记得不清楚的地方进行补充，或者可以通过构建思维导图草图的方式来很好地回忆复习课堂内容，对于较难且不太容易记住的内容做好记号，之后专门来攻克即可，不必对自己的课间复习要求过高。

之所以从简单基础的知识看起，一是因为这些知识学习所需要的时间比较短，适合于短期的课间复习巩固；二是因为这些内容是其他知识的基础，在简单的基础打好之后，才可以更好地理解复杂的知识；三是因为复杂的知识涉及的知识点比较多，比较耽误时间，很可能在短时间内只复习到一点，其他知识什么都没有看到，从整体复习效果来看并不是很好。

说到课间及时复习，非常有必要强调的是：大家不必因为课间需要复习而过于紧张，从而使自己没有放松的时间，一定要为自己留出一定的休息时间进行放松，从而更好地为下节课准备充足的精神，否则可能会影响下一节课的听课效率。

第二阶段：及时完成每天的复习任务

从很小的时候老师就教导我们一定要"今日事今日毕"，作为学生而言，我们主要的任务就是学习，那针对每天的学习内容，及时完成复习，就是我们当天必须完成的任务了。为了能够及时完成每天的复习任务，我们有很多的工作需要完成。

1. 养成先系统复习后做作业的好习惯。

在我看来，在写作业前先系统地复习当天课堂上的内容是一个特别好的学习习惯。它既有利于我们明晰课堂内容的知识脉络，又有利于我们及时梳理出自己的知识漏洞，以及知识难点、重点，以便能够很好地帮助我们完整准确、条理清晰，重点突出地掌握一天所学内容。很多同学缺少系统复习的习惯，课后复习时间直接就开始写作业，遇到不会地再去翻书、翻笔记，作业做完，复习也就算是完成了。这种方式很明显的问题就在于，凡是作业中涉及的知识点可能就复习到了，作业中如果没有涉及的知识点就没能复习到。长此以往，知识漏洞只会越来越多。所以，还是建议大家养成写作业之前先系统复习的良好习惯。拿出课堂的笔记，将老师课堂上讲的每个点都认真回想一遍，然后再写作业。

2. 通过整理笔记的方式来进行当天学习内容的复习是一种很好的复习方式。

课堂上，老师讲解的速度一般会比较快，如果要想完整记录下老师讲的全部内容，必然导致一部分笔记不规范、不严谨，大量的简写、缩写、符号、字迹潦草等。这些内容可能当天下课后复习时是能够帮助我们回忆起上课内容的，但时间一长，再拿出来看，可能就完全看不明白了。这就需要我们在当天复习的时候进行二次整理，把草稿式笔记整理成规范笔记，以便持续地长久复习。同时在整理过程中，也能够帮助我们很好地回忆课堂内容，完成课堂内容的第一次复习。

例如，我们可以按照自己理解的方式，重新安排笔记的逻辑顺序，或者将自己的理解、一些注意事项等写在笔记的相应位置。一些问题可能上课听懂了，但在复习的时候就又不会了，这种可以课后及时向老师请教，将详细的解题思路写在旁边。这些都是细化课堂比较好的方式，相当于自己对课堂笔记重新理解消化一遍。

当然，小学或者初中阶段的很多老师，上课时可能也会带领大家做笔记，并给大家留出充分的记笔记时间，甚至于用PPT或者板书的形式直接将需要记录的内容呈现给大家，大家只需要照抄即可。这种时候就应该格外珍惜，严格按照老师的要求去抄写记录，借助这种方式及时地对老师的讲解进行复习，这将大大节省我们的课后复习时间，减轻我们的学习压力，从而让我们课后有更多的时间去休息放松，或者预习新知识。

第三阶段：每周每月定期进行复习总结

前面讲了根据艾宾浩斯遗忘曲线规律，最轻松的学习方式就是滚雪球式的学习方式，这也就要求我们除了课后及时复习，每周每月也需要定期进行复习，才能确保在遗忘周期内，及时复习巩固将要遗忘的内容，以及这段时间内新学习的所有内容。

1. 每周每月复习的内容包括这段时间内学习的内容以及知识点的整理

如果之前的笔记工作做得好，这个时候就能大大节省复习时间，只需把之前的笔记拿出来，重新复习理解记忆一遍，就能对这段时间内学习的知识点完成进一步的巩固记忆。

2. 每周和每月需要复习的内容还包括作业和试卷

平时没有整理资料习惯的同学，应该利用周末的时间，将一周内各个学科的作业和试卷归整到一起，妥善保管。整理好资料后，可以对这些学习资料上的内容重新看一遍，尤其是上面的错题。对于比较有代表性或者错了 2 次以上的错题，需要整理到错题本上。

第四阶段：每个学期结束之后进行学期总复习

学期总复习很少有同学主动去做。偶尔，也有的学校老师会在期末考试前，带着大家把整本书简单过一遍，算是学期总复习。这种复习方式虽然也能简单回忆一遍整学期内容，巩固下整本书的知识框架，但往往因为时间有限，无法深入，并且是全班一起的，就无法针对到个人的薄弱环节。学期结束后有大量的寒暑假时间，学期总复习最好就在这个时间里专门用几天来进行。自己对整个学期所学过的知识都重新梳理一遍，将重点的内容筛选出来，将自己不熟练容易出错的内容筛选出来，这些可以结合期末的考试卷子来完成。俗话说，"书越读越薄"就是这个道理。有了这个学期总复习环节，就能把整本书的内容浓缩集合到几页笔记本纸上，这不仅是对整本书知识点的再一次巩固，更为之后的复习大大节省了任务量和时间。如此良性循环，往后的学习才会越来越轻松，越来越高效。

寒暑假作业是学期总复习的一个非常好的帮手。大家可以通过认真完成寒暑假作业的方式来对学期总复习的内容进行全面检测。因此，必须强调认真对待寒暑假作业，最好能规划好每天完成一部分，保证作业的质量，并且遇到不会或者不熟练的知识时，立刻去查找笔记翻书进行复习，并及时将错题增加到错题本上。

第五阶段：平时随时进行不定期复习

复习不仅是一个良好的学习方法，更要使其成为一个学习的意识和理念。除了以上所说的定期复习，我们还可以在平时随时进行不定期复习。比如走在路上的时候，晚上躺在床上睡着前都可以想一想当天学习了哪些内容，自己对哪些知识点掌握得不熟练，需要进一步的补充训练等。

以上我们从艾宾浩斯遗忘曲线入手，以复习时间为轴线和大家分享了我的复习经验。虽然这些经验对我而言确实非常有效，并且我辅导的那些孩子里有采用我这种方法的，也表示效果明显，但大家也不必完全照搬照抄，因为每个人的情况各有不同，甚至于每个人的遗忘周期也存在着很大差异。所以大家可以根据自己的个人情况，以我的这个经验方法作为借鉴或启发，摸索出更加适合自己的一套学习方式出来。

比如，我的习惯是早晨背诵语文课文，然后整个白天没事儿的时候就拿出来背一遍或者看一遍，晚上临睡觉的时候一定要完完整整地背诵一遍，等到第二天早晨起来的时候再立刻把前一天背诵的内容背诵一遍，这时我发现自己基本可以全都记得。在第二天第三天的时候再反复背诵，直到非常熟练。

总之，希望大家根据自己的记忆曲线有规律地复习，养成良好的复习习惯。

第四篇

自主学习中不能忽略的查漏补缺

　　说完了整个复习环节，这里要专门说一下复习中的查漏补缺。查漏补缺是复习环节中的一项很重要的工作，它直接决定了我们平时的知识储备是否完善。

　　无论我们如何强调心态、临场状态等其他的因素，都只是辅助，考生自身的知识储备量才是决定考试成绩的最重要因素。一个学习成绩一贯优秀、有深厚知识储备的学生，即使遇到一些突发情况或考试状态不好，只要能完成整场考试，那么考试成绩也不会非常糟糕。反之，如果一个知识储备欠缺、漏洞百出的学生，即使心态和临场状态再好，也做不了无米之炊、平白考出好成绩。所以，知识储备完全、充分，尤为重要。而查漏补缺就是完善我们知识储备的重要一环。

　　老师经常告诉我们考试之前要查漏补缺，找到自己不会的知识及时弥补，这样才能使自己的知识储备覆盖更完全、更充分，也使我们更有取胜考试的把握。

但是仅仅说查漏补缺是非常空洞的，因为很多同学根本不知道自己的知识漏洞或者弱项到底在哪里。如果对自己知识掌握中存在的问题不了解的话，查漏补缺也就成了一句空谈。所以，查漏补缺的关键就在于找到自身知识的短缺和漏洞。

在时间充裕的情况下，最系统的查漏补缺的方法就是整体地梳理，构建知识网。相信很多老师都讲到过，每个学科的知识都可以串成一张知识网，知识网越密集，覆盖的知识点也就越全面。当我们把一个学科形成一张非常密集的网时，那至少这个学科的关键知识点就很容易被我们拾起来，而不会轻易遗漏。所以，最有效的查漏补缺的方法就是整体系统地梳理知识，为我们所学的知识搭建一个尽可能密集完善的知识网，这样能一目了然地清楚这个学科我们需要学习哪些知识点，并快速有效查出我们遗漏的知识点。然后针对各个知识点逐一进行自测，看看哪些地方已经非常熟练，哪些地方还有欠缺，哪些地方基本不会。

如果时间允许，最好能给每个学科都搭建一张这样的知识网。如果时间比较紧张时，大家也可以选择自己最为薄弱的学科搭建知识网，以期发挥这种方法的最大功效。

例如，我是一个理科生，我最为薄弱的学科是物理。我的物理非常糟糕，平时觉得物理学得没底，很多知识点都掌握得不扎实，但又不知道自己到底都有哪些知识不会。为了解决这个问题，我在高二暑假时，自主梳理了整个高中物理的知识点。听起来这个工程量有些庞大，但其实每天只做一章的内容，还是可以比较轻松地完成的。

搭建知识网络有许多不同的方法。在物理学科中，我会整理每章的公式、概念和知识点，并给每个知识点辅以两道例题。概念、公式和知识点一般的辅导书中都会有，大家可以买一些进行参考。例题要精挑细选，因为例题的筛选就是查漏补缺的关键环节。一定要选择自己非常不熟练的题目作为例题，来全方位弥补自己的解题方法。

挑选例题是知识点梳理中非常关键也是比较费时的一项工作。一般参考书都会对知识点写得很详细很到位，不同参考书间知识点整理的差距也不是很大，但习题就不同了。围绕同一个知识点有很多的习题，如果想要提高之后的复习效率，就不能将所有的题目都纳入进来。

因此，我们首先要对同一知识点下的不同习题进行整理，从中发现自己非常不熟悉的习题再将它整理出来。如果某个知识点对自己来说非常简单，平时也从来没有在这个知识点上出过错误，那么不整理相应题目也是可以的，这些都需要根据个人情况而定。

我的物理知识点整体梳理，也称之为物理总结，每个章节最后只形成了1~2页的A4纸内容，非常精简。这种方式对后期的复习会很有帮助，大大减少后期复习的工作量。我在此后的每次章节考试前，都只需要用半个小时甚至更短的时间看一下自己的总结内容，就可以对全章的知识点有整体的把握，并对自己非常不熟悉的例题增加一次巩固的机会。

在这个环节上，千万不要因为例题整理会占用大量时间而放弃这个工作。整理例题的过程中需要看大量的题目，这对大家是非常有帮助的，一些题目大家看过一遍之后就不需要再看了，只筛选出那些有点难度、不太熟悉或者非常典型的题目，这是一个很好的知识点复习、做题和筛选过程，绝对不是一件浪费时间的事情。

除了上面的例题筛选，整体梳理还可以借助一些其他的工具，比如思维导图。我经常将思维导图运用在化学、生物这样的学科，因为这种学科知识点比较琐碎，但基本都是围绕着一个大的概念去讲的，比如，化学会围绕一个元素展开一章的内容。这时，我们可以以这个元素为中心，在周围汇总这个元素在元素周期表中的位置、元素的存在、在生活中的应用，不同的性质以及由性质引出的化学反应等，这样就可以围绕一个元素将有关的知识都串联起来。

以上所说的整体梳理的方法是能够最为全面地进行查漏补缺的方法，它相当于老师带领我们进行一轮复习。不同的是，这个是针对自己、为自己量身打造的一轮复习。经过这样的一轮复习，大家可以对大体的知识点了然于心。但不可否认，这样的梳理也比较费时，如果马上就要考试了，时间非常有限，又要如何进行查漏补缺呢？

这时可以运用漏洞点记录的方法。对于平时注重复习的同学来说，经过平时几轮的复习以及大量题目练习之后，知识点基本可以掌握到 90% 左右，甚至更多，因而剩下的漏网之鱼其实就很少了。对此，我们可以采用逐一记录，也就是遇到一个不会的就及时记录下来的方法。

为了养成漏洞点记录的习惯，我们首先要为每个科目准备一个专门的漏洞记录本。几个科目记在一起也可以。在课堂上，或者平时的做题中一旦遇到了一个自己不熟练的知识点就立刻记录下来，并写明到底是什么知识点不会。在课后或者其他空余时间随时都可以拿出这个本子进行复习。

例如，语文可以将易错的字音字形记录下来，数学、物理可以写下容易忘记的解题思路，历史可以把不熟悉的点，比如某某会议的时间等记下来，物理、化学也可以写一些容易忘记的知识点、方程式、公式等。这些知识点一定要反复背记，直至熟练掌握。

每个人对于不同内容的敏感程度不同，到了考试之前还不会的或者记不住的知识可能就是我们最不敏感的知识，这时候不仅要及时地记录下来，还要反复记忆。非常问题采用非常的学习方法，以达到全部掌握的最终目的。

具体而言，仍然可以用滚雪球的方式来复习巩固知识点漏洞。比如：每天晚上读 1~2 页的易错字音字形总结，第一天读第 1~2 页，第 2 天读第 2~3 页，第 3 天读第 3~4 页，依此类推。化学、生物等零散的知识点都可以采用这样的学习方法。这样每天占用的时间不会很长，但收效是非常显著的。

有了前面这种滚雪球和学期末的整体梳理等的一轮轮复习，漏洞记录本上的很多不会的知识也逐步变成了会的，很多记不住的也都已经记熟练了，一层层筛选排除之后，漏洞记录本上余下需要反复温习的内容越来越少。到了大考之前，比如中考、高考临近时，我通常会额外准备一个新的记录本，将至此仍然还不会、不熟练、记不住的内容整理出来替代之前的记录本，这样随时拿出来看时大大减少了工作量，更有针对性，也更能节省时间，提高复习效率。

当然，如果不想再重新准备一个新的记录本，就在原有记录本上另开辟一个空间，记录新的需要反复记忆、复习的内容也是可以的。这些新的内容需要注意的是，不懂的需要及时请教老师，记不住的需要随时拿出来反复记忆，对于那些觉得怎么努力都很难掌握的知识点干脆果断放弃，以免浪费很长时间也收效甚微。就比如我自己，在高考临考前，基本就没再看其他内容，只看了这些最后记录的易错点易忘点，相较于其他同学而言，我不仅比他们的高考备考轻松数倍，而且还很明确地知道临近高考前自己需要做什么，也因此心态上更平和、不慌张、不焦虑。而其他同学平时没有这种积累，不注重总结记录的，越到高考前，越是觉得自己好像这儿不会，那儿也没复习到，感觉还需要完成的任务一大堆，压力超级大，或是感觉哪儿哪儿都欠缺，欠缺薄弱的地方太多根本也无从下手了，心态上也就越来越慌、越来越焦虑。

此外，在临近大考的时候一定要每天保持一定的做题量。

通过大量练习来进一步查漏补缺，同时也练就一定的手感、题感。如果觉得平常做题比较轻松，可以选择一些稍微难点的习题，丰富自己的解题思路，同时也让自己发现更多的易错知识点。

练习的方法可以非常灵活，可以自己出题，也可以是几个好的伙伴在一起结成学习小组相互出题测验，更或者咨询老师，选择些品质较高的模拟习题集。很多时候，我们觉得自己会的知识可能真正一做题才发现还不会用或者没有完全掌握，这些知识在自己复习时因误认为已经会了，往往会被忽略，只有在练习上才能暴露出来，进行攻克。

综上，我为大家介绍的查漏补缺方式主要包括四种：整体梳理、搭建知识网络、不会的知识及时记录复习、保持一定做题量。当我们对自己掌握的知识有通盘把握时，对每科知识的框架脉络会更加清晰，每个知识点之间的联系也会更明了，知识点记起来也更轻松，更利于拓宽我们做题的思路，自信面对考试。

即便如此，我所讲的所有方法也不能说是百分百适用于所有人。每个人的具体情况、学习方式和学习习惯都有很大的不同，这就像医生看病一样，就算某种药对某种病有奇效，但也不排除有极少部分的人或者过敏或者有耐药性等各种个别原因，偏偏就不适用这种药。因此，当大家了解这些方法之后，一定要结合自身实际情况进行内化，将这些方法转化为适合自己的学习武器。

至此，我从自身的学习经历和心路历程中总结出的所有学习方法都为大家一一讲解完了。总之，万变不离其宗，不管是哪个学习环节采用的哪种方法，其核心都是自主学习。然而，培养自主学习的能力、建立一套适合自己的自学方法并不容易，这可能需要长时间的摸索、实践、积累才能步入正轨，进入良性循环之中。在较长的摸索、尝试、积累的过程中，你或许会觉得自己预习真的很枯燥，或许会因自主整理知识点时思绪混乱而绝望，或许会抱怨同桌仅凭提前上课外班、多做题、多背记的认真学习素养也能取得不错的成绩而动摇，或许时间安排不合理总是无法完成计划导致节奏紊乱……各种各样的问题层出不穷。这时，你应当随时积极调整自己的心态，将眼光放长远，尤其是自主学习开始得越早，眼光越应当长远，要明确我们的阶段目标可能是中考或者高考中取得佳绩，在此过程中，短暂的挫折或者一时的不顺正是对我们的考验，战胜了这些问题之后的你，必然在学习之路上进入良性循环，得心应手，最终大获全胜。

当你到了而立之年或者更晚些，再回头看这些阶段性的目标，就会发现它们只不过是你人生路上的指路标识，正是它们指引你一路向前。人生百年，学习是一辈子的事情，只有不断学习才能紧跟社会浪潮而不被淘汰，只有拥有自主学习、自主创新能力的人才能立于鳌头、始终处于不败之地。

编者给父母的话

　　孩子是父母的一面镜子，孩子身上所表现出的所有问题，都是父母自身问题的反馈。

虽然，从梦吟同学的整个自述经历来看，除了最开始提到的她的自主学习是始于她母亲的要求，之后的整个学习过程中对于她的父母再无提及。但我们并不能因此就认为她能取得如今的成绩，完全是靠自己，与其父母无多大关系，甚至感慨："看别人家的孩子，多省心，自己给自己安排得明明白白的，我家孩子就甭想了，肯定是做不到的。"

如果在看了她的经历之后，有这样感慨或者看法的父母，只能说是大错特错了。也由此可以看出，你家孩子如今存在的很多问题，可能根本就源于作为父母的你自身的认知或者观点的错误。

我们通常说，孩子是父母的一面镜子，孩子身上所表现出的所有问题，都是父母自身问题的反馈。以梦吟同学为例，她能摸索出高效的自主学习方法，培养出较强的自主学习能力，虽然她未多说，但这其中，她的父母也是起到了至关重要的作用的。

首先，她的自主学习之路是开始于她母亲的强制要求。对于小学阶段的她而言，世界观、人生观、价值观并未形成，对学习的认知也非常有限，能够按部就班地跟着老师学习，并完成老师规定的各项学习任务就已经不错了。再加上爱玩爱闹是孩子的天性，她也不例外，老师要求的学习任务完成后的剩余时间，她必然也是抵不过天性使然，更愿意去玩去闹，是根本不可能自己去想到预习、提前了解老师之后要讲的学习内容的。这其中，她妈妈的引导以及督促作用就非常重要，妈妈对她的预习要求甚至成为开启她的自主学习之路的决定因素。

且不提妈妈是如何让她克服孩子爱玩的天性愿意接受这个要求并开始实施的，单就从她妈妈选择的这个时间点和科目而言，就说明了梦吟妈妈在对她的教育上不是随随便便，而是用了心思的。

时间上，梦吟妈妈选在了小学五年级的暑假。原因之一正如梦吟说的那样，是六年级的数学比较难，这只是极简单的一句。其实小学五六年级的课程是小初衔接的重要一环，尤其是小学六年级数学，既总结了整个小学阶段数学的所有知识点，也涉及了一部分初中数学的基础知识和概念，因此，不仅概念较多，易混淆的知识点也较多，题型更加复杂多变，故而才说小学六年级数学相对而言较难。并且如果六年级的数学学好了，不仅相当于巩固了整个小学数学的知识点，也同时给初中数学的学习打下了坚实基础，会让初中数学的学习相对容易适应一些。

第二个原因是小学五年级孩子的识字量和理解能力已基本足够去看任何通常语句了，这也是确保自学能够进行的一个基础。试问如果一个孩子好多字都还不认识，好多语句即便艰难地看完，也根本无法理解其义，在这种状态下，你让他去自学，岂不成了一句空话。

第三个原因是小学五年级的孩子从生理上来看，处于脑发展第二加速期，记忆力增强，注意力容易集中，可以进行较复杂的推理和计算，这也确保了让他自学或者预习是能够实现的。

第四个原因是从心理特点上来看，小学五年级的孩子竞争意识突现，独立能力骤增，这个时候要求他自学预习，他已有了足够的独立性确保自学的进行，也可以让他更加明确地感受到因为自己的预习，为自己在跟同学们的竞争中带来何种好处，让他能更深刻地尝到自学的"甜头"，从而为养成伴随一生的自学习惯奠定坚实的基础。

第五个原因是小学五年级暑假开始预习，提前开始适应自主学习的学习方式，为小学毕业后预习初中课程也提前奠定了基础，正所谓"先人一步，处处领先"。

由此完全可以看出，梦吟妈妈小小的一个安排中蕴含了多少智慧。所以，首先，当孩子的学习出现问题的时候，父母真的应该先从自己出发，找找自身的原因，只有自己平时多注意学习，掌握了一定的教育智慧，才能在正确的时候、合适的时机，为孩子做出正确的引导。

其次，长久自主学习习惯的培养，必然离不开父母的严格督促和支持。孩子年龄越小，自律性越差，学习能力也越薄弱，并且由于认知上的不足，对自己的未来也并不能有清楚的定位，所以，必然也更缺乏学习的自主性。虽然梦吟的自主学习习惯养成，现在回忆起来看似轻松，但只有她自己知道，从小学五年级开始自学一直到现在，在自学的这条心路历程上，她经历了多少纠结、矛盾、挣扎、颓废、挫败……文中，对此也仅仅只是一笔带过。但这其中，能让她克服万难、一路坚持下来并进入良性循环，必然离不开她父母的严格要求、督促与支持。

从不适应、看不懂、毫无方法、摸不着头脑开始，她妈妈就从旁给予了睿智的指导。为什么说是"睿智"？因为她的妈妈在她开始完全看不懂向妈妈抱怨时，身为数学老师的妈妈并没有给她开小灶，直接去给她讲解，而是告诉她方法，让她自己去从每一课的开头一个字不落地去看，并且不能囫囵吞枣，一遍不懂看二遍，二遍不懂看三遍……直到基本看懂为止。看似简单的一点指点，却让她受益无穷，正是在这种反复看课本的过程中，才让她发现了课程内容之间的联系，摸索出了用后边的例题去辅助理解前面的概念等方法。这种看似在孩子学习上出力最少的教育或辅导方式，却造就了她最为宝贵的自学能力。

孩子年龄越小，心性坚定的程度越有限，在这种一遍两遍甚至三遍仍然看不懂的情况下，相信很少有孩子还能耐得住性子，继续坚持不断地一遍遍重复看。梦吟在这种焦躁、挫败的阶段坚持下来，这其中妈妈的督促起到了至关重要的作用。这种时候，很多父母会认为孩子实在看不懂就算了，毕竟孩子还小，而且反正之后老师也还是会讲的，只要上课认真听些就是了。所以也不会再严格地督促孩子，很可能坚持到这儿也就放弃了。梦吟妈妈值得我们学习的是，她不仅给出了处理困难的指导办法，还坚持着让她一遍遍看，直到看懂为止，最终帮助她开启了自主学习的大门。所以，很多时候，父母对孩子除了应该有足够的耐心，必要的时候也须得狠下心，要求给出了就必须严格监督其完成，不要一次两次地妥协、放弃、顺其自然……久而久之，你自己还没啥感觉的时候，孩子那种习惯性半途而废或是遇到问题就退缩的坏毛病已经养成。

我们很多父母经常说："我家孩子那三天打鱼两天晒网的……"究其根源，孩子这样主要还是在于父母。当孩子的定性还没有完全形成的时候，这种坚持和习惯的养成，必须靠父母，只有父母坚持督促、严格要求，孩子才能坚持下来并形成习惯。所以，父母在指责孩子的时候，真的应该先反省下自己的问题。

最后，能够进行自主学习，得益于父母的信任与尊重。很多父母在孩子成绩不理想时都会选择给孩子报补习班。一方面是因为父母认为自己辅导不了，即便能够辅导，也觉得自己没有辅导班老师专业，或者自己也没时间。给孩子选择个辅导班，让他去接受专业人士的辅导才是最好的选择。甚至很多家长的思维都进入了怪圈，感觉如果自己家孩子不去辅导班学习，就好像错过了很多，比别人家孩子少学了很多东西。而且人家孩子在辅导班用功学习的时候，自己家孩子却在搞自己那一套，单纯从学习时间上，就比别人家孩子落后了很多。就算有些自律能力较强的优秀孩子家长，对于孩子自己学习仍然不放心，认为让孩子自己学，自己琢磨，肯定不如直接听辅导班老师讲授效率高。对比之下，肯定让孩子直接进辅导班更让人放心。所以，即便自己再苦再难，也要凑出高额的辅导班费用，将孩子送去辅导班，不能因为自己耽搁了孩子。可以想象，有这些观点的父母，他们如果不能尊重孩子的意愿，给予孩子足够的信任，是连孩子自主学习的机会都不会给的，更遑论其他呢？

梦吟的妈妈在她小学五年级的时候就给了她自主学习的机会，小学的知识简单基础，学习任务和压力没那么大，这个时候开始自学，使得她有了充足的时间去探索适合自己的学习方法。等到了初中、高中，真正知识复杂繁多，需要自己能够有效自学的时候，她已经摸索出了适合自己的有效学习之法，并养成了自主学习的好习惯。

所以，父母们不要用自己的观点去束缚孩子的发展，只有给予孩子足够的信任和一定的试错机会，孩子才能有施展自己潜力和才能的机会，你也才能有机会收获一名超出你预料的优秀孩子。需要注意的是，父母在给孩子试错机会的时候，一定要确保这种机会造成的错误是能挽回和弥补的，有了这种近乎兜底的考量和安排之后，也便无须过多担心，大可放手让孩子自己去尝试、去拼搏！

2 优秀是一种习惯

——如何养成好习惯，正确看待课外补习班

尹晨析

北京大学生命科学专业本科生。中考成绩625.5分，上海市排名第一。高中曾任学校桥牌社社长，高中获得叔苹奖学金，大学获得北京大学新生奖学金。

为你讲述

如何养成好习惯

如何挑选课外补习班。

亚里士多德曾经说过，每天反复做的事造就了我们，然后你就会发现，优秀不是一种行为，而是一种习惯。是的，如果习惯了好的习惯，自然而然，优秀就离你不远了，好习惯的养成并不是一朝一夕的事情，而是不断发现自己现存的问题，并加以改正从而形成的。

　　我是尹晨析，来自上海，北京大学生命科学专业本科，高考理科 532 分，当时上海高考试卷满分 600 分。曾经中考以 625.5 分的成绩名列全上海市第一名。我从预初年级开始学习桥牌、五笔输入法，初一起有"副班主任"的称号，初二开始基本一直是年级总分第一名，历任大队宣传委员、秘书长、年级团支部书记、大队副主席等职务。

　　高中时，高一年级我担任班长，考试总分多次排名班级第一和年级前列；高二成立桥牌社并担任社长；高三"一模"3+1+（物理）总分 532 分，位列浦东新区第一名。在高中和大学获得过叔苹奖学金和北京大学新生奖学金等多项奖励。

　　我的这些简历在别人看来，也许是优秀，也总是收到来自外界的各种称赞，但在我自己看来，并未觉得自己有多么优秀，我只是在学习与生活中养成了好的习惯。

　　亚里士多德曾经说过，每天反复做的事造就了我们，然后你就会发现，优秀不是一种行为，而是一种习惯。是的，如果习惯了好的习惯，自然而然，优秀也就离你不远了。

第一篇

假期是自我管理最有效的好习惯培养期

好习惯的养成并不是一朝一夕的事情，而是不断自查发现自己现存的问题，并加以改正从而形成的。很多学校和老师都提出过"5+2=0"概念，尤其是现在的幼儿园教育，更多的是放在素质教育和习惯养成方面。以幼儿园为例，"5+2=0"的意思是，孩子脱离家庭进入幼儿园开始接受启蒙教育，老师费尽心机，采用各种科学育儿方法，帮助处于开蒙阶段的孩子塑造了初步的意识观点，并试图帮助其养成受益一生的一些良好学习和行为习惯，比如：饭前便后洗手，每天要喝8杯水，做任何事情排队有序进行，午睡时脱掉的鞋子要摆放整齐，衣服也要叠放整齐，等等。好不容易在5天的时间里初见成效，但只要周末放假孩子回家2天，再返园时就发现好不容易建立起来的一点习惯便又归零，还得从头再来。也因此，很多幼儿园提倡家园共育，幼儿园必须及时地把园里的教学目标和要求反馈给家长，呼吁家长也严格按照园里的规定来要求督促孩子，如此方能达到良好的教育效果。因此，在我看来，假期的自我管理是最见效的好习惯培养期，这是从我的幼儿园时期就得到了证实的。

面对看似时间充裕但十分短暂的假期，你是否想着要用一个完美的假期计划填满自己的每一分钟？你是否也曾信心满满地想着三天就做完所有的寒假作业，却还是拖到了最后一天？你是否立志要在假期达到某个锻炼目标，最后却还是荒废了？你是否想读一些好书，却最终连一本书都没翻完？总之，因为假期的到来，一下把大把充裕的时间放到我们面前，那些平时偶尔想过，但总也没时间去实施的计划，就都想趁此机会实施出来。于是伴随着假期的开始，还有我已然沸腾的青春热血，只不过这股热血沸腾的时间太短，没几天便偃旗息鼓……也不知道都干了些什么，假期就又结束了。于是，又费解着，为什么眼睛一闭一睁，假期就过去了……

随着我一年又一年的调整与重新规划，以及对自己认识的逐渐加深，我渐渐学会了如何去规划一段没有老师、家长监督的生活，如何让它变得充实而有趣。

以我中学时期的假期为例。小学、初中时期，我希望自己可以在假期的最初几天就写完所有的作业，希望自己可以充分利用假期学习更多书本内外的知识、完成更多自己喜欢的事情，也想更好地锻炼身体、训练技能。计划总是在最初几天执行得还算令人满意，我也经常在假期的第一周就完成了学校布置的全部作业。但随之而来的就是偷懒，早上起得也越来越晚，给自己找各种的理由，原本计划每天3小时的练琴时间逐渐被我缩短到每天2小时，甚至还不到2小时。原本安排的锻炼身体，也是三天打鱼两天晒网……所有的计划都好似成了空中楼阁，看着清清楚楚地立在眼前，而且也确实是在向着那个方向前进，但总是因为各种所谓的理由或驻步不前或偏离方向，总也走不到那处楼阁，无法将前面的"空中楼阁"变为现实。

终于，在高二的那个寒假，我找到了适合自己的自我管理方法，不仅保质保量地迅速完成了作业，其他的课外计划也都没有荒废，得到了实施。从此之后，我的每个假期就按照这个适合自己的方法进行了调整和改善。我也逐渐意识到，这些其实就是一个漫长的习惯养成过程。

在此之前，虽然我每个寒暑假都会拟定一个计划，想要完成一堆想做的事，最后虽然没有完成，但也多少完成了计划的一部分。而且即便每次的计划都没有实现，我也还是会在下个假期稍微调整一下，仍然计划上一堆想做的事。这样反反复复，不断调整、完善，也不断去反省哪些原因导致了计划失败，下次我应该要注意哪些方面，改正哪些自身存在的问题，如何能够更好地自我管理，如何在没有家长和老师的监督管理下，更好督促自己完成计划，等等。

在一遍遍的摸索、调整、实施过程中，我知道了该给自己设置多大的任务量最为合适，也知道了该如何确保最有效地完成所有自己想做的事，并且也在这个漫长的过程中养成了一个又一个小习惯，这些已经变成习惯的计划中的事，自我管理就变得更简单，更容易，在实施的时候也不会再感到压力和负担，反而变得自然而然，比如练琴、锻炼，等等。之后还有很多多余时间和精力去做更多想做的事情。

正是因为高二那个寒假，我终于找到了适合自己的自我管理方法和计划。这也使得我最后高三那一年的学习非常顺利，不仅没有感受到太大压力，而且让我的高三生活相比其他同学而言较为多彩有趣，自我管理也较为轻松，不像绝大多数高考生那样单调、沉闷、压抑，整日所想所做就只有一件事：备战高考，赢得胜利！

也因此，我深刻地感受到假期是最有效的自我管理好习惯培养期。只要利用假期这个没有家长和老师严格督促的特殊时期，运用最有效的自我管理方法，去实施自己的计划，你必然能够养成一个甚至更多的优秀习惯。

第二篇

习惯了好的习惯，优秀就离你不远了

　　既然假期是自我管理最有效的好习惯培养期，下面我就用自己的极端经历来为大家讲述如何养成好的学习与生活习惯，使你始终保持优秀。

　　就学习方面而言，我的经历告诉我，能始终保持优秀的好习惯就是制订目标和计划。定目标和做计划这两者是相辅相成的。不少同学没有制订目标和计划的习惯，学习上东一榔头、西一棒子，杂乱无章，在开学期间就是匆匆忙忙地完成老师布置的各项学习任务。小学、初中阶段还好，知识内容简单，学习任务不重。到了高中，知识内容以及难易复杂程度都大量增加，如果还是只能匆匆忙忙去完成老师布置的各项学习任务，总是被动地被老师催着赶着走，难免会疲于应付，身心疲惫。尤其是在老师没有布置任务的时候，就突然失去了方向，茫然、慌张，不知自己该干些什么，该怎样做才能更好地提高成绩。在假期，这部分同学意识中也只是认为只要完成老师布置的假期作业就万事大吉。所以他们要么是在开学前一天赶完作业，要么就是提早完成任务，除此之外，自己也不知道还能干点啥，或者根本就觉得没必要做别的安排，只要完成作业就行了。

诚然，跟着老师学固然没错，而且紧跟老师的节奏，认真完成老师布置的学习任务这也是身为学生必须做到的最基础的要求。但我们需要知道的是，老师面向的是整班学生，所以老师布置的任务、给予的学习指导是针对班级的绝大多数学生的学习情况来安排的，具有基础性、大众性、广泛适应性，却缺乏具体的针对性。所以，即便你能够很好地完成老师布置的学习任务，紧跟老师节奏，你的学习成绩最多也就只能是个中等偏上的程度，也就是整个班级中大多数人所在层面的靠前的位置。

要想自己能够突破重围，领先绝大多数人，占领鳌头，你就必须在完成老师安排的学习任务的基础上，还需针对自己的具体学习情况，做出更适合自己的学习安排。我在最开始也没有定目标做计划的习惯，不管是开学期间，还是假期，只要早早地完成了作业，剩下的时间全部用来玩耍。后来到了小学高年级，迫于想上重点中学的小升初压力，在父母的要求和提醒下，不得不开始进行一些调整。寒暑假时，会给自己设定一些小目标，比如自学完下学期的教材内容，看完几本英语书，看完几本课外书，等等。我开始有意识地把假期作业分摊到一段比较长的时间完成，每天除了完成假期作业，也做一些自己小目标上计划要做的事情，同时也给自己留下一些时间去做自己喜欢的事情。

刚开始的时候，因为对自己缺乏准确的认知，自律性也极其有限，不懂得自我管理，玩心总是占据上风，以至于每个假期定的目标基本没能全部完成。后来，就像上面说的那样，不断地去调整目标，完善计划，摸索适合自己的自我管理方法，慢慢发现众多小目标中，自己能够轻松完成其中一个或者几个时，就开始制定更具有挑战性的目标。比如曾经一个假期，我就立下了目标，一定要在 9 月份考过小提琴十级。这对于刚通过七八级考试的我来说，难度不可谓不大。也许你会问，为什么一定要在那个 9 月份考过十级呢？因为当时马上就要升学了，考级证书对于升学成绩会有一定的帮助。

有了目标，便有了努力的方向。那么要如何向这个方向前进，这就需要制订一个详细的实施计划。以上述的目标为例，9 月份通过十级考试是目标，具体需要如何做才能确保这一目标得以实现，这是立完目标之后首要考虑的问题。为此我制订了一个详细缜密的计划，要求自己在两个月中必须完成所有十级曲目的练习，具体到每天练习几首曲子，最后还留下半个月用来攻克考级曲目。从时间安排到任务量安排，到学习的重点都做了详细计划，由此，明确了我在通向这个目标的道路上需要具体做些什么、如何做，知道自己的努力和劲头该往哪处使。最终，在当年的9月，我成功地通过了十级考核。

虽然仅仅两个多月的时间，对于刚达到七八级水准的我来说，要通过9级考试真的比较困难，但正是因为有了目标和计划的双重督促和激励，我向着这个目标一点一点地不断前进，直到实现。所以，我想说，能够激励你行为的最好办法就是设定目标和计划。

有了目标和计划，接下来我想说的是心态方面。相信不少同学都有拖延症，我小的时候也不例外，这个坏习惯也一直伴随着我。后来，我是如何改掉这个拖延症的呢？以我吃饭拖延磨蹭为例，我小时候吃饭很慢，倒不是说我没有胃口，而是喜欢在吃饭的时候看看这个、看看那个，或者发发呆什么的，含着一口饭要拖很久才会咽下去。幼儿园的时候，我就经常因为吃得太慢而被老师罚站，妈妈对我的这个习惯也非常不满。最终，为了改掉我吃饭磨磨蹭蹭的这个坏习惯，给我定下规矩：如果在1小时内吃完就奖励1张电视券，如果1.5个小时还没吃完就要扣除1张电视券，而且这个电视券的时长直接和吃饭时长挂钩。有了这个规矩之后，为了能够看上电视，我"被迫"加快了吃饭的速度，最后控制在大约30~45分钟里吃完一顿饭，基本改掉了吃饭时磨蹭拖延的坏毛病。

在学习上，我和所有的孩子一样，也会受到零食、电视以及其他各种娱乐活动的诱惑，做作业也比较慢，而且总是拖到快睡觉了才不得不去做作业，做的时候又是一通磨蹭。后来妈妈为了改掉我做作业磨蹭拖延的毛病，就规定：只有在全部作业写完并且练完琴后才可以进行其他的娱乐活动，当然完成得越早，我剩下的娱乐时间就越多。从此，我"被迫"一回家就抓紧时间先做作业，然后练琴，作业和练琴不完成就不能去玩。而且为了能够赢得更多的娱乐时间，我也会在做作业和练琴时更专心、更仔细，确保能更快完成，以便为自己争得更多的娱乐时间。最终，我养成了一回家先做作业再练琴的习惯，寒暑假里也是如此，我也会习惯性地刷完所有学校布置的作业，练完琴后再进行其他安排。

　　一开始，我也会觉得委屈，觉得被强迫做自己不想做的事很不爽，但迫于父母的"威压"，我不得不从。相信这种心态很多孩子在被父母要求完成某种任务的时候都会有。但是一旦度过了最初的不适应期，并感受到父母要求你做的某件事带给你的好处，同时也将这件事变成了一种习惯之后，你的心态自然会随之发生改变。因为改掉了这个做作业拖拉的坏习惯，我感觉到完成作业之后，没有负担的娱乐会更放松，而且这种娱乐还是通过我自己的努力争取来的，于是享受这种娱乐带给我的快感更让我觉得理所应当，也更让我觉得安心。不像之前，没有做作业就玩的时候，会总想着还有作业得做，我就再玩一小会儿就去做作业，一小会儿过去了，还是不想去，就告诉自己再玩一小会儿……其实，虽然是在玩儿，但"做作业"就像个紧箍咒时刻提醒着我，还有事等着我去做，内心深处根本无法彻底放松，无法坦然地享受娱乐带来的快乐，玩得心累。

同时，为了能够更快地完成作业，我也会不断提醒自己上课更加认真听讲。不知不觉间，父母的这个规则已经带我进入了学习的良性循环。作业越做越快，学习成绩也越来越好，对这一规则的抵触情绪逐渐消散，反而逐渐成了我的一种习惯，让我更加轻松，更加自然地主动去完成。我深刻地品尝到了父母这个规则带给我的种种好处，由此而来的优秀成绩和获得的更多称赞带给我的成就感和满足感让我无比愉悦。这种愉悦感远比之前"带着紧箍咒"的娱乐让我更加快乐。

从这件事上，我认识到，娱乐并不是生命中不可或缺的部分，也并不是只有娱乐才能让我们开心。我们除了娱乐，还应该有更高的追求，实现更高追求的成就感和满足感是比娱乐更让我们开心的事情。随着我年龄的增加，获得的好成绩越来越多，这种认知也越来越强烈。进入大学之后，没有了高考升学的压力，学习轻松很多。除了考试周，平时可自由支配的时间还是比较多的。偶尔，经不住诱惑的我，也会放肆地胡吃海喝或者疯玩疯闹，然而，这种偶尔的放纵带给我的除了当时短暂的开心快乐，更多的是之后的深深内疚。我想，之所以有这种心态，应该就是从实现自己的目标和更高的追求的成就感和满足感中享受快乐，已经成了我的一种习惯。我已经习惯了有追求的去生活学习，习惯了那种实现目标的成就感和满足感带给我的快乐，却并不习惯这种"看似快乐"的放纵。

为了获得这种让我发自内心的快乐感，我会不断给自己设立更高的目标，更高的追求，并继续为此制订具体的计划，不断去完成一项项挑战，从中实现自我满足，感受快乐。这便成了我的一种生活学习习惯。也正是习惯了这种能够不断激励我成长进步的好的习惯，我才越来越优秀。所以，只要养成了好的习惯，你也就离优秀不远了！

这种心态上的转变和认知也正是支持、督促我长此以往保持这种习惯的关键因素。因此，健康积极的心态非常重要，它能帮助我们正确认识父母或者老师给予的规则，也能帮助我们积极对待规则，并很好地利用规则发挥的作用来不断鞭策自我、提升自我、完善自我。

养成自学好习惯，慎重选择补习班。就我个人的经历而言，我一直没有参加过补习班，这里我是单指辅导学习的补习班，不包括小提琴和桥牌等兴趣班。我自认为是一个自学能力比较强的人，对于大多数的科目，课内的内容我可以自己消化，而课外的拓展内容，大部分也可以靠自己啃教材进行理解，若是实在碰上不会的地方，就寻求家长或者老师的帮助。所以，根本无须再去奔波于各类补习班了。但是，上了大学之后，我觉得计算机科目一直是让我头疼的一门学问，理解和学习起来非常吃力，所以我迫切希望能够有人帮我补习计算机，那么就会省下我自己琢磨术语的大量时间。

在我看来，补习的意义就在于节约时间来进行疑难问题的解答，这是一件提高效率的事情。如果这些疑难问题的解答不用上补习班也无须花费太多时间就能解决，那就没必要跟风似的也报个补习班。是否需要报补习班完全因人因事而异，需要具体情况具体分析，切忌跟风攀比。

在挑选补习机构的时候，也要注意，不要太贪心，并不是每门课都需要补习。如果每天把大量的时间都花费在奔走于各类辅导班之间，那是极其费时费力的，而且这种费时费力和所获得的成绩也不一定成正比。因此，在我看来，哪门课需要补习，如何补习，需要理智分析之后再做出选择，补习宜精不宜多。

近年来，因为疫情的影响，滋生了大批的线上补习课堂，正可谓是五花八门。又因为线上补习班方便省时还便宜，再也不用东奔西走，时间也灵活，甚至还可以随时回看复盘等，受到很多人的青睐。并且每个补习班的招生宣传都夸得天花乱坠，让人感觉不选择他们，就好像错失掉了奇迹在你身上发生的机会，会遗憾终身。

面对层出不穷的线上补习班，我们更需要保持足够的冷静和理智，结合自身的具体情况谨慎选择，必要时可以咨询你的老师或者有经验的亲友。因为，没有谁比你自己更了解自己的具体学习情况。针对他们的宣传，要结合自身的特点做出理智的判断，看他们的课堂是否能真正解决你的具体问题，解决问题的效率如何。比如，因为线上课堂没有时间、空间的限制，往往是一对超多的情况。如果你是需要拔高，让你的成绩能够超过绝大多数同学，名列前茅，这种线上补习班就不太可取。因为他们针对的往往是大范围学生共性的问题，而这些共性的问题并不能让你和其他同学有所区分，根本无法帮助你领先大部分人。此时你可以考虑一对一地连线辅导，由专人根据你的时间、你的具体情况为你量身定制课堂，专门辅导。

我们也需要培养自己的自学能力，养成自学好习惯。漫长的人生路上，不仅是学习阶段，工作之后，当家长之后，进入某一个全新的领域之后，等等，太多时候都需要拥有一定的自学能力。而且，我们不仅要具备自学的能力，还要将自主学习培养成一种习惯。如果我们能够拥有这种习惯，对于新的知识能够有意识地自主学习，就很容易变被动为主动。作为学生，对知识点也会有更独到的理解，进入全新领域之后，也会因为自主学习，让你能够更快融入并适应新领域，甚至于更快地在新领域里崭露头角。

中学时，我在理科科目上总结出一些比较特别的学习方法，被大家称赞"脑回路清奇"。现在想起来，也许这就是因为我常常在老师讲课前就把内容全部自学了一遍，在听课的时候，视角不一样，领悟到的知识点也就不一样了。

互动也是必要养成的好习惯。正是因为大家的思路不同，我们才需要与老师、同学，甚至家长多多进行交流。孔子曰"三人行，必有我师"也正是这个道理。只有不断去互动交流，才能在这一过程中迅速找到自己的不足，并发现别人身上的可取之处，取长补短，更快成长。当然，所谓的互动交流，不仅仅指学习方面，有时谈谈心也是非常好的。从别人的言论中，或许不经意间，你就可以获取到精神力量或者触动启发，或者一些好的技巧、方法。就如我通过本书与你分享我的学习经历与心路历程，也正是希望你能从中获取到对你有用的方法、启发，帮助你能更快地提高学习成绩和成长。

　　坚持兴趣爱好和体育运动也是一种好习惯。从小，我就是一个爱好非常广泛的人。从幼儿园到初中，我的爱好可以说是只增不减。幼儿园培养了国际象棋和溜冰的爱好，进入了小学之后，又学习了小提琴、口琴，也喜欢打打羽毛球，顺便加入了学校的舞蹈队，还学习了画画。进入初中之后，又被老师拉进了桥牌课的大门。这么多爱好，多少都会分散精力，甚至对学习也产生了不小的影响。最严重的时候莫过于小升初的时候，因为精力分散，不仅成绩下滑得很厉害，同时几场中学的面试都考砸了，我感到非常遗憾。迫于小升初的压力，我就开始削减自己的爱好，先是放弃了口琴，然后丢下了国际象棋，对于自己并不擅长的画画和跳舞也放弃了。最后仅留下了小提琴和桥牌。

　　对此我想说，在有了爱好之后，除了一颗喜欢的心，我们一定要保有坚持下去的决心，并养成一种习惯。一路走来，我看到身边太多的同学出于各种各样的原因放弃了自己的兴趣爱好，有的是因为学业繁重，有的是因为有了新的爱好而放弃了原来的，有的纯粹就是三分钟热度过了……对此，我自然也纠结过、犹豫过。经历了中考和高考，对于兴趣爱好我是这么理解的：练习一项爱好并争取达到专业水平，并不是为了从事于此，只是为了让自己知道入门与顶尖的区别，并给自己的空闲时间多一项怡性弄情的方式，或者让自己多一种感情宣泄的通道。

兴趣爱好不能仅靠单纯的第一眼喜欢就能长久坚持，最好是能把它变成一种习惯。第一眼的喜欢并不能长久，三分钟热度之后基本就都归于平淡，如果你没能从中找到能让你坚持下去的乐趣，大多也就不太想继续学了。这时候需要自己不断给自己鼓劲，迫使自己继续坚持、再坚持，把这种兴趣爱好的学习锻炼变成一种习惯。只有这样，才能让你的兴趣爱好闪耀光芒，温暖照亮你的人生，给予你的人生更多乐趣和色彩。

坚持运动也应成为一种习惯。我每个假期必立的一个目标就是早上一定要起床去跑步。夏天一般还起得来，但是一到冬天，就赖在床上爬不起来了。一旦没起来，跑步计划就荒废。一旦荒废一天，第二天也很有可能起不来再荒废……之后的一周就一天都不想去了。虽然早上是窝在暖和的被窝里舒服了，但之后又会因为荒废了计划而愧疚，几次三番的精神斗争后，后面可能又被愧疚占了上风，激励自己早起继续坚持去跑步，但总归还是感觉计划被打破了而自责。

后来，我开始接触各种各样的运动项目，不再只是跑步了。然后我发现，在暑假办一张游泳卡或者健身卡是个不错的主意。因为办了卡之后，也就意味着自己存了一笔不少的钱进去，为了不让自己的钱白花，就得督促着自己去锻炼。因为有了这个理由，大大增强了假期运动计划的执行性。返校后，在坚持运动上，我往往都会有些懈怠。但是压力大的时候还是会习惯性地去操场上走或者跑上几圈，甚至在晚自习的时候跑完步，舒舒服服地躺在草坪上休息，觉得非常放松。让运动成为一种习惯，不仅强身健体，也能舒缓压力，调节身心，甚至有些同学思路陷入僵局时，也会出去跑上两圈……

在之后的分享中，我们会就以上的几个习惯进行具体的介绍，希望能对大家有所帮助，希望我们都可以让优秀的习惯伴随一生。

第三篇

目标与计划

　　前面说习惯了好的习惯，优秀也就离我们不远了。好的习惯里首要的就是习惯设立目标和计划。那么要如何设立目标呢？

　　设立目标的第一个原则就是要符合实际。目标需根据自身的实际情况，客观设定，切忌假大空，既不能过高，也不能过低。目标太高会导致你拼尽全力，仍然无法实现，最终只会让自己身心疲惫，信心丧失；但目标也不宜太低，如果一个目标能轻轻松松地完成，那它也就失去了设立的意义。

　　例如，一个基础很差的同学就不应该以竞赛得奖作为目标，这是不切实际的。又比如，有些同学想尽快完成学校布置的寒假作业，留下后续时间自己分配。但是，把目标定为"一天内完成所有寒假作业"这也是不切实际的。我中学时的假期里给自己设定的目标是：一周完成假期作业。这是基于学校布置的作业量和我平时的学习效率来估计的时间，因此基本都能够按照计划完成。

设立目标的第二个原则就是要具有挑战性。设立的目标对于你而言，不是轻松便能实现，必须是要经过一定的努力和付出才能实现。只有这样的目标才能激励你不断地进步，也才有了作为目标的意义。正所谓"不想当将军的士兵不是好士兵"，一个只想当优秀士兵的新兵和一个想当将军的新兵相比，他们虽然站在同一起跑线上，但因为他们为之奋斗的目标不一样，也决定了他们对自己要求的标准，以及为之付出努力的程度都会不一样，自然最终的结果也不一样。所以，要想成长得比别人优秀，首先目标就得高人一步。

例如，如果设立的目标是每天学习半小时，学习半小时是一件毫无难度的事情，因此这样的目标是看不到实际效果的。我们设立目标的初衷是为了自我提高，目标必须处在一个自己"需要跳一跳才能够得到"的高度。我曾经给自己定下一个目标是在整个寒假读完一本400多页的英文读物。因为词汇量的限制，原版书往往需要边查边看，效率比较低，自己也比较容易急躁，因此就设立了"读完"这样一个目标。幸运的是，自己坚持了下来，并且超额完成了任务。

设立目标的第三个原则就是不单一。为了使我们的假期充实而有意义，我们的目标必须不是一个单一的目标，如果仅仅只有一个"两周完成所有作业"的目标，那么在两周后，我们即使完成了目标，之后也会没有方向，无所事事地度过剩下的时间。因此，我们的目标必须是多元化的，不仅仅涉及学校布置的作业，同时，也要为其他事项设立一些目标，比如预习下学期的新课程内容，或者自己的兴趣爱好、运动以及希望能够改掉的坏习惯，等等，都可以成为假期目标的一部分。关于坏习惯，我们只要能想到的，就可以让它成为目标的一部分，越早改越容易改。例如，挑食，我是一个非常挑食的人，但是，我会强制自己每天吃一定的水果蔬菜，每周吃一些自己不喜欢的鱼。如此，改变了不健康的饮食习惯，这些习惯一直保留到了现在。我的寒假目标，往往都由以下几个部分组成：学习、兴趣爱好，体育运动，社会活动和改正坏习惯。这5部分在我的寒假生活中是必不可少的。我也希望每位同学，都在自己的假期之初，尽可能根据自身的情况大开脑洞，为自己的假期制订一份符合实际的、具有挑战性的、多元化的完美计划！当然，除了假期，我们的日常生活也是需要目标的，目标是我们计划的起点，也是终点，今天，就先给自己设立几个小目标吧！

有了目标之后，如何实现目标，就需要制订具体计划，那要如何制订具体计划呢？

单就学习而言，我们的计划可以分为几个部分。

首先是基础部分，就是学校布置的作业和任务。这些是需要优先完成的，一是因为它的难度比较低，学校布置的任务一般都是需要我们必须掌握的最基本的知识。我们在学习上需要遵循的一个循序渐进的原则，那就是应当先从必须掌握的基本知识入手。所以，我们在学习课外知识前应该先完成作业。二是因为作业可以有效地帮助我们回顾和复习刚刚讲过的学习内容，假期作业更是可以带着我们回顾和复习上一学期的所有内容，并在复习的同时，让我们对上一学期的知识点有更深入的理解，有助于后续的学习。三是因为如果我们把作业拖到最后才做，很有可能因时间不够而匆匆应付，导致作业完成的质量非常低，不能有效地起到复习的效果。

其次是专项部分，是指对学科专项进行突破。一方面是对比较薄弱的科目进行补习，另一方面则是对学科的重点和难点进行专项训练。关于假期怎么补短板，我的建议是重温一遍教材，不是囫囵吞枣式地重温，而是完完整整、细致全面地重温，并在重温的时候注意总结和记录，找到自己的弱点和不足进行重点温习，对已经掌握的内容则可快速越过。

关于怎么专项提分，对于理科而言，最简单的方式就是去参考竞赛的初赛题，它往往和中考、高考是接轨的，并且在难度上提高了，同时竞赛题有详细的解答步骤，适合在假期中进行自学。

那么，具体如何制订详细的学习计划呢？

以我高二的寒假为例，总体进度上，先完成学校布置的作业（一般可以控制在 1/3 个寒假到半个寒假内完成）。学校大概一门学科布置了十几套一模卷和 1 本比较厚的练习册。我的做法是，先根据平时做题的速度，估算以上作业量至少需要几天完成，当时我的估计是 1 周左右，此外，我还给自己预留了 3 天的宽限期，总体下来计划 10 天完成作业。针对不同学科的作业，我的建议是，在完成一门学科的一章作业或一套完整的卷子之后，可以换一门学科接着学习，这样可以有效避免学习中常常出现的"疲态"。疲态指的是长时间学习某门学科而导致精神上的厌恶情绪。

作业完成之后再进行课本的重温和课外的拓展。完成学校作业只是对已经学过的知识点进行了一次全面复习和再一次的深入理解。但对于知识点遗漏或者欠缺或者需要拔高的同学来说，根据自己的不同情况，还需要进行课本的重温和课外的拓展。比如查漏补缺就需要课本重温，成绩拔高的则需要课外拓展，比如多刷一些奥赛题或者预习新的知识点，提前掌握老师将讲的内容，在老师正式讲解的时候，则有更多时间去思考、探讨一些相关联、更深入的问题。

建议寒假每天的学习时间大概以 6~8 小时为宜。平均下来就是上午、下午、晚上各学习两小时左右，在每两小时里安排 1~2 次的休息时间，并且每次休息时间之后，切换一门学科进行学习。这样，我们既可以保证自学的效率不会因"疲态"而降低，同时也可以保证每门学科都不会被落下，确保了学科学习的连续性与一致性。至于老生常谈的"早上背单词""什么时间做什么题"之类的问题，我觉得还是根据自己的情况来决定比较好，毕竟每个人的情况都不一样，有的人可能就是晚上背单词效率高，这些所谓的"规律"并不一定适合每一个人。我们可以参考，可以借鉴，但切忌教条主义，不能让这些本是帮助我们提高效率的东西反而把自己束缚住。

具体计划及进度要注意将学习任务尽可能地具体化、量化。将任务内容、任务量、完成时间都规定得清清楚楚。每科最终要达到怎样的学习效果，为了达到这一学习效果，需要完成的具体任务是哪些、有多少，计划一共用多少天完成，每天分配多少时间，每天需完成的任务量是哪些、具体有多少。时间安排和分配需要注意的是，不能自己想当然，想给多长时间就给多长时间，也不能全部都一刀切，统一标准，要根据自己平时的学习效率合理估计之后再进行分配，并略微留点机动时间，以应付突发情况。

例如，我之前设立的目标是要在9月份通过十级考试。我要为了这个目标具体做些什么？怎么做？做到啥程度？如果不具体规划，实施起来就比较随心所欲，对自己的约束和激励作用也并不大，很容易就让这个目标最终沦为一句口号，能实现的概率可想而知也不会大。所以，我为此做了一个详尽的计划，很明确地规划了总时间量是从立目标开始，一直到9月考级考试这期间的两个多月；总任务量就是需要完成所有十级曲目的练习，最终还留了半个月专攻考级曲目的练习；总的实施标准就是十级的考级标准。

有了总的时间、数量、标准的要求，我便从3个方面将计划逐步完善细化。一是计算用于实现这个目标可用的时间具体有多少天；需要练习的曲目有多少首；每首完成时间大概是多少；十级的具体标准是什么，我在练习中要着重注意提升自己的哪些方面？等等。二是根据这些量化的数据，并充分考虑我的具体情况，给自己规定每天需完成的任务和每天用于完成任务的时间，完成任务期间需要重点注意的事项。三是稍微留一些机动时间，对在这期间受各种突发情况干扰，未能按时按量完成的计划进行补救。有了这样一个详尽的数据量化的计划，实施起来就能完全心中有数，确保自己花的每一点时间都有确实意义，效率自然相对就高。

诚然，一个充实的假期并不能只有学习。以我为例，我之前就提到了我的假期由学习、兴趣爱好，体育运动，社会活动和改正坏习惯 5 部分组成。除了学习的部分，后面一篇我将详细为大家介绍其他内容。

第四篇

兴趣爱好和体育运动

从小培养兴趣爱好，可以在训练中培养很多珍贵的品格特质，比如审美、乐感、自信、优雅气质等；可以帮助孩子们结交更多有相同兴趣爱好的小伙伴，可以使我们更加热爱生活，珍惜时光；还可以帮我们缓解生活的平庸和疲乏，更可以积累更多的早期优势，等等。越来越多的家长已经认识到了从小培养孩子兴趣爱好的好处，因此，从孩子很小的时候，父母就给孩子报了很多的兴趣班。我也不例外。那么应该如何正确对待兴趣班呢？

首先，对于兴趣和爱好，小的时候最好能够大量接触。因为不知道最喜欢什么，只能先大量地接触不一样的东西，只有如此才能从中发现自己最感兴趣的东西。小时候，爸妈对我只要有兴趣的东西都会支持。我喜欢画画，就给我买了很多水彩笔、蜡笔之类的，还给我报了绘画兴趣班；喜欢折纸就给我买了好多漂亮的彩纸；喜欢剪窗花，就帮我准备了锯边剪刀；喜欢国际象棋，就自己学了然后陪我下；喜欢滑冰，就帮我准备了冰鞋和护具。最后尽管大部分没有坚持下来，但都有所收获，也让我对很多项目有了正确客观的认识，为我之后做出选择奠定了很好的基础。

很多的兴趣爱好，可能就是出于好奇心或一时兴起。千万不要觉得这样的"一时兴起"不靠谱，而不给予重视，或者直接忽略。我们应该牢牢地抓住这个"一时兴起"去接触、去尝试，尽可能创造一切条件走近它、走入它去看看。只有真正接触、了解并尝试了，才能有个正确的判断，才能进行选择。所以对兴趣爱好的"一时兴起"很宝贵，要认真对待，能让你打心底喜欢，并能够为此长久坚持学习、练习，甚至能够陪伴一生的某个兴趣，可能就藏在这些"一时兴起"之中。如此还能很好地保护和满足我们的好奇心，对每一项兴趣的探索都是好奇心使然，了解认识了兴趣之后，好奇心得到充分满足的同时，也驱使着我们萌生更强烈的好奇心。有了好奇心，才能不断探索，不断追逐新知。保护好这份好奇心，也是为后面的自学作好铺垫。

也有一些兴趣爱好，出于家长有意识地培养。比如我，最开始是爸爸妈妈大量地讲睡前故事，买书念给我听，慢慢地我被那些生动的故事和故事里的世界深深吸引了，渐渐地就变成了我自己去读书、看书，家里的儿童书储备本来就很多，我就像鱼儿入了水般，开心地徜徉在书的世界里，然后一逮着机会，就总想给爸爸妈妈讲故事，有些是从书里看到的，有些完全是自己看书后即兴瞎编的。好在爸妈总是很耐心，并对我讲的故事表现出充分的兴趣，这更助长了我阅读的兴趣，还曾荣获了上海市看图说话一等奖。除了故事书，还有很多科普等之类的其他书，让我印象最为深刻的是，爸妈给我买了一整套《10万个为什么》，还有《蓝猫淘气3000问》。因为我小时候经常会没完没了地问爸妈，为什么水会向下流，为什么冰棍儿会冒气……特别地刨根问底，很多时候爸妈都答不上来，看过了这两套书，我找到了很多问题的答案，也了解到更多稀奇古怪的知识，对阅读的兴趣更加浓厚。家里的书读完后，我就爱上了泡图书馆、泡书城，再给我爸妈、小伙伴们讲故事、刨根问底地问问题……我像是彻底打开了书中世界的大门，触摸到了书中世界的丰富多彩，就这么一发不可收地爱上了阅读。现在想来，如果不是爸妈最初的有意识培养、鼓励和积极支持，阅读这一兴趣很有可能就与我擦肩而过了。

　　其次，随着学习任务和压力的增大，兴趣爱好应该有所取舍。 我们还小的时候，不管是家长还是我们都不知道自己喜欢什么，擅长什么，只有大量尝试才有可能得到答案。如果错过了这个阶段，也许就不再有时间和机会接触这些有趣的事了，更甚可能也就错过了自己最喜欢和最擅长的东西。但人的精力非常有限，学习任务和压力也越来越大，到了中学阶段，花在学习上的精力占了大半，能够用在兴趣爱好上的时间和精力就很少了，这时候，我们就应该有所取舍，找到重点。

现在常说"不能让孩子输在起跑线上"，以至于发展到中学的时候，我们可能都有了一大堆的"兴趣爱好"。有的是自己好奇要学的，有的是家长认为重要的，可能也有的幸运地碰到了自己最喜欢或最擅长的某项兴趣，是因为自己真正喜欢坚持要学的。总之，小学学习任务和压力不大，课余时间也多，我们的课外生活就被各种兴趣班填充得满满当当了。到了初中，我们的思考重点慢慢变成了"怎样应对三或四年后的中考"，怎样能够取得好成绩。因而，在时间有限的情况下，兴趣爱好必须作出必要的让步。因此很多人说，中学阶段是筛选兴趣最重要的时期。

对于兴趣班比较多的同学来说，上了中学之后再不能像在幼儿园和小学那样放任自由了，而是必须要有所调整和挑选的。不一定要完全确定死，但可以从 6~7 个兴趣减到 1~2 个，最多不超过 3 个，否则精力分散无法精益求精，还会影响到所有兴趣的质量。我一直认为：练习一项或两项爱好并争取达到专业水平，并不是为了从事于此，只是为了让自己知道入门与专业的区别。

在这里我向大家分享一下自己在兴趣方面抉择的故事。关于练琴，我一开始是带着好奇接触小提琴的。和很多小朋友一样，满足了好奇心之后，我最初的那点热情也基本消耗殆尽，就想着放弃，因为不愿去上小提琴课还屡次被骂哭。父母那时候给我换了老师，新的老师更加严厉，再加上爸妈的一再逼迫，最终才坚持了下来。也多亏如此，我没有放弃，并且渐渐喜欢上了它，还加入了乐队，参加各种演出比赛。

那时候，除了小提琴，我还喜欢国际象棋、桥牌、溜冰，因为在口琴队里，尽管自己对口琴兴趣不大，但也勉强算是半个爱好吧。除此之外，还有各种各样的学科竞赛、演讲比赛、考级等纷至沓来，对于年幼的我来说，着实有些吃不消。于是，爸妈也同意了我放弃一些。我想了很久，到底应该放弃哪个呢？最早放弃的是溜冰，因为溜冰学得早，我家附近也没有练溜冰的场地，必须拎着鞋到教室练，就很难体验穿着溜冰鞋迎风刷街的痛快，那种潇洒肆意正是我当初喜欢上溜冰的原因，既然感受不到这种痛快，那就放弃吧。然后是口琴，虽然口琴得奖不少，也成了我填充简历的重要资本，但也都是集体奖项居多，我对口琴始终说不上喜欢。要说技术，虽然还算凑合，毕竟在队里也待了好多年，但和那些平时扎扎实实训练的学长学姐相比终究是有差距的。

再者国际象棋，我挺纠结的，从幼儿园开始学下国际象棋，最初和爸妈下老输，到二年级的时候就能赢了，那时候学校里除了高我一级的学长，几乎战无不胜。考级也顺利地过了好多次，虽然没有正式地上过集训课，但总体表现还算不错，大家一致评价我挺有天赋的。但是时间不够，我必须得在桥牌和国际象棋之间做出选择，那时学校已经没有和我旗鼓相当的国际象棋对手了，最终我选择了前者。所以最终，我的兴趣仅保留了小提琴和桥牌。

再次，**兴趣需要呵护和培养，才能成为爱好。**人生伊始，对大千世界充满了好奇，也因而生出了诸多兴趣。我们每个人都一样，最初都会产生很多兴趣，但大多数兴趣是浅尝辄止。因为，很多事情做起来后才发现这件事本身不一定是我们想象中的那么有趣，因而也就放弃了。只有加以小心呵护和培养，督促自己坚持下去，才能真正了解到其本质与内涵，了解到其真正的魅力，从而喜爱上它，感受到它带给你的快乐，并能够坚持下去。

任何一种兴趣，都有其枯燥的一面。就拿我所喜欢的小提琴来说，弓法、指法就那几种，弦也只有 4 根，了解了这些之后就觉得好没意思，刚开始练习时，也很无聊。在爸妈的逼迫下我才坚持了学习。后来，我之所以能坚持每天练习，主要是通过不断学习，我发现了技巧、音乐背后的东西，也认识到音乐，它不仅仅是音符的组成。对其的理解也不再停留在表象，开始深入探究其内涵。之前我看过一篇讲音乐理论的文章，介绍了卡农通过延后若干小节形成二重奏、四重奏的原理，从中我感受到，音乐与和谐，是一件多么宏大的事情，而我，还处在冰山一角，等着我去发掘的冰山何其庞大奇妙。

兴趣爱好不是坐等来的，而是靠自己发现的。兴趣只是敲门砖，入门后还有很长的路要走，让我们能坚持爱好的并不是意志力，而是情感。这里所说的情感可能是个人喜好，可能是文化情怀，也有可能是某一句话的启发，不一而足。总之，心灵需要温度。如果没有情感，我就会变成练习机器，即便坚持了下去，也无法领略体会其中真谛。情感对于我们来说才是永恒的动力，想想我们努力学习工作是为了什么，最终是为了快乐。

我在学习小提琴的时候，刚开始就是什么都不懂，被逼着学一二三的规律，记谱记符号非常痛苦，如果没有老师和家长的督促和逼迫可能也就夭折了，学桥牌也是一样。以桥牌为例，老师说，最开始半年，我们都是在乱打，有的人觉得好玩，有的人觉得无聊。确实是这样，那时候拼了命地想要提高，想要参加比赛，自以为理解了挺多，已经很不错了。真正上了赛场才知道，自己真的是在"乱打"，打了个倒数第二。我还记得那时候，十分郁闷地和搭档跑到比赛学校的足球场上，两个人挂在足球网上荡来荡去，觉得被风吹得挺舒服。倒数第二就倒数第二吧，反正我们也是场上学龄最短的，又不是最后一名，就这样相互安慰着、相互鼓励着，最后也就不觉得很难过了。通过这一次比赛实战，老师让我们认识到了真正的桥牌技术，认识到了其中的无穷奥妙，也意识到了自己认识的浅薄，从而激发出了我们对桥牌学习的热情和兴趣。在之后的每次比赛中，尽管搭档总是在换，队友也会不一样，但我始终记得那一天，从失败的低谷突然被拉上来的幸福。

通过我的切身经历和体会，我想告诉大家的是：兴趣是需要培养的，即便是始于喜爱，也有可能在了解后顿觉无趣或者困难或者种种原因而中途放弃。因此，它需要小心呵护，需要培养，选择一两项持之以恒地坚持下去，不断深入地学习，不断地精益求精。只有这样，才能真正领略其内涵，感受其无限魅力，将兴趣变成爱好。所以，如果还没有兴趣爱好的，我也建议大家寻一两个兴趣培养起来；如果已经有并且很多，那么请适当筛选并坚持；如果已经有了一两个比较长期的爱好，请坚持下去，精益求精！

培养兴趣，除了极少部分某某世家类似这种家族传承的，其他最主要的方式就是通过兴趣班去学习。那么我们究竟应该如何面对五花八门的兴趣班呢？

通过上面对兴趣爱好的详细剖析，可以总结出：对待兴趣班我们可以秉承三个阶段三种态度。

第一个阶段：体验阶段。幼年的我们对世界充满了好奇，这时对待各种兴趣班可以开放地接受、不抵触、不排斥，可以去听听他们的体验课，甚至于跟老师争取下，多听几次体验课。通过体验课去近距离接触体验下各种兴趣，看看有没有对此感兴趣或者喜欢的。体验课基本不收费或者收很少的费用，这样可以用最低的成本去最多的了解各种兴趣。

第二个阶段：启蒙阶段。经过第一阶段的广泛体验，或多或少总会有几种我们感兴趣的，或者家长根据我们的性格特点，认真分析之后认为适合的，具体选择几种，报个班展开学习。这个时候报兴趣班可以稍微多选择一些，但不能太多，最多六七个即可。一旦开始了学习，就要认真对待，绝不能三天打鱼两天晒网，必须克服一切外在影响，尽可能保持满勤，紧密地跟随老师的教学节奏认真学习。但是如果遇到有特别抵触，怎么学也学不会，学了很长一段时间，仍然找不到一点感觉，学习起来特别煎熬的，可以考虑果断放弃。那说明可能真的不适合你，不用白白浪费时间。

第三个阶段：精选精学阶段。伴随着我们年龄的增长，学业上的任务和压力也日益增长，能够用在兴趣上的时间和精力越来越有限。这个时候，我们就要对自己现在学的所有兴趣进行筛选，选择 1~2 种，最多最好不要超过 3 种，自己真心喜欢的，或者自己最擅长或者感觉自己最适合的，继续进行更深入更专业的学习。其他的可以放弃，或者平时玩玩即可。

说完了兴趣，下面我们来谈谈体育运动。俗话说，"身体是革命的本钱"，老师和家长也经常说，要想取得好的成绩，首先必须有个强健的体魄。不然三天两头生病打针吃药，困倦、疲怠，怎么能学习好呢？所以，体育运动真的非常重要，是我们学习成长甚至是做一切事情的基础。

小学、初中的体育课，老师会教会我们各种运动的基本要素以及对身体的影响，如何在运动中做好保护，等等，我们的运动多半也就是蹦蹦跳跳、打打球、游泳之类的。上学期间自不必说，课间跟同学一起上操场各种游戏和运动，运动量基本也就够了。但要强调的是，不要总泡在教室，赖在座位上不想动，课间没有学习任务的情况下，最好都能上操场活动活动。

这里我想说的是假期的运动如何规划。在开始运动之前，我们必须要想清楚，自己要怎么练，怎样把整个假期的运动合理规划好。如果盲目给自己设定过大运动量，可能第一天凭着一股冲劲坚持了下来，之后就累瘫了，再也不想动了，于是整个计划可能都得荒废。

对我来说，我在初高中时的体育运动并不科学，平时常做的就是早上起床在小区里跑几圈，那时候在外婆家，整个家庭都习惯早起，我每天 5 点起来跑步，跑完 1 个多小时后回来吃早饭刚刚好。后来听同学说，晨跑还是稍晚一些比较好，大概 6 点以后更适合跑步。因为 5 点的时候，太阳还没有升起，植物还没有进行光合作用，空气中的氧含量相对比较低。我原本并没有在意，只当是他随口瞎诌，后来在很多地方都看到了这种言论，而且分析得有理有据，于是觉得应该多听听合理意见，做下调整。尤其是在冬天，夜长日短，太阳升起得更晚些，所以应该更晚些跑步才好，比如 7~8 点左右。夏天因为天气比较热，一般早上 6~7 点或者傍晚的时候比较适合跑步。大家也可以计划每天运动 1~2 小时，或打球或游泳或跳绳，等等。总之就是要把每天的运动时间列入计划，并认真执行。

上了大学之后，为了督促自己运动，我办了健身房的卡，也请了教练，健身就变得计划、科学多了。基本每周对身体的每个部位都锻炼一遍，大家即使懒得跑健身房，在运动 APP 上搜索相关的内容，也可以找到不用健身房的器械就可以锻炼到身上肌肉群的方法。当然，在时间、经济条件允许的情况下，去健身房请教练肯定是最好的，不仅可以起到一定的督促作用，同时也可以纠正错误的动作，防止拉伤或者扭到。

现在知乎、Keep App 上都有比较详细的运动计划介绍。一般人需要采用的就是十分钟左右的热身，1 小时左右的无氧运动，再加上半小时左右的有氧运动。如果有身体不好或者是需要更强的运动强度都可以根据自身情况进行调整。据此，大家都可以合理规划下自己的假期运动计划。

坚持运动，确实不是一件容易的事。大多数人是壮志满满地开始，没两天就败下阵来，各种的不想动，各种地找借口。那么，怎样才能坚持运动并有所提高呢？

第一个建议就是和家人或者朋友一同锻炼。通过互相带动、互相监督增强运动的动力。我上大学后的健身卡最开始是和同学一起去办的，刚开始大家的热情都很高，总是你去的时候叫上我，我去的时候叫上你，几乎天天去。后来一方面是因为期中期末变忙了，另一方面是天冷了不想动弹，有时一周竟然都去不上一次。有的时候，甚至于懒洋洋地去洗个澡就回来了。不得不感慨，自律真的是一件特别考验人的事。好在，我较早发现了自己的懒骨头，也意识到了同学们和我一样犯懒了，为了能激励自己，我又抓了一个新办卡的同学一起练，新办卡的同学一般都比较有激情，能很好地带动我。所以我想说，大家相互激励、相互带动，对于坚持运动来说非常有用。

第二个建议是可以邀请家人进行监督，并给予一定的奖励或者惩罚。在自己懈怠偷懒的时候，家长能够及时地提醒督促。

　　第三个建议是可以参与一些运动 App 的打卡活动。总之就是想各种办法自我激励、自我督促，将运动变成自己的一种习惯。成为习惯之后的运动，坚持起来就容易多了。

　　那么又如何进行提高呢？在每一个运动阶段，我们都应该学着去突破自己的极限。当然，这确实不是一件容易的事。初中时我曾经对 800 米跑步很恐慌，但是中考要考，还占了不少分，于是只能咬着牙不断练习。体育老师也不马虎，耐力、冲刺，样样都抓。对于耐力部分，其实提高非常简单，就是每次跑步的时候比规定多一圈就可以了。规定要跑 800 米，我们就努力每天练习跑到 1200 米，规定跑 1000 米就练习跑 1400 米，使自己能够适应更长距离的跑步。之后可以去报名短的马拉松，比如校园马拉松，很多校园马拉松都是 3000 米或者 5000 米的。很多同学会说，我 800 米都呼哧带喘的，3000 米怎么跑呀？我想说，任何时候不要小看了自己的潜力。我那时就凭着脑袋一热，报了名，虽然跑得不算快，但和小伙伴们一起你追我赶的总算是跑完了。再后来我又尝试跑 6000 米的校园马拉松，虽然差点半途而废，但最终还是咬着牙跑完了。

　　学着去突破自己的极限是对的，但突破极限也要量力而行。假如实在不舒服，或者觉得身体真的接受不了，也不能硬撑，慢慢来，循序渐进。运动过程中，我们应该时刻注意自己的身体情况，运动本来就是为了强身健体，增强体魄，如果反而因为运动损伤了身体，那便是本末倒置、得不偿失。

前面说了长跑的耐力锻炼，接下来说冲刺。除了平时多进行冲刺的技巧训练，我认为冲刺更在于临场发挥。从生物学角度来说，耐力如果练到位了，肌肉的力量都是足够的，而爆发力其实我们本身是有的，只是最后更多的是心理因素。我们需要克服自己心理上的倦怠和疲态，可以对自己进行积极的心理暗示——全速冲到终点，一定要达到某个成绩目标，等等。这种累到极致的时候，大脑几乎无法思考，这个时候对自己的积极心理暗示，相当于是大脑的所有想法，因而对行为也最具有支配力，可以有力地支撑自己不顾一切冲到终点。如果是在健身房训练，可以通过调整跑步机的速度来循序渐进地提速，就我个人而言，非常有效。

运动是一件非常有益身心健康的事，如果坚持下来，不仅会让我们的身体越来越好，精气神越来越好，你还会发现，只要我们稍微自律一些，稍微坚持一下，再坚持一下，其实是可以做到每天做好一件事的。并且突破自我，成为更好的自己也并不是那么难，优秀的自己就存在于一次又一次地战胜自己之后。

第五篇

在时间精力有限的情况下如何才能事半功倍，翻身做学霸

提起"事半功倍"马上就能让人眼睛发亮，精神振奋，这可能也是大家最想知道的。那么在时间精力看来都极为有限的情况下，怎样才能打一场漂亮的逆袭仗或者实现咸鱼翻身的梦想呢？我从我个人的经历中总结出以下3个方面：其一，构建自己的知识框架、完善自身知识体系；其二，相信很多事情是相通的，学会用自己熟悉或者擅长的思路去解决那些令自己头疼的学科，例如用理科的思维学习文科；其三，把握好时间的分配以及有效利用。

如何构建知识体系。关于审视自身的长处和短板，不断完善自身的知识体系，是我们在学习过程中一直在强调的问题，那什么样的知识体系才算完善，或者说我们如何尽可能地将所有的考查方式都悉数掌握呢？前提是我们要掌握全部

的基础知识，在此基础上还要将可能考察的方式和延伸点做一个较为详尽的总结概括。这个任务非常地耗时耗力。那么在时间有限、精力有限的情况下，怎样合理安排才能事半功倍呢？

通常比较常用的方法是"刷题"。不能否认这确实是行之有效的方法之一，但这不适用于高考的后期复习，也不适用于在时间有限的情况下想大幅度提高分数的人群。在我看来，想在有限的时间内实现飞跃，必须具备凝练知识点、整合知识点的能力。复习阶段后期，我们都会发现很多题都是属于"换汤不换药"的类型，考查知识点是相同的，只是将数据或者未知量做了调换，所用公式都是一致的。那么这样的题我们只需要认真研究总结一道题，就可以触类旁通、举一反三，不需要再耗费时间在解题过程中了，所以我们的知识体系的构建应该是简练的、综合的，能够应用于多种考查方式的。

短时间构建这种体系的方法无外乎这样几种：一是研究基础手册，了解其是如何将众多课本的知识点囊括在一起的，也就是其知识脉络；二是看一些专题辅导书，总结其中的解题方法和考察要点；三是从刷题中获得经验。显然，刷题是最耗费时间的，那么在选择前两种方式的时候应该注意什么，或者说我们在整理知识点或者构筑自己的体系时要注重什么细节呢？

首先，你需要准备一个足够你整理完该科目知识体系的本子，因为本子越多，后期复习就越烦躁，一个本子就会很方便；

其次，尽可能使用自己的语言，用自己的话、自己的标注来做好各方面的区分，千万不要认为抄一些参考书上的东西就是自己的总结了。我说的总结应该是自己看着最舒服，能够清晰地提醒自己哪里容易犯错，哪里需要着重注意的那种类似于自己的知心朋友的温馨提醒一样的存在。最后也是最重要的一点，因为时间有限，请尽量不要重复做一些题，自己的总结应该是一个提纲挈领性质的，可以通过做题来完善，但是当你发现你要做的题是自己已经总结过的而且很熟悉的那种，请果断跳过，毕竟时间有限，你可以将考察方式总结一下，但没有必要再为此耗费精力。

自己的体系如何构建，从什么地方、从哪些知识点开始，这些就仁者见仁，智者见智了。你可以从现阶段复习的重点开始，也可以从参考书逻辑体系的开头开始，尽量简洁明了，一看就懂，尽可能地由浅入深，做好标注以便后续复习。自己的总结才是适合自己的复习资料，尽管在总结的过程中需要很多借鉴、很多参考。

那么如何检验自己的成果呢？检验的标准是什么？从一轮复习开始，我们的考察方式会越来越综合，那么就需要我们将自己的成绩做一个纵向的比较。随着我们个人知识体系的不断完善，我们应对综合性考试的能力应该越强，你发现自己的底气更足的时候，你就有了很大的进步了。

接下来我们聊一聊如何用自己擅长的思路去解决那些令自己头疼的学科。

　　高中文理分科后，很多人都会明显感觉到自己的思维方式在发生一些变化，面对的困难点也更为突出。比如理科生会觉得语文和英语比较难，理科中比较偏文科的生物也比较难；文科生会觉得数学很难，文科中比较偏理科的地理也比较难。作为一名理科生，我们应该怎么改变这种被动的局面，实现分数的提高呢？

　　我的建议是：作为理科生，就以理科的思维去学习文科或者偏文科的理科。那么我们是怎么学习理科的呢？首先掌握基础知识点的含义，然后总结知识体系，明确考查方式，常考要点，将公式之类的加以运用，得到最后的结果或者证明成立。我们是按照一定的"套路"在答题，或者说我们是在原有知识体系上加以思考得出答题步骤。那么试着用这种方式去学习文科吧。

　　以语文一科为例。

　　关于基础知识点主要有如下几个方面：字、词、成语、句子、文章，以及由此引申出的音节、病句、阅读、古诗文，这些方面需要我们一定的积累，但是并不需要极为深厚的文笔功底。在此基础上关于其知识体系，我们可以按照题型来具体划分，针对题型进行专项提高。关于其考察方式和考察点，可在之前基础上进行整理，比如社科类文本阅读一般有如下要点：选出正确的选项或者不正确的选项；找准答题区间，进行整体把握，多使用排除法；将选项带入原文进行比较对照辨别得出正误。文言文阅读翻译或字词含义的考察，只需要带入进行上下文的理解即可得出答案，翻译时直译为主，意译为辅，逐字对照。古诗词鉴赏无外乎看标题、看作者、看诗句、看注释、看题干，再根据找出意象—领会意境—理解形象—把握感情—鉴赏评价的流程进行鉴赏，将其所涉及的手法等做好说明，即可很好地拿分。之后的现代文阅读在某种程度上用古诗文鉴赏的方式就可以很好地答题了。归根到底我们从前至后需要做归纳总结的也就是如下几个要点：一是基础字词成语的积累，二是经典古诗文的背诵，三是古诗文鉴赏中体裁意境手法感情的归纳总结，四是一些关于作文题材的积累，而且相对于一些理科的需要记忆的知识点来说，语文考试之前也没有什么需要特殊复习的，复习压力反而比较小。

可是为什么大家会认为这一科目难呢？主要原因在于积累总结方式的错误引导。比如在积累本上按照日期分类，这样就会导致各种积累区分不开，最后复习的时候无法有效快速地找到自己所需要的内容，想要进行专项提高的时候也比较麻烦；又或者在积累时并没有和答题相联系，只是单纯地誊写在本子上，而对其适用环境、适应的命题等并没有什么归纳，导致答题时无法建立较为明显的联系，呈现出一种胸中无物的状态。这就需要我们学会如何积累，按照理科的观点，我们是分块学习、总结进而整合，而一般学习文科的时间大家安排得都比较零散，那么在无法很好地进行专项学习的情况下，我们就需要对自己的积累本作空间划分，将每部分所占位置很好地区别开，从而为之后的复习提供便利。

其实什么叫作以理科的思维学习文科呢？实质就是进行科目类比，再找到其不同点，选择合适有效的方法将其弥补，即可达到目标。

最后我们聊一聊关于时间的问题。

关于时间，摆在大家面前的有两个重要问题：一个是如何分配的问题，一个是如何有效利用的问题。时间对于每个人都是公平的，高中对于每个人来讲都是 3 年，时间有效利用的程度决定了自己所能支配资源的多少。这两个问题从高一到高三会一直伴随着自己，而且答案并不固定，需要我们根据自身实际情况及时地做适当的调整。

我是高一上学期最后一个月文理分班进入奥赛班的，文理分班前我们要面对的问题是：学科之间如何分配时间，从而达到各科齐头并进。进入奥赛班后又多了一项更加重要的权衡，就是要怎样在奥赛和高考课程之间分配时间，使自己能够在奥赛中脱颖而出，又不至于奥赛失利后毫无退路。担心学习奥赛影响高考课程也是众多学生不学奥赛的原因之一。

每周几乎有七分之二的时间是学校安排给奥赛学习的。在周围同学水平都相当的情况下，对于高考课程而言，肯定会少很多练习、积累、总结时间，那么怎么分配时间做到用七分之五的时间达到别人百分之百的效果呢？

这就需要高效利用。所谓高效，是指自己的思维比别人快，可以达到短时完成大量任务。显然在知识点初学阶段，这方面再快也拉不开什么差距；第二种就是将时间用到需要的地方，适当放弃一些无用的任务。以数学成套的试卷举例来讲，试卷中必定有简单题、中档题和难题，那么这时候就需要根据自己情况做一些适当地放弃了。假设是想了解基本概念、基础应用，那么就放弃难题；而如果概念已经烂熟于心，那么就放弃简单题。做这种放弃一定要克服的是自己觉得"没做就是损失"的这种心理。

这种心理是较为普遍的。课业繁忙的时候，觉得自己某项作业没有及时完成就会有很大的落后感，有时候甚至会赶时间敷衍地做一下交任务，觉得完成了就得到了，没做就是损失。我个人认为，这种行为已经属于浪费时间的范畴。在课业繁重、压力山大的时候，要跳出强迫自己必须完成每项任务的这个设定，以自身需求为衡量标准，去完成对自己有实质提高的那部分。这种情况下完成一项任务胜过敷衍地完成十项，每项任务都需要一种深层次有深度的思考，用以完善自身体系。毕竟，所有的练习目的应该是自身提高而不是完成任务。

讲到这里，关于如何有效利用时间大家应该很明白了，那就是必须时刻以自身需求为导向，完成对自己真正有利的部分，并且在这个过程中不断完善自己的知识体系。在知识体系不断完善的过程中，我们可以预料到我们的学习效率会越来越高。

第六篇

攻克假期拖延症

　　拖延是一种非常普遍的现象，一项调查显示大约 75% 的大学生认为自己有拖延症，而 50% 认为自己一直拖延。这里指的拖延症和医学上定义的不太一样。百度百科是这样定义拖延症的：它是指自我调节失败，在能够预料后果有害的情况下，仍然把计划要做的事情往后推迟的一种行为。

　　拖延症强调的是拖，也就是说，明明知道一件事情已经迫在眉睫，但就是不愿意去做它，反而愿意去做一些别的不那么紧急的事情。究其原因并不是我们不愿意做事儿，而是对某件事因为情绪而拒绝完成。或许是因为焦虑，或许是因为厌恶，这就是我想谈论的拖延症。

　　具有拖延症特点的人都喜欢给自己找理由，而且往往是一些完全站不住脚的理由。归根到底呢，就是懒。这里的懒和我们平时所说的不想动的"懒"是不一样的。拖延症者愿意做一些令自己快乐的事情，而逃避完成自认为超出自己能力范围的事情。

关于拖延症，我曾在不久之前做过一个课题，这个课题包含一个实验，实验评估了一批学生在拖延症严重程度、自我评估和任务效率上的调查。从中我们可以看出拖延症的普及程度，以及拖延症患者对自己的看法，包括拖延症这件事本身是否也具有两面性，也就是拖延症是否也存在某些好的方面。

我们评估了大学生的作业完成情况，一般要求完成时间是在一周左右，也就是作业布置后一周内需要上交。作业布置之后的第一天有30%的同学上交，距离截止日期仅有一天时，有40%的同学上交，其余30%的同学则在中间这个时段陆续上交。这说明，当天完成和最后一天完成任务的两类人的比例都非常高。一类是习惯性地把任务提早做完，另一类是不拖到最后一天绝对不开工。据此，我们很容易判断出自己拖延症的严重程度，只需要把自己任务剩余时间比上任务规定完成周期，这个比值越小，就说明自己的拖延程度越严重。比如，任务时间是一周，拖到最后一天完成的比值是 1/7，任务布置当天就完成的比值就是 7/7 也就是 1，因此，比值越小，说明拖延得越厉害。

有人说，拖得最严重的那一批人，同时也是效率最高的那一批人。因为一个敢拖到最后才开工的人，如果没有特别高的效率，他就无法保证在规定时间完成任务，据此认为，拖延症者们在临近截止日期的时候，反而会激发出某种潜能，所以，拖延症有助于效率的提高。这种观点有一定的道理，不可否认，拖延症者们在非常有限的时间内，受任务完成这一高压的刺激，的确有可能激发出某种潜能，促使效率变高。但这并不是绝对的，因为，也很有可能拖延者们为了在规定时间内完成任务，偷工减料，或者敷衍了事，最后就算保证了完成时间，但并不能保证完成质量，还有可能大大降低质量。这种单一速度的提升，并不能代表效率的提高。而且，拖延症者们或许可以按时完成任务，但拖延的本性是不变的，如果有可能延迟截止日期，他们还会选择继续拖延。所以，拖延症并不能促进提高效率，反而还会导致质量不断降低。

拖延症会直接导致失败可悲的人生。拖延症导致质量降低还是因为在临近任务结束期时，及时克服了拖延症，或者说及时止损补救才出现的结果。如果一拖到底，直到最后也不去及时止损补救，那就直接导致任务失败。短时间内的拖延，会让你感到懊恼，心中对自己产生"怒其不争"的想法。可长时间的拖延，会一点点将你的生活弄得一团糟。一次、两次乃至次次拖延，次次任务失败，也就是说你人生中需要你做的事，需要你承担的责任，全部都因为拖延而失败，学习的时候学不好；该做事情的时候没有能力做，也做不到，想干什么都干不好，混过一天是一天，能挨一天是一天，这样失败的人生也就只剩可悲了。

拖延症会带来焦虑。因为我们在拖延的过程中，内心其实并不放松，既要惦记着自己的任务，同时又会为自己的一拖再拖而感到内疚。拖延症越是厉害，你的精神就在做和过会儿做之间不断地拉扯，不断加剧你的精神内耗，导致你的精神过度疲惫。一边想要改变，一边又止不住继续拖延，这种矛盾且挣扎的状态，只会让你的精神愈发焦虑。

严重拖延症会直接损害身体健康。拖延症导致的精神过度疲惫、焦虑对身体本身就不好，整个人会呈现萎靡不振的状态。而且由于拖延症导致任务完成不了，为了补救能够按时完成任务，就不得不熬夜加班加点，大量压缩休息时间去完成之前积累下的任务，导致睡眠不足，休息不够，身体各个器官无法正常工作调息，最终必然出故障，引发生理疾病。

总之，拖延并不是一个好习惯，拖延症带来的问题多多，只有努力去克服战胜它，才能让我们的学习和日常生活、工作提高效率，充实而事半功倍。

那么，**拖延症应该如何克服呢？**

克服拖延症最有效的办法就是将任务细分，并制订详细的计划。让我们明确每个具体的时间点应该做什么，做多少，做到什么程度，并给予一定的激励和惩罚，刺激我们立即行动，执行计划，从而完成任务。

在我看来，克服拖延症最好的办法是大家团结协作，互相带动、互相激励、互相监督，这比一个人努力克服要容易得多。因为克服拖延症说到底还是在跟自己的惰性、劣根性做斗争，跟人的本性做斗争。如果完全不借助外力，光靠自己，就必须锻炼出强大的自控力。这对个人而言，着实很难。但如果是团结协作，大家互相作用，就会相对简单得多。为了验证团队合作是否有效，我们大学里成立了一个 7 人小组进行预实验。基本方法是每个人制订详细的学习计划，同时明确奖励和惩罚措施对大家进行监督，并且有一定互动性和弹性。基本模式是在微信中进行。总体来说，大家的效率都有所提高，同时有效地改善了拖延的情况，下面我会具体说说预实验的过程和结果。

预实验的第一步是大家在微信群中分别写出自己的计划，格式是任务截止日期＋任务名称，时间是一学期。最初大家都斗志昂扬，列了很多的任务，把自己的时间排得满满的。但后来发现，我们列的任务实在是太多，甚至到了不熬夜就无法完成的情况。因此，我们也对自己的时间表作出了调整，每天排的任务保证在一定限度内，并留下一部分空闲的时间，以便于调整。经过不断磨合，我们学会了自己安排自己的时间，学会了做计划要量力而行，在计划的指导下，我们的每一天都非常充实，同时也不会太过于忙碌。有些同学还将改掉自己的坏习惯写进了计划里，例如，不睡懒觉、不刷朋友圈、不玩网游等。最后伴随着计划的完成，他们也成功改掉了这些坏习惯。

预实验的第二步，在小组内采用红包的形式进行奖励和惩罚。惩罚就是在群里发红包，前三次未完成任务发 1 元红包，第四、五、六次为 2 元红包，第七次 3 元，第八、九次 4 元，第十次 5 元，发过 10 次红包后从第一次重新开始。当红包金额变大的时候，完成任务的动力就更强一些，我们也就更易于完成每天的任务计划。有心的组员甚至把红包金额表作成了图片，发到群里，大家把它用作群背景，以便时刻提醒自己按时完成自己的任务计划。奖励实际上就是领取他人未完成任务所惩罚的红包，有时领到别人的红包，也会暗暗庆幸：幸亏自己完成了任务，不用发红包，因而也激励自己要更加努力完成所有任务计划。

实验证明，小组成员共同努力，不仅能够被其他组员的进步时时激励，也能被其他组员的受罚时时警醒，大家互相作用，拖延症得到了很大程度的抑制，这比自己独立克服确实轻松得多。

攻克拖延症必须重视拖延症最重要的两个阶段：任务的刚开始阶段和临近结束阶段。开始阶段，这可能是由于在刚开始时，看到了任务的难度比较大，这个时候时间也还很充分，于是人天生的畏难心理作祟，就迟迟不想开动。俗语有曰：万事开头难。而临近结束的时候，一方面因为疲劳而有所松懈，效率降低；另一方面也有可能之前欠完成的小目标比较多，到了最后越积越多，终至无从下手或者忙乱、焦虑。由于不同阶段导致拖延症的原因不同，因此需要对症下药。

对于开始阶段，需要重点克服畏难心理，用拟定计划、分割任务和时间形成一个个小的目标的方式，严格约束和督促自己开始执行。所以这个阶段最重要的是及时拟定具体执行计划，从小目标着手进行，既可以有效减低难度，克服畏难心理，又可以清楚地知道自己该如何开始，从而付诸行动。

对于临近结束阶段，因疲劳松懈导致的拖延，则需要时刻提醒自己，并及时地借助外部力量加以干涉和督促，还可以用给予一些提前完成任务的奖励措施来进行激励。对于之前拖欠任务导致的任务扎堆，也不能乱了手脚，甚至直接放弃。针对这种情况，可以重新清算任务量和时间，尽快重新划分下具体的任务目标，抓紧一切时间，拿出百米冲刺的劲头，专注高效地积极补救。如果你确实付出了相当大的努力，仍然未能按期望完成任务，那至少也不会过于后悔。

拖延症是阻碍一个人发展和生活最大的难题之一。绝大多数人或多或少都有，即便是我，一直在尝试努力克服，直到现在也不能说完全摆脱了拖延症的阴影。这是人的天性决定的，我们只能说尽量地去克服，让拖延症对自己的影响和危害尽可能减少。

第七篇

说说课外补习

当今的补习班就像雨后春笋一般，遍地都是。我记得当时我周围的很多同学，假期里几乎都泡在补习班里，尤其是高中的时候。即便从我自己现在当家教的经历来看，很多孩子在假期里也都会一天 5~6 个小时连续不断地上课。在我看来，这样是非常不合理的。尽管我身为老师，但也不断向家长、孩子建议，没必要一下子上那么多课，也没必要上课那么频繁。国家也出台了很多相关政策，旨在为孩子减负，减少学校正常课时以外的上课时间。但强大的考试升学压力以及忧心忡忡的家长和孩子依然无法放松心态，盲目地认为补习越多就相当于用在学习上的时间越多，而且跟着老师学总比自己学有效率地多，这样成绩才能越有保障，尤其是成绩较差或者需要提高，对升学还抱着希望的同学，补习的需求更加强烈。

我没有参加过任何补习班，但我之前周围的大部分同学上了补习班。上了大学之后，我又一直做家教兼职，积累了不少当家教的经历，对补习班也有了些认识。对于是否上课外补习班这个问题，我的态度是可以选择上，也完全可以选择不上，但一定要根据自己的情况来定，不能盲目跟风。

什么样的同学适合上补习班呢？

一种是基础非常薄弱的同学。因为落下的功课很多，自己阅读教材进行自学可能会遇到大量困难，导致效率降低，这样的同学需要上补习班，让老师来辅导。并且在经济条件允许的情况下，尽量选择一对一式的教学或者陪读，或者尽量选择小班授课，这样老师的教学或者辅导具有更强的针对性，在有限的时间内能给予的指导和帮助孩子成绩的提升更加有效。

另一种则是在学习方面遇到瓶颈的同学。比如某一科的成绩还不算差，但从中等到优秀还有一定距离，而自己很难突破这一瓶颈。这种情况往往是涉及一些技巧方面的，大范围需要掌握的那些基础知识都已经掌握了，就是需要一些能拔高的、难度更高的知识和技巧。这样的同学参与补习班后，可以和老师分享自己哪块学得不太好，需要得到加强，让老师有针对性地进行辅导。这类同学选择个性化的小班课或者一对一当然是最好的，但更为经济的提高类的大班授课比如奥赛班之类的也是可以考虑的。因为这类同学基础还不错，只要课下自己足够用功，是可以独立消化课上知识点的。至于补习的量，则需要因人而异，补习班还是宜精不宜多。我的老师曾经说：

"每一节课就是一块小点心，把今天的这份消化掉就可以了，没必要那么贪心。"补习班毕竟重点还是在补充课堂之不足，针对自己的个性问题进行的课堂之外的补充。因此我们的重点仍然是消化掌握课堂讲授的基础知识。我前面说的假期每天6~7小时的学习时间，大部分应该是自己去消化学习，特别是学习基础较差的同学，用于"听讲"的时间更不宜过多，真正消化掉所学的知识才是最重要的。如果自己不去思考消化理解，听老师讲得再多也没用，甚至有可能因为自己没能理解，听得越多反而越糊涂。

具体而言，我们可以参考平时的上课时间，至少留下一半左右的时间自己进行消化和理解，并及时整理学习笔记，对于不明白的地方记录下来，集中请教补习老师。这里需要强调：一定要多多地主动请教，利用好一切机会寻求补习老师的指导，如果只是上课才到，上完课就走，那家长为你购买的补习课就太浪费了。

网上的补习班也是一个不错的选择。首先，网课具有价格优势；其次，网课不受天气、交通、地点的限制，节省了大量在路上跑来跑去的时间。最后，网课相当于是一种自学与授课相结合的方式，有利于培养同学们的自主学习意识。因为网课的课堂上，老师与我们中间仅靠电脑连接，是否认真学，完全靠自己自觉，老师管控不到。这就需要我们自己有足够的自觉性去主动接收，接收多少就完全看自己的自觉性有多强。否则，可能就会导致网课成为单方面的输出，失去意义。

　　补习班有利有弊，关键看是否适合自己，真正地对自己有用，以及自己如何来更充分地利用。从我的经验来看，我建议基础比较好的同学，每天的 6 小时学习，用于补习的时间最多不要超过 2 小时为宜，剩下的时间留给自己去消化巩固思考；基础比较差的同学对老师辅助指导的需求更大些，那也不能将 6 小时全部用来补习，至少也应该留下 2 小时左右自己独立思考的时间。正如孔子言"学而不思则罔，思而不学则殆"，总之，我们假期的学习如果需要补习的，也最好把补习和独立思考相结合，如此才能得到最好的效果。

　　补习班容易被忽视的重要作用——群体交流。我们假期的学习和平时有一个很大的不同，就是我们大多是独自进行学习。因为假期都放假在家，除非有同学是近邻，不然基本一个假期可能都见不着同学一面。虽然我们说自学固然是一种需要培养的很重要的能力，但若是一整个假期都自己闷头学习而没有任何交流，也许并不是最好的学习方式。中国有句古话说"独学而无友，则孤陋而寡闻"。为了让我们能够拥有更全面的见解，更深入的思考，更开阔的思路，我们在自学的同时，也需要多多与人交流，及时探讨自己在自学中总结的观点、疑问、心得以及有趣发现等。

　　同时，我们在与人交流的时候，也不仅仅是交流学习方面，对于懵懂期的初、高中生而言，生活中总会有这样那样的开心事和烦恼，甚至一些不太好跟长辈师长交流的感情问题等，如果总是闷在心里不说，很容易造成一些心理困扰甚至是心理障碍。因此，我们需要多多和同龄人交流、探讨。当然，很多同学说，现在网络如此发达，微信、QQ、抖音如此方便，并不需要和小伙伴们见面，一样可以交流。网络确实是一种交流渠道，但无论如何那种面对面的沟通、交流、探讨都会比网络来得更真实、更可靠，尤其是在探讨解题思路之类的，面对面的沟通探讨远远比网络更能碰撞出火花。

说到沟通交流，我们就不得不重视补习班的这一个常常被同学们忽略掉的功能——沟通交流平台。很多同学上补习班都是听完老师讲课就走，最多也就是问老师几个问题，与老师简短沟通一下，和同一个补习班的同学之间几乎都是零交流，有可能上完一期补习班，同学都还一个不认识。所以，这里我们特别提出这一点，补习班的同学对你而言，也是一笔宝贵的财富，应该重视起来。

补习班的同学都来自不同的学校，接受不同教学风格的老师的教导，聚到一起来探讨解题思路，可能就会有不一样的思路、不一样的看法，这种不同教育背景下同一阶段甚至于基础都差不多的同学之间交流，往往更容易发现新的解题思路，新的学习方法……有时候可能比你与同班同学交流收获更多，碰撞出更多火花。而且，不同学校的趣事也各不同，交流的话题也会更加广泛，这是一个开阔视野、拓宽思路、取长补短的极好机会。所以，在假期相对封闭的学习氛围里，补习班为我们提供的这样一个同龄人交流沟通的平台，就显得更为宝贵，我们应该好好珍惜，好好利用。

虽然有的同学会说，假期如果遇到学习上不会的问题，或者有一些想法等，都可以做好记录攒着开学问老师。这不失为一种方法，但我认为更好的解决方式就是遇到问题及时解决。如果有班级群，可以发在班级群里，如果有关系好的同学的微信什么的，可以及时通过网络沟通，但最好还是能够和同学面对面地探讨交流。我在高中时，寝室里几个同学的学习基础都差不多，但在答题思路上还是各有不同的。我们就自然而然地成了一个互助学习小组。在假期里经常就会你问我我问你，一道题目在探讨中很容易就会出现各种解法，大家也因而都收获颇丰。同时，在探讨过程中，还能及时发现别的同学的学习进度，自己的短板以及和别人之间的差距，等等，非常有助于激励自己假期中好好学习，不松懈、不怠懒，以免落后于人。

如果通过大家的探讨交流还是不懂，不妨去问问老师。虽然这样有些打扰老师，但是我想，他们应该也很关心同学们在假期里的学习情况，并不会介意偶尔被请教一两个小问题。尤其是高中生，因为高考的压力，学业任务也重，更应该及时发现问题，及时解决，老师们也更希望大家都能抓紧时间学习，及时解决问题，所以更不会介意偶尔的"打扰"。

不仅是补习班里与同学之间的交流，平日上学期间，也应该多与同学交流探讨，思维只有不断与他人碰撞才能出火花。与人交流的过程，其实更是一种自我促进的过程，是一种能让自己的思维不断改变、完善的过程。因此，我们也应该把与人交流培养成一种习惯。

孔子曰："少成若天性，习惯如自然。"小的时候养成的习惯就像人的天性一样自然、坚固，以至于以后所取得的成功、创造的奇迹，很多方面都是由小的时候养成的习惯所支配。因此，培养好的习惯非常重要，习惯了好的习惯，自然，优秀也就离你不远了。

编者给父母的话

很多父母将孩子不好的习惯怪罪到学校身上，怪罪到教师身上，怪罪到孩子自己身上，唯独没有怪罪到自己身上。其实孩子身上的多数习惯——无论是好习惯还是不好的习惯都是我们父母在有意无意中培养出来的。

莫言说：一个优秀的孩子背后一定有用心的父母。我们在对北京大学各个不同院系的几百名优秀学子进行问卷调查时发现，这些优秀学子的父母们都有一个共同点，就是在教育孩子的问题上费尽心思。有些人可能会说，有那么多的父母大字不识一个，不也教育出好孩子吗？其实，文盲并非不会教育，这些父母同样是教育孩子的高手，因为他们真的在孩子的教育问题上费尽了心思。

曾经《焦点访谈》节目介绍过一个世界中学生奥数金牌获得者的事迹。这位奥数冠军家里极穷，考取了重点中学却没有钱上，父亲主张让他去打工，说："人家上了大学还没有工作呢，更何况你能不能考上大学都还不知道，还不如早点出去工作挣钱"。但母亲坚决不同意，将家里仅有的一头驴卖了供他上学。他在学校里是唯一一个连素菜都吃不起的人，唯一一个连肥皂都用不起的人，父母连小学都没毕业。大家一度认为他能有如此成绩完全是靠自己。结果采访后才知道，他母亲在他上小学前，就已经让他把四则运算做得滚瓜烂熟了。仅此一点，试问有几个父母能做到呢？所以，教育孩子并不能与父母的文化水平直接画等号，关键在于父母是否在孩子的教育问题上用了心。

就如晨析同学的妈妈，小到从纠正她吃饭拖拖拉拉的小毛病上，都费尽心思，采用了兑换电视券这样有趣的规则。像做游戏一样，激励着爱看电视的小晨析顺利改正了这个坏习惯。再如，为了纠正她贪玩不做作业的问题，也是早早就立下了必须先做完作业，练完琴才能去玩的规则。诸如此类的"威逼利诱"，虽然晨析同学只简单举了几例，但我相信在晨析的成长过程中一定数不胜数。也正是在晨析妈妈的各种巧思妙招下，才能帮晨析同学克服掉贪玩、拖延等一些几乎所有孩子都有的天性使然的劣根性，培养出一系列优秀的习惯。

很多父母将孩子不好的习惯怪罪到学校身上，怪罪到教师身上，怪罪到孩子自己身上，唯独没有怪罪到自己身上。其实孩子身上的多数习惯——无论是好习惯还是不好的习惯都是我们父母在有意无意之中培养出来的。就像上海人说上海话吃上海菜，四川人说四川话吃四川菜一样，仿佛生来就会。这是因为父母每时每刻都在教，以至于自己都没有意识到是在教，这就是"潜教育"，是比"显教育"威力大得多的本质教育。

所以，不要认为让孩子养成优秀的习惯是孩子自己的事情，要想让孩子养成优秀的习惯，父母自己首先也得养成优秀的习惯，让孩子浸润在父母良好习惯的氛围之中，接受潜移默化的影响。

就像晨析同学说的克服拖延症的问题上，团体协作比个人要容易轻松得多，为此还进行实验来加以验证。她没有说到的是，家庭也是一个团体，而且还是任何人都回避不开的原生团体。如果真的要想帮助孩子克服拖延症，没有任何团体协作比家庭这个团体来得更直接更有效。作为父母而言，要想帮助孩子克服拖延症，父母首先应该自查自己身上存在哪些拖延症，找出症结所在，来和孩子一起约定，互相监督，共同克服。约定好之后，就从即刻开始立即行动起来，拟定计划，开始实施。不再拖延，不找借口，不再推诿。坚持几天之后你就会发现，自己和孩子都有很大的转变，亲子家庭关系也更和谐。即刻，行动起来吧！

首先，兴趣是培养出来的，就像习惯一样，其实也是父母有意或无意间的培养而造就的。就像晨析同学的父母，在她很小的时候就坚持给她读书讲故事，潜移默化的影响下，等她会自己看书时，就自然而然地爱上了看书。孩子从呱呱坠地开始，眼前最先看到的、最先接触和了解到的所有事物，基本都是父母让其看到和接触到的，这个时候是兴趣的最好培养期。如果想要培养孩子某方面的兴趣，就在这个时候让孩子多多接触和了解，营造氛围，激发动机，让孩子自发地对这一事物产生兴趣，从而加以引导和培养。只有是孩子自己想干的事情，才能让他发自内心地愿意去学，所教授的知识、技艺才能轻易地、牢固地为孩子所获得。

即便是错过了上述这个时期，后期也是可以有意培养孩子兴趣的。虽然不会像这个时期这种潜在影响来得轻松，但父母也是可以根据孩子的性格等因素，经综合考虑后，为孩子安排培养一两种兴趣。当然这种培养，必须在征得孩子的同意，并且孩子没有特别抵触和厌烦的前提下进行。说到底，还是需要父母想些办法去有意地激发孩子对这门兴趣的学习动机。

除了上面这种因父母有意地培养而生的兴趣，还有一种就是出于孩子天生的好奇心，自发的喜好。孩子天生的这种好奇心，正是引领孩子去探索大千世界的最大动力，父母应该小心呵护，不要因为怕麻烦，图省事，或者凭自己的经验和认知武断干涉，替孩子做选择、做决定。父母切记不要将自己的喜好、自己的遗憾强加到孩子身上，让孩子代替自己去实现自己未实现的梦想。

对于孩子这种天生的好奇心，父母首先应该尽量创造探索空间和条件，尽可能地去满足孩子的好奇心。著名发明家爱迪生入学后仅仅三个月就因为经常提出各种另类问题，被以"低能儿"的名义撵出了学校，是其母亲秉承"我不强制他，我要和他一起享受思考的快乐"的心态，给了他足够的探索和发展空间，让他的好奇心得到了一次又一次的满足，也不断增强着他的自信，激发出更加浓厚的探索兴趣，让他在不断地探索"闯祸"中，成长为令世界都为之骄傲的大发明家。如果没有他母亲的"纵容"，不被当时大教育环境接受的"低能儿"爱迪生，可能就真的陨灭在了大教育环境的框框架架中了。好奇心是人类最宝贵的财富之一，只有尽可能地创造条件给予孩子探索的空间，小心呵护着他们的好奇心，才能激发他们不断地去探索、去学习、去创造出更多更新的东西。

其次，应当在平时多注意观察孩子的日常行为、探索喜好，及时发现孩子的兴趣或天赋加以引导。每个孩子出生伊始，便会对这个大千世界充满好奇，却又因为个体的差异性，不同的孩子对事物的兴趣千差万别。如：有的孩子喜欢音乐，对音符有着天生的感知力和理解力；有的孩子喜欢美术，衣服、墙壁、纸张、家具都可能成为他们的画纸，涂鸦出漂亮的画作；有的孩子过目不忘；有的孩子对数字天生敏感……凡此种种。如果没有一个注意观察的父母，孩子的这种惊人天赋很有可能就不能被发现，或者即便被发现了也并不给予重视，甚至因为各种"麻烦"横加干涉，武断阻止。比如爱好美术的孩子，家长烦恼于孩子随处乱画的"破坏力"，直接禁止孩子再画画，这种父母很常见。

　　只有注意观察孩子的行为，并善于发现孩子的兴趣和天赋，及时地加以引导和好好培养，因势利导、因材施教，才能让孩子的兴趣或天赋向着积极、健康的方向发展，最终获得成功。就像有的孩子就喜欢拆家里的电子器械，乐此不疲。绝大多数父母都会认为这种孩子就是"败家子"，轻则呵斥，重则打骂，责怪孩子损坏了家里的东西。也有极少数父母，在发现了孩子的这一爱好后，不仅不阻止，还创造条件，比如专门买一些电子元件、修理工具、电工玩具等，提供给孩子，让他去拆，再去装，甚至和孩子一起来破坏再重组，或者找相关的课程让孩子学习。也正是在这个过程中，孩子的兴趣得到了充分呵护和培养，为孩子最终在这方面的发展奠定了坚实的基础。

　　再次，及时帮助孩子解决学习困扰和阻碍，督促并帮助孩子坚持下来，避免半途而废。 出于好奇心而生的兴趣，虽说是始于孩子自己的喜好和选择，是孩子自己愿意学的，但也避免不了新鲜劲过后的倦怠和恐慌期，这个时候父母的态度非常重要。绝大多数孩子因为好奇生出学习某项技能的兴趣，可是刚选了没多久，就发现并不如自己想象得那般有趣，或者并不如自己想象得那般容易，或者觉得累，觉得占用了自己玩的时间……于是就想放弃，这个时候家长的作用就显得尤为重要。

家长应当在孩子一开始学习这门兴趣的时候，就多加关注孩子的情绪和学习的情况，发现孩子学习中出现了不开心、敷衍、懈怠的时候，就应当及时进行引导，帮助孩子一起找出原因所在。如果是因为太难学不会，就应当及时与老师沟通，自己也得多加学习，多想办法帮助孩子解决困难；如果是因为孩子觉得无趣，就应当多给孩子创造氛围，多带着他去体验、观察一些能够激发兴趣的活动或者演出，等等。总之就是多多激发动因，帮助孩子提高兴趣，令其坚持学习下去。如果仅仅是因为贪玩，懒得学习，就应当与孩子制定规则，给予严厉的督促，监督孩子坚持学习下去。不管是哪一种，总之都需要因势利导，找出症结所在后对症下药。而这些都离不开家长的密切关注和观察。

然后，父母应该善于表扬和鼓励孩子。无论在你眼里孩子有多么幼稚、多么笨拙，把事情弄得多么糟糕，或者说给你添了多少的麻烦，都不要一味地责备。而应该从心理上给予孩子关心和鼓励，细心加以引导，帮助孩子找到能够解决问题、能够变得更好的办法，保护和激发孩子的兴趣。比如，孩子就是喜欢在墙上涂鸦，父母切不可因为他将家里的墙壁涂画得乱七八糟而暴跳如雷，可以在家里专门安排一面墙，贴上适合反复画画的膜，告诉他这面墙就是他的专属创作墙，如果想画了，可以随时在这里任意涂鸦，但是不能再去其他墙壁涂鸦了。并且可以适时地加入和孩子一起涂鸦，或者及时地观赏孩子的涂鸦作品，给予肯定和鼓励。

此外，也不要因为孩子的作品达不到你的期望或者要求，就不闻不问，甚至直接认为他在这方面没有天赋，干脆制止。父母应该给予更多的关注和参与，及时地对其努力给予肯定，对其进步给予赞赏和鼓励，让孩子切身感受到自己通过努力学习确实一直在进步，只有这样才能给予他更多的信心和兴趣，促使其不断坚持学下去。当然，如果发现孩子在学习这门技能过程中，过于困难，非常痛苦煎熬甚至是抵触、厌恶，父母可以与其老师沟通，若是孩子确实非常不喜欢，则应该尊重孩子的意愿，放弃这门兴趣的培养。

最后，最好的教育就是父母的言传身教。所以培养孩子兴趣爱好最好的办法就是家长自己多学习，多多提高自己的文化艺术修养。父母自身的修养，对培养孩子的兴趣有着重要影响，这也是为什么那些某某世家的孩子总是更容易在他们长辈颇有建树的那个领域获得成功。试想一个家庭的父母自己不看书，不听音乐，不赏画，不看画展，孩子在这样的家庭跟艺术完全隔绝，你又如何要求孩子具有艺术细胞、培养艺术方面的兴趣呢？所以，如果要想培养孩子某一方面的兴趣，最好的办法就是家长跟孩子一起学，一起提升，即便不一起学，家长也应该多多了解，制造在这一方面与孩子能够共同探讨、交流的话题。只有这样，才能不断提高孩子的兴趣，激励孩子坚持学习，最终培养成兴趣爱好。

父母是孩子的镜子，孩子是父母的影子，父母的喜乐好恶、一言一行都将化为涓涓细流，一点一滴渗入孩子的心灵，成为培养孩子兴趣、爱好或者特长的催化剂。

总之，培养孩子兴趣、爱好的方式、方法有很多，不能一概而论。每个家庭应根据自身不同的条件，孩子不同的性格、表现，具体问题具体分析，因材施教，因人而异。

3 所谓感动是志在必得的奇迹

——6 个月的逆袭之路

袁浩

北京大学化学分子工程学院本科生，2015 年参军，两年后返校继续学习，曾获得化学奥赛省一等奖，优秀义务兵奖章等荣誉。参军期间成功辅导几名战士考入装甲兵学院、装甲兵技术学院等军队院校。

为你讲述

合理规划时间，完美逆袭

成为别人眼中的黑马。

若想真正的学有所成，名列前茅，无外乎要处理好以下几点：其一，看清自己当下的状况；其二，把握自己前进的方向与速度；其三，资源的有效利用以及效率的充分提高；其四，技巧性的方法的掌握。只要充分把握这几点，即使三年的时间只剩下六分之一，也可以取得快速稳健的进步。

第一篇

我的波澜人生

北京大学对于中学时期的我，也曾经是那样的遥不可及。如今回头去看，曾经那个"压力山大"，一路摸爬滚打、跌跌撞撞的自己，竟也被那样可爱的留在了记忆深处，仿佛人生的一层底色，让我知道人间处处卧虎藏龙，比自己优秀的人有很多，但是只要不放弃，全力以赴地去努力争取，人生也可处处是奇迹。

初三之前我一直处于年级二三十名，初三才进入年级前10名，但也从未拿过第一，直到中考才以第一名的成绩进入重点高中。进入高中后，发现身边几乎聚集了省内各地的天才，自己也显得很是渺小。高一文理分科之前我的最好成绩是年级84名，最差成绩是年级300多名。文理分科时我被分入了一个76人的奥赛班，奔着被保送或降低分数线的目标开始了化学竞赛的学习。然而，我的化学竞赛成绩在取得省一等奖之后便停止不前，我最终也没能在奥赛中崭露头角。奥赛的失利决定了我终是与被保送或降低分数线无缘。我高中读的是理科，当时学习的科目是固定的：语文、数学、英语、物理、化学、生物，不像现在是可以选择科目进行学习的。由于之前一门心思地攻化学竞赛，其他各科都没好好学，所以高中各科成绩一落千丈，生物30多分，数学90多分，语文、英语的基础知识积累也非常匮乏，名次一度1000名开外，连自主招生的名额也失去了。当时距离高考只剩下了6个月时间，除了化学，其他各科都急需从头梳理和学习。面对繁重的学习任务和有限的时间，真的感觉希望渺茫，虽然很不甘心，不愿意放弃，但也确实无从下手，心情一度跌落谷底，感觉郁阿愁苦非凡。

值得庆幸的是，当时身处如此低谷的我，在短暂的迷茫之后，并没有一蹶不振，而是沉着冷静思考后，开始绝地反击：第一，看清自己当下的状况，找准定位；第二，制订周详的计划，把握自己前进的方向与速度；第三，资源的有效利用以及效率的充分提高；第四，技巧性的方法的掌握。在充分把握这几点后，我开始奋起直追。

其间也有过很多次的挫败和焦急；心态也时好时坏，成绩起伏不定；面对各科都需极大提高的压力，顾此失彼，无法平衡；面对时间的流逝，慌乱不已……但最终我还是战胜了这期间的一切困难，充分利用了高考前的最后6个月时间，彻底实现了从400多分到高考703分的逆袭。现在看来都是一件不可置信的事情，朋友和同学也都说我在高三最后 6 个月时间里，实现了一个令人难以想象的奇迹。

是的，最终我成功了。这段特殊的拼搏岁月，不仅让我收获了中国最高学府之一——北京大学的录取通知书，更让我对人生有了深刻的理解和感悟：首先，它让我懂得人应该随时随地都充满自信，即便有时候看似处于绝对劣势的情况下，也不能一蹶不振，只要满怀勇气和信心，找准出口，并付出足够的努力，就总有机会取得意想不到的收获；其次，应该勇于尝试，不轻言放弃，想再多，不如迈开一步，只有尝试了，才有成功的可能，不尝试连最基本的可能性都没有；再次，一些看似难于上青天的事情真正落到自己身上时，不要慌张和着急，深度地思考与准确地把握方向会让你事半功倍。

那是一段令我自己都会终生感动的忘我拼搏奋进的岁月，正是我的不轻言放弃，孤注一掷地拼搏努力才创造了属于自己的奇迹，也给我的人生镀上了一层传奇的色彩。然而，我的传奇不止于此，进入北大读了一年后，我毅然决然地保留了学籍，自愿参军进入了部队。

在朋友眼里，我是一个令他们充满了疑问和好奇的人：都考上北大了还当啥兵呢？回头同学们都参加工作，已经有了自己职场的一席之地时，我还没有大学毕业，这值得吗？是不是过于热血冲动不理智了？我想说的是：参军是我心底里一份深深的执念，考学和参军是我心底两个并行的梦想，在前者得偿所愿时，有机会去实现另一个梦想，我有什么理由不抓住机会呢？参军并不是我脑子一热的冲动决定，也不是脑袋被门挤了的错误的执拗。在我看来，部队生活应该是青年不可或缺的人生历练，参军给我们带来的不仅是强健的体魄，更是心智的成熟，是对人、对社会、对未来更加深刻的认识和思考，是自身能力的加强，是道德的深化。

参军的经历给了我很多的启发：比如学习真的是无止境的；比如无论何时都要学会思考，勤于思考；比如每一个梦想都不要轻易放弃；比如没有什么是一蹴而就的，光环背后皆是汗水……

我的传奇经历是自己勇往直前，不轻言放弃，用努力和汗水尝试出来的。只要你敢于尝试，不轻言失败，不懈努力，你也一样有可能创造奇迹！

那么究竟是什么给了我取得这么大进步的可能性。

我又是如何在短短 6 个月的时间里解决这些问题，逆袭高考的呢？

你是否也有过和我一样的经历，心态时好时坏，成绩起伏不定；或者成绩跌入低谷，难以突破自己的瓶颈；或者偏科严重，难以寻找各科平衡？是否感觉知识难以系统化灵活运用，是否感觉无法有效利用时间？

下面，我将为你解密我的逆袭秘籍，希望你能从我的经历中受到启发，给你的各种困惑带来一份与众不同的解决方案。

第二篇

在焦虑中，认清当下，找好定位

　　可以说从进入初中起，我就一直处于或多或少的焦虑中。初三之前我一直处于年级二三十名，当时虽然觉得成绩勉强说得过去，但也总是心有不甘，焦虑如何能够突破现在的成绩。初三之后经过努力进入年级前十名，但也从未拿过第一，直到中考才一举取得初中时代最佳成绩，进入全国知名的衡水中学。进入高中后，我才发现身边聚集了省内各地的天才，他们都很优秀，有着各种光环，自己无论是受重视程度，还是自我认可程度都在大幅度下降，觉得自己是如此渺小。面对强大的心理落差，焦虑也越来越重，心态的不稳定直接影响到了我的学习，导致进入高中之后的几次考试成绩都不理想，继而自信心也随之动摇。当我们处于这种焦虑状态中时，如果不能及时调整好，基本就会出现两种情况：一种是压迫自身情绪，焦躁地学习；一种是放任情绪从而一蹶不振。对此，如何认清当下形势，正确调整心态，找好自己的定位就成了亟待解决的问题。具体该如何去做呢？

我们至少要认识到以下几点，尽快调整自己的认知和观念。

一是要坦然接受更多比自己优秀的人，了解这个世界"山外有山，人外有人"。从高中进入大学，我愈发觉得自己各方面的水平极为有限，来自同龄人的压力愈发清晰，恰如当年初中升高中进入衡水中学时的心态，感觉自己弱爆了。一位学姐曾经给我讲过这样一句话：今天你还是一个地方明星，明天你就是万千强者中微不足道的一个。学姐的这句话给我的印象极为深刻，世界上没有绝对的强者和弱者，要学会适应不同的角色，抱着一颗向上的心。人生处处有高峰，要将攀爬形成一种习惯，适应自己不同时期的高度。这就是我今天所要讲述的问题，关于心态。自己不可能是每个团体里的佼佼者，当自己暂时处于一个低谷的时候，要用学习的眼光去看待那些比自己优秀的人，在对照中不断完善自身，无论是观念还是方法，善于学习别人之所长，从中找出甚至是创造出适合自己的路子，从而少走弯路，事半功倍。

二是要自信，要有对自己近乎自恋的极度认可。这无关乎外在表现，而是指无比强大的内心。要坚信自己只要在不断前进，也可以成为山外山，人外人，只要付出就会有收获。世界没有绝对的高度，在学习这件事上，假设自己进步的速度快于他人，在安排合理的情况下，在设定的最后时间到来之时，必定有一个令自己满意的结果。

　　三是不要因为一时的成绩不理想而动摇信心，这样只会扰乱前进的节奏，并不能有效地给自己正确的心理暗示和前进动力。要知道，暂时的成绩不理想只是成长进步过程中的一个阶段，并不能代表自己的水平与能力，在自己的全部知识体系没有达到完善之时，一切考试都是练习，与最后结果无关。

　　四是面对处境的变化，不管是初中升高中，还是转学，还是奥赛失利……请给自己一个长远的目标，在自我认可和自我完善中寻求一步步突破，最终成为最好的自己，实现自己的长远目标。

　　五是给自己一个准确的定位。这个定位不是你现在在班级或者年级的名次，而是对自己的期望值。或许我们习惯了用考试后的名次来考核自身的学习成果以及对某些知识点的掌握程度，所以我们会因为某次成绩单上的数字而沾沾自喜，又或者闷闷不乐。若因成绩稍有心情上的微动，我认为很好很正常，那样会给自己一个很好的心理暗示：我还需要继续查漏补缺、踏实学习去不断提高成绩；如果因成绩而大幅影响自己的学习心情，甚至动摇自己的学习信心或者引起自己的骄傲自满，这样便会很大程度上使自己懈怠并阻碍自己的进步。若成绩总是起伏不定，这样的情况就会很危险，只会让自己的状况越来越糟糕，成绩越来越差。所以，我建议应该淡化对成绩排名的重视，松开那根一直被名次拿捏的弦，全面了解一个学习中的真正的自己，根据自己每个阶段的学习情况，给自己一个准确的定位。我们每次的成绩只需要和自己的定位进行比较，以此衡量这个阶段的学习效果，总结差距和经验，以便获得成绩的不断提高。

我们需要跳出考试这个局，去看待自己的成绩，以一个局外人的角度来看待考试的前前后后。我们每个学科都有若干本教材，每本教材几百页，涵盖知识点甚多。以生物为例，其教材上没有一句废话，课本的边边角角都能出题，而考试时的一纸试卷又能涵盖多少知识点呢？或许连百分之一都不够，对于月考、期中等考试这方面尤为凸显。这也是为什么很多人会选择刷题，以题海战术来提高成绩，其目的就是让自己多接触不同知识点的各种题，从而力求知识点涵盖尽可能全面。这样看来，考试时那一纸试卷的得失真的意味着自己的全面落后吗？答案必然是否定的。所以请不要因为成绩的跌落而感觉郁闷甚至哀伤、崩溃。只要你是确实认真学了，那考试成绩的跌落很大，一方面可能就是因为这次考试涉及的知识点刚好就是你没弄懂或者不熟练的。毕竟一纸试卷所涉及的知识点相较于教材而言，实在是有限。意识到这一点，就能知道，考试其实是一笔很宝贵的财富，通过考试不断暴露自己的短板，帮你找出知识缺漏，找出需要重点努力和学习的方向，每有针对性地解决掉一个短板，就可以以点带面，实现系统性、模块性地提高。每查缺补漏一次，就能帮助你的知识获得更全面一些，更扎实一些。最终考试前的所有考试失利，如果能好好利用，而不是因此否定自己、颓废不前，必将会为最终的胜利起到非常有利的作用。

当我们在局中，手脚饱受束缚，心情起落由不得自己的时候，不妨跳出来，以局外人的态度与角度，纵观全局，洞察其本质，方能游刃有余，进退有度，使自己得以从容应对，实现实质性的提高。我们观察身边的同学会发现，总有个别同学成绩起起伏伏，对考试排名完全无所谓，表面上给人一种不把成绩当回事的假象，而最后又能名列前茅，被人称为"黑马"。大家看到的只是黑马冲出重围的那一刻，却看不到黑马背后的奋斗和汗水。这不为人知的"奋斗和汗水"正是从不放弃的不懈努力和每一次成绩之后的沉稳应对、查漏补缺，不断完善。我在高三的时候就是这样，平时周测月考成绩五六百名、两三百名，甚至 1000 名开外，在前赴后继的高考大军中毫不起眼，甚至偶尔落到队尾，但最后高考全省37 名。大家都认为我是超常发挥，运气好。而事实是，我只是心里有明确的定位，对成绩的意义有清晰的定义，并调整好心态，好好地利用了每次的成绩来不断检测自己，按照自己的规划按部就班地不断努力，不断完善自己的知识点和面，最终才能取得最后考试的胜利。

所以无论你的成绩目前是什么样子，只要你知道自己当下的状况以及对自己最终落脚点的定位，那就大可以去拿周测、月考等练手，去体会不同的答题方式、答题顺序、答题策略，找到对你最为合适的那种；去不断检验你的知识漏洞和短板加以完善，注重成绩的内在，抛开暂时的成绩好坏，你便有可能成为那匹最终突出重围的"黑马"。

第三篇

要勇于尝试

　　高一、高二、高三；必修一、必修二、必修三；一轮复习、二轮复习、三轮复习……我们的高中生活以各种形式划分成了各种阶段。我们有周测、有月考、有期中考试、期末考试，我们在每个阶段都奔着这样一个最近的小目标而紧张着、努力着，直到到了最后，为了高考而紧张、而奋发上进。这个过程中我们很容易忘记，其实只有最后这个目标才是最重要的。等我们走完全程回头看的时候，才发现之前学习过程中的东西都是碎片化的，没有一个有机的统一，一遇到融合多个知识点的题型便会被困住，答题时耗时耗力。

　　所以我想告诉大家的是：高中是一次长途跋涉，这是一个没有起跑线标准，没有固定路径，只有终点线的跋涉，时间为三年，通过什么路径跑向终点也没有固化的模式。可能你的路径上都是高山峡谷，别人的路径上都是坦途，这完全取决于你个人的选择。当然，场外有很多外援，诸如老师、家长或者其他同行者等。而这个过程中最常见、影响最大的外援引导者是高中老师，绝大部分人会按照其引导和进度走着一条前辈们走出来的老路，这俨然是最保险和安全的一条路径。然而，我们必须要了解的是：老师的指引往往是根据绝大部分人的接受程度来制定。换句话说，其主要针对的是中游的学生，要保证尽可能多的考生能跟上，才能保证更好的教学效果。如果你是一个踏实的中游学生，那么只需要踏实地完成老师的每一步要求，最终可能也会获得一份不错的成绩，毕竟这是经过前人检验过的路。如果你是这种模式下的佼佼者，请及早地把握住这种状态，并将一些工作提前做，走在老师讲课进度的前面，这样才能更加有的放矢地去解决学习中的问题；如果在这种模式下成绩不怎么理想，甚至时间还不够用，勤奋已经不能直截了当地解决问题了，这就到了真正考验一个人在这种挑战模式下的生存能力的时候了。

以我自身为例，我在奥赛失利后，高三的 11 月份分到实验班学习。当时我校一轮复习已经进行了一个多月，而我因为前期对于高考课程的投入较少，既没有答题经验，也没有知识积累，数学 150 分满分仅考 90 分，生物 90 分满分仅考 30 分，上课跟不上老师的节奏，老师一带而过的知识点对于我来说都是难题。面对这样的状况，已经不能靠勤奋、紧跟老师节奏来实现目标了。当三年的高中学习时间已经只剩下六分之一的时候，如何重整行囊、重新来过，是一件很考验人心智的事情。当时我的想法是破釜沉舟、背水一战：首先，要放弃短时见效的奢望，做一项真正的充分利用剩余时间的大致规划；其次，要将时间用到有效的地方，不做重复的无用功；最后，要有足够的勇气去克服重重困难实行自己的计划。

在数学、生物成绩落后的情况下，我做了一个很大胆的决定：我要抛开老师的那条路子，在短时间内实现最大程度的知识点空白的填充。具体而言，先构筑一个基本知识框架，对这一步我的预期是 1 个月时间。理科生可以很明显地感受到数学和生物的不同，前者对于逻辑的要求较高，在具备初步知识框架之后，只要能够明白考察点在哪里以及怎么考就可以实现很大程度的提高。也就是说，数学的提高在于知识框架及考察体系的构成。而生物对于知识点的积累要求较高，逻辑性所占比例较低，出题点经常较为全面，课本的边边角角都需要注意到，但都不会脱离教材而存在，考察重点在于了解而并不注重逻辑……于是针对这两科我分别制订了不同的计划，不过相同点在于，我真的很长时间上课没有听课。

对于数学，我买了一本基础知识手册，用了近 20 天的时间将其中的基础概念从前到后抄写了一遍，用了 10 几天的时间去做了其中的重难点解析，1 个月后成绩便到了 120 多分。针对生物，我买了两套不同的参考书，以其中一套为重点另一套为辅助，联系课本，将所有知识点整理到了一个装帧漂亮的软抄本上。在写这些的同时，给每一部分预留出一定的空间，以便在之后将做题时遇到的新鲜的出题方式与出题点整理在一起。虽然说起来很简单，两句话便能说完，但实际上这是一项非常庞大的工程，需要的时间远远超出了我的预期。当我认识到这一点时，我做了一项更为大胆的决定，我要用3个月的时间完成这件事情。3个月放在平时并没有什么，但对于那时的我而言，它却是我剩余的高考备考时间的整整一半，可想而知，我当时做这个决定拿出了多大勇气。但是，即便我鼓足了勇气，给了这项工程我所剩备考时间的一半，我仍然低估了这项工程的工作量。3个月后，我并没能够完成这项工程，只做了整个工程量的四分之三，剩余一部分还没有来得及整理。不过，即便如此，我的努力已经初见成效，到那时我的成绩已经进步了很多，基本上都能保持在80分以上，较最初的30分而言，在经常不听课的情况下实现这样的飞跃，想想自己当时的傻大胆还是很正确的。

当然，这其中的过程不是纯抄书就可以实现的，需要有自己的理解和判断，这就到了下一个重点：将时间用到有效的地方。由于之前参加过化学竞赛，虽然当时并没有因为化学竞赛而获得任何的优惠政策，但对于高考课程而言，高中化学知识点还是掌握得很扎实，基本上需要耗费的精力较少。所以我想说，胆量与勇气尤为重要。提到胆量是因为在我看清自身处境的时候，除了跟不上教学进度而短时间放弃了数学、生物等科目的听课环节，还放弃了化学，只完成课上作业，不做课下功夫。讲课环节被我用来学习数学、生物等其他科目，甚至还和化学老师有过一些不愉快，但毕竟化学底子较厚，所以对该科目并没有造成什么影响。

　　和大家分享以上的内容主要是为了证明以下几点：一是如果你还有强烈的考学愿望，即使仅剩下半年的时间，你仍有机会去寻找适合自己的学习方法，实现全方位的突破，关键看你是否有勇气和决心；二是要充分了解自身长短，针对不同情况制定不同措施；三是绝地求生难度远大于按部就班，若有可能，请不要轻易地荒废高中的任何时间，这场长途跋涉需要一个明确的方向和永不停止的坚定的脚步；四是学会取舍，这种取舍可能在学科之间，可能在听讲与做题之间，也有可能在总结和刷题之间。要找到适合自己且坚信可以走下去的路子，而适合自己的道路需要自己在前进的过程中不断摸索。如果自己始终无法找到或者坚定适合自己的路子，可多跟人沟通，多请教师长。

第四篇

稳健得分的关键：站在阅卷人的角度调整自己的答题策略

对于高考而言，如何尽可能多地得分是一项不得不提的技巧。这里我要讲的就是："站在阅卷人的角度调整自己的答题策略"。我们经常可以在一些学习网站或者公众号之类的平台上看到各种各样的考前要点、答题辅导，等等。而且很多时候重复性很高，有些时候还矛盾性很大。那么什么样的答题策略是真正行之有效的呢？想要提高分数，最主要的还是加强对知识点的掌握程度，无论什么时候这都是首要的，不可能纯粹靠答题技巧取得高考成功。我们所要讲的策略是针对知识点掌握已经较为牢靠的前提下，如何向规范要分。我们都知道专业的事情要找专业的人来做，那什么人可以提供最好的答题策略呢？答案是：不需要别人提供答题策略，只需要几套附有详细答案的卷子自己找出答题的规范来。

　　这样说的原因，主要在于"评分标准"是最专业的讲述答题策略的环节，这也就是我要讲的站在阅卷人的角度调整自己的答题策略。如果我们平时注意观察会发现，有一部分人在更换试卷出题人之后会出现突然的成绩下滑，其中可能的原因就在于他们适应了之前的出题模式以及阅卷标准。高考的出题人显然并不是我们自己的老师，他们的偏重点我们也不能很好地把握，那我们如何找到得分点呢，这就要求我们学会以试卷为老师，从其详细答案中得到自己想要的拿到高分甚至满分的关键。

　　比如高考阅卷评卷方式中有一种叫作"采点给分"，只要对要求的答题点进行较好的回答即可拿到该答题点的分数。所以我们可以适当地在卷面上简化答题步骤，将一些冗杂的部分比如计算过程之类的去掉，从而达到卷面整洁的目的，也可以使得分在某种程度上得到提高。

　　以物理学科为例，一道电磁学或力学的解答题，其解答过程应该是这个样子：第一，写上"解"这个字，第二，分过程进行叙述和列方程；第三，每个过程都应该注明过程初始状态以及最终状态，注明研究对象，注明列方程所用到的定律；第四，在每个列出的方程后用圆圈数字标明顺序；第五，写明联立哪几个方程得到了什么结果，注意，答题过程中只有这里需要给出详细数字，其他部分毫无必要，原因是不占分反而占答题空间。

　　再以语文阅读题为例，一般而言，答题纸上所留出的答题位置对于每一个小问仅有 2~3 行的空间，所以要在保证能够占绝大部分空间的基础上尽量简化自己的答案，基本需要写出的是推断依据、环境氛围、人物特点、思想感情等。至于如何准确把握答题点，就需要我们自己去研究考卷的答案解析。这里需要着重强调的是"自己去研究"，在这个过程中会给自己一种信心以及一种自己对答题的强烈的正面反馈，只有真正地自己去看了、去研究了，才能知道哪些是必要的，哪些是无关大局的，进行有利地取舍，留出更多的时间去思考，从而提高分数。相比之下，我们听别人的经验之谈总会有所疏漏或者入耳不入心，对于自己的答题并没有特别有效的指导意义。

谈起这一点，不得不说的一句话是：要让规范成为答题过程中一种自发的行为，形成习惯，才能在考试时做到不在这个方面耗费时间，从而留出更多的思考时间。

第五篇

被认作"黑马"的人很少认为自己是"黑马"

高考录取结果出来后，返校时数学老师这样讲：我们几个老师也曾经掰着手指头数过班级里谁会考上清华、谁会考上北大，却从来没有算过你，你的结果很是出人意料……关于"黑马"的故事我们听过了很多，无论是老师讲来鼓励大家的，还是家长说来增加自己信心的，他们的评论大部分是这个样子："那个孩子是考试型人才""那个孩子运气太好了""试卷的考查知识点恰好跟他会的契合""那个孩子是匹黑马，有这样的成绩很是出人意料"……这些评论中无一例外都包含了对被称为"黑马"之人的不相信、不看好。而我想要谈的是"被认作'黑马'的人很少认为自己是'黑马'"，因为我们看到的只是闯出来的"黑马"，却想象不到成为"黑马"背后的艰辛。

　　我拿到高考录取通知时，就没有什么欣喜若狂的感觉，也没有很激动，一切表现得很是平常，感觉这就是我应该拿到的，而不是所谓的运气。之所以不认为自己是黑马，是因为我始终相信自己能行，别人做到的，自己并没有什么遗漏甚至更为完整。即使我付出的心血在旁人看来并不是很多，但各种艰辛只有自己知道。我或许没有完全跟着老师授课的节奏走，导致我的周测月考成绩不理想，但我的知识体系足够完善，知识掌握足够扎实，我的方法适合自己，所以最终结果出人意料也是理所应当的。

　　那么，人们所谓的"黑马"实际上是一群什么样子的人呢？在我看来，他们是被学校授课方式、授课进度、考查方式所埋藏的一部分人，他们在当时模式下无法展现自己的长处，始终纠结但又坚韧地学习着。因为表现不突出，也就塑造了一种默默无闻的形象。假设这种情况下，他们以自己的方式并没有完全紧跟老师的步伐，表现得再有些无所谓，就会被认作所谓"不努力的后进生"，这个时候他们的内心会很纠结，是坚持自己的方式还是顺应大流跟着老师的节奏？说其坚韧，就在于他们能够坚持自己，并能在两者之间找到自己和老师都能接受的一种平衡，达到最后理想的结果；他们肯定具备了对自己近乎自恋的极度认可，所以才有勇气脱离大流坚持自己；同时他们还具有不断完善自身学习方法的能力；并且对自己有着更加全面的认识，能够拥有极好的心态，在成绩起伏中淡化了对一时排名的重视，而坚守本心不放弃。

　　如果你具备了拼搏精神、找好了精准定位、进行了合理规划、发现了一条适合自己的路子，并有勇气一往无前，那么，你也可以成为别人眼里的"黑马"，夺取自己志在必得的奇迹。

编者给父母的话

> 父母需要知道：孩子首先是一个人，其次才是自己的孩子。孩子不是父母的附庸，他有自己的梦想需要被尊重。拥有心之所向的梦想是孩子在人生道路上最大的动力，父母毁掉孩子的梦想就像折断他们起飞的翅膀，失去翅膀的孩子不会再向往天空。

袁浩同学用他自己的极度自信，把跟同龄人一样的三年高中、四年大学生活经营得波澜壮阔，精彩纷呈。在他刚刚成年、心智尚未完全成熟的时候，就能自信做出这样一个又一个抉择，相信站在他背后的父母的态度与影响也必不可忽略。

第一，从小培养孩子的自信尤为重要。像袁浩同学的人生经历，能在劣势中不被埋没，坚守本心，一次又一次成为大家眼中的"黑马"，都源于他有着极度的自信。这应该是他父母给他的最为宝贵的财富。

设想，如果不是他有着极度的自信，很可能在中考的百舸争流中，就已经被埋没掉，哪来的最终"第一名入全国重点高中"的轰动成绩；如果不是他有着极度的自信，在高中处于众多各地拔尖学子堆中的不起眼的他，又怎能淡然以对每次的考试成绩，放弃跟随老师的大流，始终坚守自己的节奏，高考突袭成功；如果不是他有着极度的自信，又怎能在大学与全国各地选拔出来的天之骄子一起学习生活时，坚定追梦，不顾落后的步伐，毅然决然参军入伍，圆自己从小的梦想。而这份自信，必然是来自他的父母。没有多少人天生自信，那都是在从开口学发音、学说话，学走路，学识字……的过程中，父母一点点地帮他树立的。即便是天生自信，那也是他父母一路呵护，才得以始终保存，没有在成长的道路上被消耗、被磨损。所以，他的父母在"培养他自信"这件事上，无疑是非常成功的，也是值得我们所有父母深思和学习的。

现在提倡的"正面管教"最重要的一点，就是要不断去肯定孩子的进步和成绩，从而鼓励孩子不断进步，也正是在这样的不断鼓励中，孩子的自信一点点被建立并稳固起来。因为有了自信，随之而来的便有了前进和披荆斩棘的勇气。

第二，父母适当地放手更有利于孩子的成长。我想，对于袁浩同学高中最后 6 个月的大胆选择和规划，他的父母一定也和他一样很纠结。这无疑非常地冒险，但最终却没有阻止他，放手尊重和支持了他的决定。他们一定也是分析和考虑过，即便这次失败了，最坏的结果也无外乎复读一年，重新再考。相比这个结果，放手让他自己一搏，既维护了他的自信，又呵护了他的勇气，就算失败，也给复读再考积累了基础。更何况，万一成功了呢？最终，他成功了！他用真真实实的成绩验证了父母当时的放手是正确的。

父母不要把孩子抓得太紧，事无巨细都要求孩子得按照自己给孩子规定的标准或者规则来，以所谓"过来人"的姿态，让孩子"本分"地在自己走过、看过或听说过的老路上稳当前行，不能逾距半分。尤其在孩子的每个人生重要抉择的时候，很多父母认为孩子对社会不了解，心智不成熟，对人生的认识肤浅甚至是没有，这个时候就需要"有着丰富人生经验"的自己来把关，让孩子一定得听从自己的意见，按自己的意思来。可是，谁又能保证"有着丰富人生经验"的父母的决定就一定是绝对正确的呢？所以，与其父母武断决断，不如在充分了解孩子的想法和规划后，认真分析权衡，对于孩子值得一搏的事情，给予绝对的信任、尊重和支持。哪怕失败了，只要这个失败的后果是孩子能够承受的，那放手让孩子搏一搏又何妨呢？毕竟孩子的人生是他自己的，只有自己拼搏出来的人生，才更加鲜活，更加精彩。

第三，孩子的梦想同样需要父母的支持。很多父母对于孩子的梦想都会站在世俗得失的角度去判断，横加干涉，"这都是为你好""我吃过的盐比你吃过的饭都多"诸如此类的话语几乎在百分之八九十的父母口中出现过。很多孩子的梦想因为被父母认定为"这不现实""那不安全""那太辛苦"等"满含爱意"的评判阻挠而夭折，但有谁能说，父母当时代替孩子的决定就一定正确呢？袁浩进入北大后，刚上了一年就参军入伍，去圆自己的当兵梦，放到其他家庭，可能大部分都会觉得他这是在胡闹，不仅会耽搁学业，还因为这几年与学校和社会脱节，可能就会永远落后于他同龄的同学同伴。即便如此，他仍然义无反顾地去了。事实上等他重返校园的时候，不仅全了自己的心愿，更是收获良多，并有了更加成熟的心智和心性；有了对人、对社会、对未来更加深刻的认识和思考；得到的是自身能力的加强，是道德的深化。比起那些一味学习而忽略了"三观"建设，忽略了生理、心理健康的"跳楼学霸""杀人学霸"等，他这样的是不是更加健康，更加能够立足于社会，服务于人民，更加能够为祖国的建设繁荣奉献自身能量呢？

相信这段当兵生涯不仅给了他更加坚定正派的"三观"，

更是给了他更为广阔的眼界和格局，也必将能为成就他热血、大我、重于泰山的光辉一生发挥重要作用。正所谓"磨刀不误砍柴工"，谁又能说他当兵的这几年时光就真的是"胡闹"呢？正如不顾父母反对非要做护士的南丁格尔，不顾父母再三劝阻，哈佛退学创办企业的比尔·盖茨，违反父母让其当官的意愿，弃医从文的鲁迅等，这样的名人成功案例还有很多。如果当时他们都遵从了父母的意愿，那对这个社会而言，失去的将是多么巨大的财富。

父母需要知道：孩子首先是一个人，其次才是自己的孩子，孩子不是父母的附庸，有自己的梦想需要被尊重。拥有心之所向的梦想是孩子在人生道路上最大的动力，父母毁掉孩子的梦想就像折断他们起飞的翅膀，失去翅膀的孩子不会再向往天空。苏格拉底曾说，世上最快乐的事，莫过于为理想而奋斗。巴西作家保罗·戈埃罗也曾说，没有一颗心，会因为追求梦想而受伤，当你真心渴望某样东西时，整个宇宙都会来帮忙。当代著名学者、作家、哲学家周国平也说，当孩子编织美丽的梦想时，不要用你严重的现实去纠正他。只要孩子的梦想是合理合法，对社会有利的，无论大小，父母都应该给予尊重。父母更应该做的，就是尽可能地让孩子去更加完整地认识社会，认识世界，从而唤醒孩子心底最深处沉睡的梦想，或者找寻到最适合自己的梦想。而不是用自己的认知，武断地替孩子做决定，更甚至让孩子去实现自己当年未完成的梦想。

4 心态决定成败

李一凡

北京大学工学院本科生

曾复读一年，获得北大博雅计划降分10分录取。

为你讲述

高中复读一年的心路历程及收获，

心态决定成败！

　　我是李一凡，来自河南，高考总分 665，北大博雅计划降 10 分录取入北京大学工学院。

　　可能在许多人的印象里，能考上北大的都是非常厉害的学生，他们往往从小就是爸妈口中"别人家的孩子"，是市状元或者省状元；或者参加学科竞赛拿到令人艳羡的奖项，可以特招直接和北大签约录取；或者在课内学习之外还有很多不同寻常的经历，具备强大的综合素质，获得自主招生高额的降分录取资格。不过，同样被北大录取的我，相比这些同学而言非常普通。

　　我没有竞赛得奖经历，最多只是按照学校的意愿去竞赛考场上露露脸，然后成为众多炮灰中的一员；我也没有高额降分，只是凭着高中后期不错的成绩获得了博雅计划的考试资格，最终只是拿到了象征性的 10 分降分；而我第一次高考的成绩也并不理想，复读了一年才有机会进入北大。我这样的经历算是考入北大的学子中最为普通，也是最多的一种了。相信有很多学弟学妹也正在经历和我之前一样的经历，为了让学弟学妹们能尽可能地少走些弯路，我很乐意把自己的经历和体会，尤其是复读这年的收获，分享给大家。

　　你是否有和我相似的困惑：高中三年，仅仅是为了最后那场考试吗？

你是否有这样的愿望：能不能给这三年开个好头，以后越走越顺呢？其实这也是我自己的一个遗憾，我为之思考过很多。高考之后我开过一个补习班，跟刚上高一的学弟学妹交流，也有了一些更深的体会。那么你想知道如何刚进高中就先人一步吗？

或者，你是否想了解，是哪些经历让我觉醒，哪些具体做法让我成绩提高，最终让我这样一个普通的学生，如今能够进入北大这样一所国内一流大学？

总之，除了经历和方法的介绍，我会着重突出介绍自己看待问题时的心态。心态决定成败，希望可以引起你的共鸣，或是给你一个不一样的视角。

希望同学们能从我的经历中体会我在不同时期的心态，从这些分享中获得启发，少走弯路，更加顺利轻松地进入自己理想的大学。

第一篇

心态决定成败

虽然，我现在如愿考进北京大学，成为燕园的一员，但在此之前我还经历过一次高考，却并未能取得满意的成绩，和当年北大在河南的最低分数线相差了 34 分。说多也不算太多，但是可选择的学校和北大完全不在同一个梯队。而且以我平时模拟考试成绩来看，这样的分数其实很不理想。因此，当我得知自己的分数时，毫不犹豫地选择了复读。

在同学和老师们看来，我的决定合情合理，毕竟他们也了解我平时的成绩水平。但也仅仅是合情合理而已，没有人就敢肯定说我来年成绩会更好，因此大家多是谨慎而真诚地祝福，基本没有人直率地鼓励我做出这样的选择。我的家人更是在一开始就不能接受我的决定，一连好几天的跟我讲道理举例子，说复读风险太大，就目前的成绩而言，也能上个不错的大学，没必要赔上一年青春，甚至还找来在大学做教授的朋友游说我。我当然能理解长辈希望我尽可能少走弯路，选择最为稳妥之路的想法，即便如此，我也没有丝毫动摇。为什么？因为只有北大和清华才是我心目中理想大学的样子，我从来没有想过其他选择，并早已坚定，如果考不上就复读一年再考，并且也理智考虑过自己的成绩水平，认为自己的目标并没有好高骛远，只要努力了就能够实现的。

可能这么说，会给人一种我成绩一贯都很优异的假象。是的，就是假象。事实上，高一高二的大部分时间里，我的成绩只能算是中上，和北大清华的分数线差的不是一点点。当时想上哪所学校呢？自己心里也没什么数，只是觉得反正离高考还远，想那么多太累。反正成绩稳定在大流路上，够看就行，能给家长交差，也让老师没有过多话可说，自己也还算满意。可想而知，我对学习也并不太用功，一切都是跟随大流，课堂知识不落下，课后作业能完成，其他精力都用到了我喜欢的事情上。那就是读课外书，自己写东西，给校报投过稿，更多的是在班里同学之间传阅。迫于学习压力，班里喜欢写东西的人很少，像我这么狂热的大概也没有别的人，所以同学们传阅我的作品也觉得新鲜、有趣，有时候甚至会觉得我写的东西思想深刻，总之给了我很多肯定。这激起了我对写作更大的热情，一度把连着几天的几乎所有自习课都用来写作。在学习上，一般情况下，我只要写完次日要求检查的作业就算完工了，若是写完作业后还学课内的东西，我会觉得这是一种无意义的重复和对时间精力的浪费，还不如多看些课外书有趣有意义。

这种心态直接导致了我学习上的不踏实，高中基础知识也掌握得不扎实，到了自己意识到该开始"用功"读书时，已经在学习上欠下很多债，并且和最优秀的同学拉开了明显的差距，追赶也是力不从心。不过，幸运的是，我意识到这一点时并不算太晚，是偶然发生的一件事情让我幡然醒悟。

那是在高二。

自习课上，我一如既往地写完作业后开始看课外书。很不幸的是，这一次却被班主任发现了，当场没收了我的课外书。当然，很多人可能认为这本来就不是多么光明正大的事情，被逮住了挨训挨罚都是自己应当承受的。但我并不甘心，我认为我的作业都已经完成了，而且看的也是正经文学作品。要说看课外书影响学习吧，我的成绩虽然不算太好，但一直以来也算稳定，并没有因看课外书受什么影响，凭什么把书给我没收走呢？

我想了很多理由，把自己在班主任面前慷慨陈词、据理力争的画面在脑海中演练了无数遍，然后热血沸腾地去办公室找他。

"进。"又是班主任那熟悉的声音。

我进了门，突然意识到自己没有事先排练见到班主任后第一句说什么。

"有什么事吗？"反倒是班主任老师先开口了，声音很平静，好像刚刚并没有没收过我的书一样。老师这无事一样平静的态度让我更加不淡定了。

我直截了当地说："老师，我觉得你不该没收我的书。"

终于平静被我打破了……班主任老师严肃地问我："怎么就不该了？"

"我写完作业了，而且看的也是正经文学书。"说完我就很得意，觉得这句话一出，他肯定没理由管我了。

"写完作业就不用学习了吗？写完作业就不用高考了吗？看正经文学书就不耽误学习了吗？你看人家谁谁谁，还有谁谁谁，哪个像你这样不务正业？"他口中的谁谁谁，自然是班里成绩最好的同学。在我看来，他们不过是比我花了更多的时间去刷题、背知识点，才能成绩比我好的。但是我看课外书也积累了很多阅读量，大大拓宽了视野，这些他们也不如我。所以我说："我觉得读课外书能开拓视野，培养独立精神。"

"培养什么独立精神？你成绩搞上去了吗？"班主任老师即刻驳斥了我。果然他眼里只有成绩，我这样想。

他继续说："下周就要考试了。你说吧，这次目标是班里第几，考到了我就把书还给你。"

居然还有这种操作？本来以为班主任这种态度是让人没有办法交流的，没想到还给我留了这么一个机会，那我当然得抓住这个机会了。我考虑了下，说了一个并不那么靠前的名次，心想拿到这个名次还是不难的。

"就这么点追求吗？你得考进前三！"

"行。我考进前三就把书给我。"确实，我也没有别的话可说了。

回到教室之后我就开始备考，刷题。从那时直到考试的几天时间里，我每天晚上都是班里最后离开教室的。有同学跟我说觉得我像变了一个人似的，我就跟他讲了讲我和班主任的约定。他说看我这么拼，相信我会考进前三的。当然，我也相信。

"果不其然"。我考了第四。

你说我该高兴呢还是该郁闷呢。相比往常当然有进步，毕竟那几天拼命地学不是白学的；这个成绩虽然只差了跟老师约定的名次一名，但确实也没有达到约定，我是没脸去找班主任老师要书了。后来那几天我想了很多，渐渐意识到，我跟最优秀的同学的差距真的不是一星半点，并不是突击突击就能消除的。班里最优秀的同学都对自己的高考不敢有什么把握，对自己的成绩不甚满意，他们都在很投入、很努力地学习。如果我还是这么一副吊儿郎当的学习态度，还有什么资格对自己的成绩感到满意呢？

自那以后，我知道了那个时期对我最重要的是什么，自己真正该做的是什么。我也明白了，自己那天在老师那儿的一套说辞只不过是想拿回课外书的强词夺理，倘若真的有独立精神，真的有很开阔的视野，不会不明白学习是比看闲书投资回报率更高的事情。难道不是这样吗？我之前自习课上看的那些小说和杂文，到现在我连大部分的名字都想不起来，更别说里面的内容对我有哪些影响了。后来把时间都用在了提高成绩上，虽然也有很多倦怠的时候，但至少我再也没在自习课上看过课外书。正是有了那次的幡然醒悟和后来的努力，才使我自己现在能够坐在北大校园里回忆这些经历，总结经验教训。所以，在高中这个评价方式相对单一的时期，还有什么能比成绩的提高更能帮助一个人实现理想吗？

现在回忆那次经历，我非常感激没收我课外书的班主任。是他唤醒了装睡的我，让我意识到自己的问题。能经历这么一件彻底改变我的事情，我感到无比的幸运。

也是到了那时候，我才深刻地认识到，自己之前的做法其实是一种逃避。因为初中的时候我的成绩算是学校佼佼者了，但自从上了高中，我发现比我优秀的同学有很多，而且高一最初几次考试，我的成绩再也没能进入佼佼者行列，这让我心里产生了比较大的落差。但我依然无条件地对将来的成绩保持乐观的态度，尽管自己并没有为提高成绩付出相当的努力。这种矛盾的心态，一方面让我感到成绩的提高非常吃力，另一方面又让我感到课内学习之外大有一番天地可以施展拳脚，那自然就更愿意把精力投放在课外了。我也反思过很多，刚进高中时成绩的落差来自哪里？难道只是因为高中把各个初中的尖子生聚集在一起了吗？要知道，我就读的初中，总体实力在全市也是排名靠前的，而我在初中又是名列前茅甚至经常独占鳌头，按理说进入高中也应该不比人差。因此，我到了高中"泯然众人"，一定有其他非常重要的原因。不管我最终反思得出的答案是什么，毕竟时间不能倒流，我也不可能改正一些反思出来的问题，重来一遍看看效果。

好在高中毕业后，有同学提出想一起合办一个月的高一预科辅导班。我在这个班里接触到很多刚刚初中毕业的学生，从他们身上，我又看到了当时的自己，并清楚地看到了自己当时拥有的与缺失的那些东西，对于自己最初为何会落后于人，有了更深的感受。关于这部分，我会在后面的内容里与大家分享。

话说回来，经过那次幡然醒悟之后，我全身心投入了学习，但成绩也并没有一下子就提高很多。毕竟该打基础的时候，并没有扎实学习，基础不牢。直到第一次高考之前，虽然总体来看，我历次考试的平均成绩是有了明显的提升，但发挥很不稳定。最好的时候能考到年级第一，最差的时候还不如老样子。最后高考失利，我也没有感到十分意外，这就是自己应当承担的当初浪费光阴、自以为是的代价。

虽然在整个高三，我的成绩总体上呈上升态势，但毕竟时间不等人，高考不会等我完全弥补了之前的亏空、上升到最高点后再开始。所以，考试失利也正常。但我自己可以再给自己一次机会。和绝大多数同学不一样又如何？虽然我在时间上落后了同龄人一年，但能进入更好的大学就读，接触到更多更好的资源，难道不是更大的收获吗？想通了这些之后的我，心态良好，平静而坚定地选择了复读，并且能够在面对外界诸多不支持，不敢看好的声音时，依然能够用一颗平常心，淡然理智地进入复读，这也是我复读能够顺利提高成绩，并保持成绩稳定，最终赢得高考的关键所在。

复读的这一年里，我成绩一直很稳定，很大一部分原因在于自己已经经历过一次全面复习的高三。随着时间推移，应届的同学们成绩都有了提高，我的名次开始出现波动。这早就是预料之中的事情，所以对我的信心并没有多大影响。班主任让我总结过一次自己复读这年成绩如此稳定的原因，我觉得完全在于心态好，能够正确看待历次考试的成绩，情绪不容易被考试成绩的好坏左右，而是更多地关注具体的知识点，哪些还不会，哪些还不熟悉。这样，虽然我高考中还是有一些本应避免的失误，成绩并不是最理想的，但还是没大悬念如愿考入了北大。

关于复读，我会在下一篇专门和大家探讨：决定复读前可能要考虑的因素，以及如果决定要复读，有哪些值得注意的事项等。

第二篇

高考不理想，是否要从头再来？

　　谈论这个话题，是因为我本人就参加了两次高考，第二次高考才如愿以偿，来到北大读书。后来有同学考得不理想，也特地问过我复读一年之后的想法。虽然我本身是这一决定的受益者，即便如此，我也从来不敢贸然鼓励同学们像我一样选择复读。因为毕竟复读的学生中，大部分并没有在第二年取得满意的成绩。

　　所以这是一个概率问题吗？我认识的一位比我大一届的学姐，在高中平时的考试中，几乎都是碾压众人的存在。但是当年高考她数学选择题没有涂到答题卡上，总分直接少了60分，还影响到后面的考试。之后，她复读了一年，高考发挥正常，成绩依然是碾压众人，最后考进全省前10名来到了北大。你说她这样的资质，难道在复读前还需要犹豫吗？复读成功对她而言根本不是概率问题。

就我自己而言，我远没有那位学姐厉害，但我在决定复读时也没有犹豫。尽管我身边听不到任何一个支持我复读的声音，我家人还差点为此跟我发火。还有人拿着一份关于复读成功率的统计数字来劝我不要复读。但我清楚，这个数字对我而言没有任何意义。因为那些被调查的人里，有多少人是跟我的具体情况一样呢？又有多少人和我的努力程度一样呢？或者有和我一样的心态呢？每个人的具体情况都不一样，别人的数据到自己这儿，又能说明什么呢。更何况，我在平时的很多次模考中，都已经达到了北大录取线的水平，所以我认为自己复读之后如愿考入北大的概率还是非常大的。

当然，对于每个人来说，并不是考上北大才算复读成功。只要能考上自己心目中理想的大学就是成功。再不济，只要省排名高于上一年就是成功。我觉得对于一个比应届生多上一年学的复读生，除非政策变动极大，不然只要拥有好的心态，并且足够努力，实现我所说的成功，对他们来说都是大概率事件。

那为什么复读总体的成功率那么低呢？只能说是复读生的心态很容易受影响，尤其是压力，还有陌生的师生群体环境，以及足够努力的程度。而之所以不够努力，我归纳了一下，可能有三种原因。

第一种，被动复读。自己并不愿意复读，而是被家长、亲友、师长等劝说后，没有主见，被动选择复读的。高考这件事情是必须自己去做的，然而再参加一次高考的决定却是别人替自己做出的，这就说明自己对自己的认识和定位并不明晰准确，而且也不情不愿。这样的事情能做好吗？想想都知道不可能。

第二种，高考之前从来没有在一段时间里笃定地朝着提高分数的方向努力。而自己决定复读仅仅是因为不甘心的一时冲动。高考前的备考氛围是很能给一个人压力和动力的，在这种氛围下如果还没有觉悟，而到了最后高考分数不好看才决定开始努力，我是不大相信这种努力会有多持久。因为接下来的一年中间，再也不会有像高考失利那么大的打击来给他动力了。他见到的还是那些曾经未能给他动力的场景。在熟悉的场景中，内心如果没有觉悟很难由内而外地变成一个完全不一样的、足够努力的人。

第三种，对于复读想要达到的水平没有清楚的目标，心理上并没有做好进入大学的准备，复读仅仅是为了延迟直面高考的期限。我所见到的那些学习很棒的同学，早在高中就已经对理想的大学魂牵梦绕了，清晰而坚定的目标是指引他们前进的明灯和有力动力。对复读结果缺乏期待的人，也是很难取得进步的。因为缺乏一个参照的标准，人很容易惰怠，心理上又会给自己开脱，把这种惰怠当做满足，就不容易取得扎扎实实的进步了。

除开以上三种原因，如果自愿选择复读，高考前就已经为了提高分数而全力以赴，又有清晰目标的同学，我认为绝对值得复读，再拼一次。别去在意其他人企图强加于你的想法，来年参加高考的是你自己，就遵从自己的内心吧。相信你一定能做出让自己无悔的决定。

如果决定了确实要复读，那么心理上最好要做一些准备。我从自己的体验来谈谈吧，简单地说可以分为三个方面：初学者心态，自主意识，以及自然地和新同学相处。

第一，所谓初学者心态，指的是不要纯粹抱着"查漏补缺"的目的去听课去做题。我复读下来的感觉是：高中知识的缺漏是补不完的，因为高考题永远在变化，为了应对变化而做的研究和努力是没有上限的。因此如果抱着"查漏补缺"的态度学习，东一榔头西一棒槌，你更会觉得知识凌乱而细碎。

不可否认，复读生有优势，优势在于已经对高考的知识体系有了相对完整的框架。在这种基础之上，如果能保持一颗初学者的心，重新构建知识体系，你会对知识之间的联系有更清楚地掌握，并且避免了再次忽略原本就已忽略的逻辑链条，也能纠正原本一些错误的观点。反之，如果自认为有完整的知识结构，就忽略老师和教材为你串起得更合理的结构，而只是在自己不太熟悉的地方查个漏补个缺，那么，即使单个知识点搞清楚了，到需要灵活运用的时候，原来不会的很可能还是不会。

第二，自主意识。这是和初学者心态互为补充的一个方面。相比而言，初学者心态更像是大的战略，而自主意识更像是小的战术。在可以自由支配的那部分学习时间里，作为复读生，应该具备完全的自主意识，更明白自己需要做的是哪方面的工作，完全没有必要跟周围的同学比，不要被别人的做法带偏。

以我自己为例，我深知自己第一次高考数学成绩不理想，而且并不全是运气问题，原本就能感到自身实力较弱。相比较而言，我的生物虽然也有所欠缺，但主要问题是知识点记得不牢，而不是做题思路不行。因此，当很多同学在做生物题目来锻炼做题思维时，我把大量的自习课分配给了数学题。尽管看着其他人在生物做题思路上一天天进步时会有危机感，但我并不会让这种危机感左右我用理智决定的时间分配。

第三，是自然地和新同学相处。如果同班的都是复读生，这当然是件顺理成章的事情。但很多学校会把复读生分在应届班里，比如我们学校。这时候依然应该以一种开放的姿态和新同学相处。复读之前，我想象着自己接下来复读的一年里，应当是如同把自己关在一口井下，一心学习，无须和他人往来。因为我自认为非常清楚自己欠缺的是什么，只要做好这些事情就可以。事实上，很多复读生的状态就是我所设想的那样。但是，回到高中后，我才发现并非如此。

一年的时间里，时不时会有疲惫甚至苦闷的时刻，假期里和以前的同学联系，也会觉得彼此生活状态已然迥异，没有多少共情性。如果再和周围同行的人没有任何交流，自我封闭，把自己刻意地和身边的同学们隔绝开来，无论是开心或是愁苦的各种情绪，都没有宣泄渠道，很容易导致心态崩盘，最终严重影响学习效果。尽管高考最终是要一个人面对的事情，但在直面它以前，与身边的同学并肩前行，可以让一个人走得更稳健、更开心。新朋友的结识、自然地来往并不会占用多少时间和精力，相反，它会让你不再孤单，给你前行的力量。

综上，我想告诉决定复读的同学们，请在接下来的这一年里保有初学者的心态和自主意识，与新同学们自然地相处，不要因一心学习而把自己刻意地和身边的同学们隔绝开来。如此，我相信你的复读之路可以多一些顺利，少一些曲折。

心态决定成败，不论最终选择如何，复读与否，我都祝愿你在未来的某一天，谈起过往时，能够为今天的选择感到幸运。

第三篇

高中能带给你什么？

不知身在高中的你，对你高中的校园、生活、老师和同学有怎样的印象？如果你还未上高中，又对自己高中的时光有哪些期待呢？当我在回顾自己已经过去的高中生活时，我发现它带给了我四样非常重要的东西。

第一，它给了我通向大学的门票。

我还清楚地记着进入高中的第一天，教室黑板的左侧就写着高考的倒计时天数。那时候还是四位数，让人感觉这场据说很重要的考试是那么那么的遥远，而煞有介事地把这个数字写出来，更是显得那么滑稽。后来不断地被老师灌输"高考很重要"这样的观念，又看着他们那么密切地关注高考政策的变动，我才体会到我所在的高中是如何把高考放在一切工作的中心的。全国的高中大抵都是这个样子。我想你也见过或者听说过类似这样的标语口号，什么"提高一分，干掉千人"，或者"高考一刻不结束，分数一切有可能"，再或者"只要学不死，就往死里学"，这种句子我现在还能信手拈来，全要仰仗学校一遍遍地狂轰滥炸。不过分地说，大部分高中就是"大学预科"一样的存在，培养能在高考的选拔中脱颖而出的人，是多少高中不遗余力地事情。

最初意识到这一点时，我是有些沮丧的，觉得高中好无趣。但是，随着倒计时数字一点点地减少，我的态度也一点点地发生着转变。考进名校的师兄师姐回到我们高中讲述自己的经历，让我对名校的憧憬也与日俱增。可能还是觉悟得晚了一些，以致我在高考中拿到的分数并不足以让我进入心仪的大学。不过，那时的我已经知道考大学是多么重要的一件事情，也理解了高中为什么要成为大学的"预科"，所以下了决心复读一年，再次参加高考，最后还是如愿来到了北京大学。

如今我对高中那样的培养方式充满感激。通向大学的门票，是它给我的第一件非常非常重要的东西。

第二，它给了我端正的态度和良好的学习习惯。

这个是我离开高中到大学之后，才越来越强烈地感受到的。高中的老师们真是绞尽了脑汁思考如何帮助学生提高成绩，因此他们中的很多人对学生要求也十分严格。每次我语文试卷上字写得有些潦草了，语文老师都会问我怎么回事，如果班主任知道了，还会问语文老师怎么回事。毕竟他们批过高考试卷，知道书写对成绩会有怎样的影响。到了大学，多数老师似乎对书写并不怎么重视，但我手写的字体还是延续了高中的书写习惯，不敢说有多好看，但至少工整清晰。

关于态度和习惯的另一个例子是刷题和整理错题。我在初中从来没有整理过错题，事实上除了老师布置的作业，我主动去做的题目就很少。高中时强制要求写错题本，起初，我在心里非常抗拒。但为了凑够错题，还得在作业之外自己刷题。后来也尝到了甜头，就慢慢地形成了习惯。现在到了大学，没人再要求整理错题，也没人督促我刷题。但是，对于很多基础性的科目，刷题和纠错对于知识的理解吸收都有很大的好处，我会自愿地去做这两件事。不得不承认，这些习惯都是拜高中的学习所赐。可以说，高中让我掌握了一些学习较复杂的知识时需要的方法，我相信我会终身受益无穷。

第三，它给了我攻坚克难、坚持到底的信心和毅力。

刚进入高中时我一直觉得自己数学差，学完新课后去做题，常常力不从心。这种感觉持续到高三，全部课程结束后，就转入了全面复习的阶段，我还是会遇到很多做不出来的题目。但，除了硬着头皮学下去，我还能怎么办呢？毕竟要想考一个自己满意的大学，各科成绩都很重要，包括数学。而令人绝望的是，不论怎样努力，数学水平是难以在短时间内就表现出明显进步的。而那些数学学得很棒的同学，在我看来直接就是智商压我一头。但不能因此，我就放弃，除了想方设法把数学学好，也并没有别的办法。题目再难也得一道一道啃，知识点再多也得一个一个过。做出一道以前做不出的题目后，虽然很有成就感，但想到这种题目别人早就会做，我还是不敢就此放松。这个过程实在煎熬，不过等过几个月回头看看自己的进步，便觉得所受的煎熬和近乎执拗的坚持都是值得的，这也让我尝到了攻坚克难的甜头，有了攻坚克难的勇气和毅力。

现在，我在大学还是会遇到很多很有挑战性的知识，但我总有攻克它的信心。在学习之外的一些活动中也会遇到各种困难，我也总是会坚定不移地勇往直前，想尽一切办法去克服它，久而久之，都养成了迎难而上的习惯，也坚信一切困难只要努力，都能最终被攻克。

想想其实挺有意思的，以前同学之间一直吐槽高中只能注重分数，其他一切活动都为之让位。但事后渐渐体会到，也正是高中的分数不断鞭策着我们向前，一路下来，收获的远远不止是标语口号里天天喊的"高考成绩"。

第四，最后一样高中带给我的财富是在这段独一无二的日子里结下的友谊。

如果我不是第一次高考失利后选择复读，可能还不能这样深切地体会到和高中同学之间的真挚情谊。那时候，得知我再过几天就要回到学校开始复读，好多同学都来找我，聊聊天或是吃个饭，还把他们觉得有用的学习资料和笔记送给我。我当时的心情十分微妙，尽管刚刚经历了一次失败的高考，但在他们的鼓励和支持下，我坚定地认为未来可期，相信来年一定会考好。国庆节假期大学开学比较晚，又有同学专程来学校找我，还带来了从他大学所在的城市里帮我挑选的纪念品。我假期里回到家，打开 QQ，发现空间多了好多留言，班级的群里，大家也关注着我每一次考试的成绩。在我被北大录取之后，每一个同学见到我都会向我祝贺。来到北京后，在北京的同学们还组织了一次聚餐。我能看出他们是真的为我而高兴。每次回想起这些事情，那些场景都历历在目。而今大家在大学里都忙着各自的事情，却还愿意时不时地抽出空来吐吐槽、开开玩笑、谈谈心。

我可能不是那么幸运，不像大部分人那样高中三年然后顺利进入大学；但我又无比幸运，在高中结识了这么一群无比温暖的朋友。这可能是高中那些斑驳的时光带给我最大的惊喜。

大学门票、态度和习惯、信心和毅力，以及珍贵的友谊——高中能带给一个人的当然不止于此，而我之所以只提到了这四样，是因为我觉得这是每一个人都能从这三年的学习生活中收获的、终身受益的东西。

心态决定成败，望你能怀着一种学习者、探索者的心态，珍惜接下来的这些年。因为将来你会发现，这些日子值得你永远地怀念。

第四篇

未雨绸缪，做好初高中衔接

关于初高中衔接，我自己当时做得并不好。后来也有过一些反思，但似乎都只是马后炮一般的想象，想着"如果高一之前的那个假期如何如何，会不会就怎样怎样……"而事实上，我就这么荒废掉了人生中唯一一次的初高中衔接阶段。人生不能重来，现在来反思，也只能是马后炮。而我这里要说的初高中衔接，当然不是基于我自己的经历，而是高中毕业之后的那个暑假，我跟几个同学一起开办了为期一个月的高一预科班。在和那些马上就要进入高中的学弟学妹们相处的一个月里，通过观察他们、和他们的沟通交流并结合自己的体会总结出来的。

我觉得，要做好初高中的这个衔接，总的归结起来就是三件事情：一是不执念于中考的成败得失；二是假期里要积极预习高中知识、多做题；三是要认识初高中学习上的区别。

第一，不执念于中考的成败得失。

我们的高一预科刚刚开课的时候，中考成绩还没有公布，多数同学似乎觉得自己的成绩不太理想，可能去不了我们本地最好的高中，报名我们的高一预科班是怀着类似于"补救"的心态来的。最开始大家都提前很早就来到教室，听课非常认真，我和其他老师布置的作业大家也完成得挺好。我甚至有些惊讶，惊讶于以一个老师的身份和这群比我只小三四岁的学弟学妹们交流，竟然也能如此省心。

渐渐地我们几个老师和同学们熟络起来，大部分的同学也不再那么早地到教室。不过有一个同学，叫他小A吧，他跟我说，感觉自己课上有些东西理解得不够透彻，问我能不能每天课前来给他辅导半个小时。作为老师我当然求之不得。我一般比约定的时间更早一点来，却发现他每次来得更早。想想我自己高中前根本没有这么大的劲头，于是打心眼里佩服小A。

班里还有一个让我印象深刻的同学，叫小B吧。他接受新知识非常快，可以看出来初中知识的底子很棒。之所以来上这个预科，更多的是出于他妈妈的意愿。开课的最初一段时间，他留给我的印象除了学习不错也没有什么特别的了。

直到中考分数公布前后。从某一天开始，课间同学之间的交谈陡然间多了起来。他们估计着自己的分数，也交换着自己得到的关于分数线的小道消息。分数公布那天是一个明显的分水岭，很多学生开始迟到，最初是三五分钟，后来10分钟甚至更长，让我不得不推迟上课延迟放学。得知成绩不理想和预测成绩不理想的心态是完全不同的，同学们课上的参与程度明显降低，我甚至要在课前把手机统一收上来才能确保课堂顺利进行。

小A成绩不太理想，课前辅导还是照来，不过偶尔会跟我讲讲自己的失落。小B开始迟到，上午一共就两门课，有时甚至在第一门上完了才到。不得不说，他中考成绩很好，属于我们当地最好的那一部分学生。但仅仅因为一次中考的成绩就这样自信心爆棚，还是让我有些担心。

我无从得知小A小B他们现在在学校过得怎样，但是在我们的高一预科临近尾声时，小A已经不再提起中考了，他还是坚持要求我课前帮他辅导；小B还是迟到，我跟他妈妈说了这件事情，他的妈妈也说没办法。最后，我检查他们的做题情况时，小B做得很快，步骤看似连贯但却存在漏洞。而小A做得虽然比较慢，但我讲过的要注意的细节他一个也没漏掉。那时候我知道，小A只要能一直保持这种状态，他高中的学习情况基本不用太担心了。反而是成绩一向不错的小B，如果不能及时端正态度，认识自身问题，有些担心他以后是否还会一直顺利。

有感于这件事，我想我必须说，中考既然已经过去了，成绩已成事实，就不要那么在意这曾经的成败了。或许中考成绩是直接决定了之后上的高中，但终究这些外因都只是你学习成长路上的辅助，而这些起辅助作用的外因也都能找到很多种办法和渠道来补救。最根本的决定因素还是自己。只要自己摆正心态，做好准备，砥砺前进，又何尝不是让自己变得越来越强大的一种修炼呢？

第二，假期里要积极预习高中知识、多做题。

摆正心态之后要做的第一件事，就是踏踏实实利用假期，积极预习高中知识，尤其是实打实地做一些高一的题目。不论是自己在家学习，还是报辅导班，都要比等到开学了直接上课学习要好。因为高中的开课速度和初中还是差别不小的，而且老师的教学方式比起初中而言也可能会有很大不同。再加上要学到的都是新知识，如果没有提前预习了解，面对一堆陌生的因素，很容易让人产生焦虑情绪，以致影响学习效果和效率，甚至于遭受学习上的滑铁卢。当我和大学同学谈论以往经历时，就有不少同学都出现过高一开始的不适应、茫然、失落、自我怀疑、跌入低谷、自我放弃沉沦，等等。包括我自己，不也是因为这样，而产生了逃避意识，自我麻醉，虽然及时醒悟，但最终也荒废掉将近两年时间，导致第一次高考失败，再次复读才重回正轨。

再以我们的高一预科班上一个同学为例，这位同学是我一个同学的堂弟，这里叫他小 C。我们预科班结课之后，我又到他的家里帮他辅导功课，主要是讲前一个月里他听得不太懂的内容。

其实我的心情是很纠结的。高一预科班里我任教的科目是本身难度就比较大的数学，为了让同学们都能跟上，我尽量把讲课速度放慢，但又必须在一个月里讲完事先说好的几章。

为什么？因为高中有开学考试，考试范围圈定了那几章。为了兼顾学生接受程度和开学考试要求的进度，我只能把上课的重心放在课本知识的讲解上。作为一个假期里的辅导班，也不能布置太多的题目让同学们课下完成，担心这样会打击大家的积极性。最终的结果就是，我自认为把课讲得很透了，但却没有与之匹配的足够的题量让同学们去练习。

开学之后，我和小C又联系过几次，他跟我说自己听课确实没有什么压力，但是一到做题，还是感觉自己不会做的太多。考试了几次，成绩也并不理想，挺受打击的。他说这些话时，并没有责怪我的意思，只是向我寻求学习上的帮助，希望摆脱这种处境。我尽力地帮他想办法，却也想到，如果当初我换一种做法，比起现在这样绞尽脑汁地帮他出主意，可能会有事半功倍的效果。假如我能回到那个暑假，我宁可不那么着急地赶课，而是多和他们分析一些具体的题目，最好再出几套卷子让他们练练手，锻炼一下解题思路。

正是因为有这样一个每次想起就令我感到遗憾和自责的事情，我由衷地建议即将踏入高中或者进入高中不久的学弟学妹们，积极预习，并适当多做一些题。做题真的很重要，只有做题能力的增强才能带来坚实的信心，仅仅是听课没压力，并不是预习应该达到的目的。

第三，要认识初高中学习上的区别，最好能给整个高中学习做一个详细规划。

除了前面所说的心态上和行动上的准备，我还想说说我所体会到的初高中学习上的区别。主要就是两方面：知识体系上和时间安排上的区别。

首先，知识体系上的区别，从课本的封面就能窥探一二。 不知道大家是否注意到，高中的课本不再是几年级上册、下册这种分法，而是必修几、选修几这样划分。这样的课本学完之后会有一种明显的感觉，就是里面的知识是一块一块的，而不是像初中，从七年级到九年级基本是一条线拉过来这个样子。知识模块化，自然就要有模块化的学法。模块化较系统化学习最大的不同在于，模块与模块之间有一定的独立性。假如一个模块自己学得不尽如人意，而这时候下一个模块已经开始了，那就暂时不要回过头去钻研上一个模块了，以免又延误新的模块学习新知识的进度。

就我自己而言，生物必修一《分子与细胞》结束之后我觉得好多知识点都没记住，但一个假期过后就又要开始必修二了。我担心必修一没学好会直接影响我必修二的理解和学习。然而领到必修二的书之后，我发现这本《遗传与进化》里，好多问题就是计算，很少用到必修一背诵的知识，基本不会有什么影响。而且在所有课结课之前，学校考试也是分模块考的，学必修二就考必修二，比较独立。虽然我必修一学得不透，很多知识欠缺，但丝毫不影响我学必修二时屡屡考高分。那必修一没学好的知识怎么办呢？如果你现有模块学习得很好了，而且有剩余时间，那么可以利用剩余时间，去把之前的模块欠缺的知识点补上。如果实在没时间，也不必焦虑，高三还会回过头来把所有知识过上几遍，专门就是让学生解决这些问题的。万万不可因为之前的内容，而耽误当前的学习，这样只会造成学习债欠越来越多。

其次就是初、高中在时间安排上的不同。高中在校学习的时间更长，具体而言就是自习课的增多。尤其是分科以后，自习课甚至会多到让有些同学无所适从。多数学校的情况是，高一高二的自习课一般不会被作业占满，多出来的时间并不意味着是让学生休息的，而是用来查漏补缺，以及根据自身情况找事情做的，这往往也是能让学生拉开差距的最佳时间。

那么，如何根据自身情况找事情做，这就需要我们在紧跟老师节奏之外，也需要有自己的学习规划。老师的节奏都需要照顾绝大多数同学，是根据普遍现象安排的，而每个人的基础水平，吸收能力、理解能力、记忆水平等等都各有不同。这就需要根据自身的具体情况，结合老师的节奏安排，针对自己专门制订一个学习规划。只有这样，才能让高中这些多出来的自习时间被充分有效地利用。倘若从高一开始就能充分利用自习时间，而这些时间可能被别人用来看闲书或者发呆，甚至聊天、说话，无所事事地虚耗掉，那么长久下去，你会惊讶地发现，自己已经积累了高出一般同学很多的持久的优势。

所以，越早认识到高中学习的不同，越早制订自己的学习规划，你就能先人一步，也不至于像我当时那样留下遗憾。

第五篇

高中生活中的那些小事

再紧张的高中生活，也不全部是学习，除了学习，我们的生活中还有友谊，或许还会萌芽一份青春期的懵懂爱情……这些相比学习而言的"小事"和学习一起构建了我们完整的高中生活。这里我们就说两个话题：一是宿舍学习氛围的营造，二是对待高中生恋爱的态度。

第一，宿舍学习氛围的营造。

我所在的高中基本实行全封闭管理，因此我就做了四年的住校生。在学校待的时间要比在家时间长很多，所以宿舍就像另一个家。

全封闭高中几乎所有的作息时间都是学校统一规定的，一个宿舍的室友基本上是一同起居。午休和晚上的休息时间，我们肯定都是在宿舍和室友一起度过的。这样每个宿舍里面大家的作息方式和作息时间，就是所有人相互影响的结果。

我复读后成绩能够提高，或多或少也得益于宿舍里更加浓厚和纯粹的学习氛围。

我高三的室友实际上大部分也是前两年的室友。前两年大家都混得很熟了，关系也都非常好，只要有一个人缺乏自制力，往往整个宿舍的人都会被带动起来一起聊天，互相开玩笑，一起疯闹。为了防止宿管阿姨发现，我们还有人专门在门口放哨。高三的时候大家都感到时间越来越宝贵，常常晚上回宿舍时也人手一本资料，熄灯之后就打开各自的台灯，继续刷白天的题。然而很多时候，在宿舍是完不成自己预先设定的刷题目标的。因为太多的时候，明明在讨论一道资料上的题目，不知何时，话题就会慢慢歪到不知哪个天南海北去……晚上聊到很晚才余兴未了地互相催促着睡去。第二天中午一回到宿舍，就开始调侃，说今天都快瞌睡死了，昨天谁最先发起话题的得受罚……我们宿舍几乎一直是这样的画风，其乐融融。有时候白天学得很累了，晚上能有这么一群朋友嘻嘻哈哈的，心情也是格外舒畅。

临近高考的一个中午，我们宿舍忘了定闹钟，一觉醒来已经上课了。于是大家商量着，反正离高考这么近，班主任也不敢批评学生了，干脆继续睡得了。兄弟们相视一笑，一直睡到不想睡了，才去班里面，那时已经第二节课都下了。班里同学仿佛看戏一样看着我们走进教室，还纷纷表示羡慕。

虽然我们宿舍的兄弟们关系非常好，给我们紧张枯燥的高中生活增添了一分乐趣，也多了一剂调味剂，但不容否认，在我们宿舍终日喜气洋洋的氛围里，要想专心学习、利用起一切可利用的时间也不是那么容易的一件事情。

后来复读时，我吸取了教训。尽管我很快就和新的室友们熟悉了，但我一直努力克制自己，晚上想聊天的时候就憋着，继续埋头做题。室友们原本还常常互相聊天，后来大概是不想打扰看上去那么专注的我，聊天的频率就越来越低了。再后来，我们在宿舍说起话来，也基本都是在讨论问题。

宿舍里当然也不乏欢声笑语，但那是熄灯之前洗漱的时间。只要一关灯，宿舍门外不再有人走动，我们就打开自己的台灯开始学习。说真的，尽管曾经在一个热闹的宿舍里非常开心，但我现在更享受这种静谧学习的氛围，想想自己每天都能多一节课那么长的时间自习，心里就很踏实。但有时也想到，我是经历了高考失利这样的挫折才变得这么乐意安静自习的，现在似乎是在我的影响下大家在宿舍都不怎么说话，好像我的原因让宿舍少了很多欢乐。

高考前的一次班会，好多同学来讲台上畅所欲言，表达自己对同学和老师的感恩之情。我的一个室友突然走上台去，说："我们宿舍是一个催人奋进的地方，在室友们的影响下，我学习总是很有劲头……"他又说了好多，我也没有全部记得。但当时就是这些话让我觉得，自己能进这样一个宿舍，能有这样的室友，真的是莫大的幸运。

不过转念一想，也未必全是幸运的缘故。一个提供安静自习环境的宿舍，一个所有室友都锐意进取的宿舍，好像最初就是从简单的自律建立起来的。任何一个宿舍，只要有人坚持自律，带动室友，整个宿舍的氛围都会因此转变，到那时，受益的是同在这屋檐下的所有人。

诚然，对于我们高三那年热闹开心的宿舍，我至今仍会不时地怀念；而对于我高四那年安静的宿舍，除了怀念，我还有不尽的感激。

第二，对待"早恋"这件小事。

说起早恋这件事，不知会让多少人心里激起波澜，当然我希望，最好是一点波澜也没有，那至少说明你是可以客观冷静地看待这件事情的。

就像成年人的恋情各有各的不同一样，高中生的恋情也不该被统一用"早恋"这一名词指代，粗暴地一律予以指责、唾弃、扼制，被不少人视为洪水猛兽。对此，我们应该冷静理智地看待，对成长和学习有利的，能促使双方越来越好的，就不能一味打压但当影响了我们的学习，影响了我们的身心健康成长，就有必要被纠正，抵制。

我在高中就和喜欢的女孩子在一起了，现在我们也仍然在一起，关系稳定而牢固——这样说来，我自己便算是一个典型的"早恋"例子，但我并不打算为所有的"早恋"辩护。

有三种动机的所谓"早恋"，我就不能认同。

第一种动机是"为了脱单而脱单"。这种想法在成年人中也有，他们与怀有这种想法的高中生并没有本质上的不同。与其说他是喜欢那个人，还不如说他是喜欢感情这个东西本身。只是因为青春期刚刚有了懵懂的爱情观，对这种感情充满好奇，怀着猎奇的心理，物色人选，仅仅只是想体会下"爱情"的感觉。这种好奇心理，我们能理解，但对于自己以及他人的感情如此不负责任，并不可取。

第二种动机是对学习生活的逃避。这类是基于高中生活的枯燥乏味，繁重的学习任务，想要寻求一种方式来调剂或者说逃避。既然都成了逃避学习的理由，这种结果显然会严重影响到学习，会让自己后悔终身，决然是不可取的。

第三种动机是对对方不怀好意的侵扰。这种动机的所谓"早恋"跟"恋"字根本不搭边吧，这才是真正的洪水猛兽。

我并非把自己和我不认同的这三种动机划清了界限。坦白地说，我觉得自己最初属于第二类，即出于逃避学习生活的动机。这种想法确实也在一段时间里阻碍了我的学习。但当我和她都认识到这一点的时候，我同时也发现，正常学习生活上最大的阻碍，并不是这份关系本身，而是来自学校的干预。

学校的老师根本没人愿意听我对此说一句话，班主任每次碰见我们站在一块儿，永远都是劈头盖脸一顿骂。甚至到了高三，我上课下课都是在见缝插针地学习，有时候累了才去找她聊聊天，就像跟其他同学聊天那样，即便如此，班主任还是劈头盖脸一顿骂。有些任课老师见我们走在一起也会给班主任告状。可能他们这些行为看上去不难理解，甚至司空见惯，一切都源于为了我的学习考虑。但是换个角度来看，为什么我对学校根本没有解释的权利呢？即使我成绩在持续地进步，为什么依然不能让他们相信我并没有从中受到负面的影响？

那种直接被当成敌人对待的感觉，换成谁大概都不会喜欢。

我完全赞同"学习是高中生活的中心"这一观点。如果两个人在心理上都能认同这一点，尽管在短期来看交往会占用学习的时间和精力，但在关系稳固的长期中会起到相互激励的作用。相反，如果两个人在心理上已经对学习漠视甚至排斥，这样的关系必然是有害的，也势必难以为继。如果学校不愿意去了解学生的想法，至少父母也该和孩子沟通。而且是诚恳的、为了了解而进行的，而不是专断的、为了说服而进行的。有这样的态度，孩子才愿意说实话——倘若真的出现了什么问题，家长也有一个帮助解决的方向。

我不会鼓励任何一个学弟或是学妹在高中尝试着恋爱，因为这本身就属于所谓的"为了脱单而脱单"的动机，而且当两个人真的在一起后，来自自身和外界的很多事情是难以预料的。但是对已经在一起的两个人，我一定一定要提醒你们把精力投放在学习上。两个人促进彼此的学习，甚至可以把对方当作比赛的对象，达到成绩上的互相追逐，而不是把时间精力耗在无意义的东西上，将来回想起来，绝对是一件很美好的事情。

对学校而言，为了防止学生误入歧途，耽搁学习，或者出于其他考虑，觉得早恋本身就是错的，就应该坚决杜绝，把一切苗头扼杀在萌芽状态，这样确实有利于学校管理，对其他同学的影响也最小。毕竟对于即将步入成年，还未成年的高中生而言，心智还不太成熟，很多时候无法很好地控制自己的感情，也无法理智地理清对自己每个人生阶段最重要的是什么，非常容易走偏带歪。所以，不分具体情况，一律打压，也不可谓不是一种最有效和有力的办法。我们虽能理解，但仍希望学校老师能够更好地跟学生沟通，了解学生们的真实想法和感受，对症下药，这样应该能更好地呵护心智尚未成熟的青春期孩子们脆弱的心灵，也能更好地引导他们健康成长。

学校因为孩子多，老师们又着眼在孩子的学业上，所以很难关注到每个孩子的心理，这种情况实属正常。但作为家长，为了自己的孩子好，有什么是不能开诚布公地讨论的呢？所以家长们可以考虑一下，是不是应该用更开明的态度对待孩子谈恋爱这件事情。

不论是学生还是家长，处理一件事情的心态不同，这件事情的结果往往也大不相同。希望你能以最好的心态，收获最合意的结果。

细数我的过往经历，我尽最大的可能，挑选了高中四年最有代表性的经历来和大家分享。把每一段经历串联起来的，是中间那些平凡又细碎的光景。单独拎出来或许不值一提，却实实在在地让我从旧日的自己，一直变成今天的模样。这平凡又细碎的日子里，有变，自然也有不变。对我而言，不变的或许就是认准一件事情之后的笃定和坚持。

听过这样一句话，大意是，保守主义者和自由主义者都能获得幸福，而"半吊子"不能。我的理解是，不管是所谓的保守主义者还是所谓的自由主义者，他们都是对自己想要什么、不想要什么以及需要怎么做都经过审慎思考的人。正因有自己的思考，所以在面临选择时，他们往往会有自己清晰的答案，知道该接受什么，拒绝什么，该在哪方面作出努力。

我羡慕这样的人，更想成为这样的人。因此，当我认识到把所有精力投入学习是自己能够脱颖而出的唯一途径时，我便琢磨怎样能把学习这件事情做到最好。我去反思自己刚进高中时的状态，我去探索在不同科目之间如何平衡取舍，我去尝试不同的学习技巧和应试技巧，也尽力地维护着宿舍里良好的学习氛围。我自认为我很努力了，也终于得到了努力的回报。因此，在首次高考失利后我做出复读这样的决定，并不意外，也并不艰难。我认为这充分得益于自己不断地思考，还有因此生发出的笃定和坚持。

反之，如果我缺乏自己的思考，就会缺乏主见和自制力，也就很难做出令自己事后不会后悔的决定。我在这里无意对保守主义和自由主义这样的话题做出怎样的评判，我只是希望，不论做怎样的事情，请你有思考、知轻重，认准一个方向之后坚定地走下去，这是实现理想的一条坦途。

希望我的故事让你感受到心态的力量，找准自己想要去的方向，笃定，坚持，永不后悔。加油吧，少年！

编者给父母的话

父母对于孩子的关注，不能只放在学习和生活上，心态才是最敏感和最容易被父母们忽略的。有了好的心态，才更容易沟通，更容易接受新知识、新环境、新事物，学习和生活才能更顺利。

任何时候，父母对于孩子心态的关注都不容忽视。心态通俗来讲就是心理状态，人的心理活动的各种现象都是以心理状态的方式存在。著名心理学家马斯洛说："心态若改变，态度跟着改变；态度改变，习惯跟着改变；习惯改变，性格跟着改变；性格改变，人生就跟着改变。"所以，心态对于孩子的学习和成长甚至他们每个人的一生都至关重要。

对于升学孩子的父母，没有什么是比关注孩子的情绪和心态更重要的了。幼升小，小升初，初升高，这都是一个个的转折，孩子面临着全新的环境，全新的老师、同学，还有全新的学习内容，甚至是学习模式，很容易会因为一时的不适应而产生或焦躁或逃避或退缩等情绪或心理。对此，父母们应该引起足够重视，给予足够的细心和耐心，做好引导，帮助孩子做好这个阶段的过渡。一个健全的心态比百种智慧更有力量。

（一）对于幼升小的孩子，更多的是生活上的独立和自理的改变。

小学不会像幼儿园有专门的生活老师，管理孩子的生活起居，细心周到。进入小学后，孩子的一切生活方面都需孩子自行打理。就比如，幼儿园里如果孩子如厕后不会自己擦，会有生活老师帮忙，但进入小学，几乎不再可能让老师帮着擦屁屁了，必须自己处理。类似此类生活方面的细节有很多，这就需要家长提前做好功课，必须让孩子在上小学之前，具备所有的生活自理能力，能够很好地照顾自己，具有基本的解决问题的能力和办法。这点是必须引起重视的。只有孩子能够很好地处理自己的基本生活行为，才能更好地融入小学这个新的环境，开心地接受新老师、新同学、新知识。否则，很容易因为某个小小的生活"事故"而产生自卑、自我封闭、不自信、唯唯诺诺等不良情绪和性格。

学习上，不同于幼儿园的游戏式、体验式学习，进入小学会更正式地读、听、写、背，并有一定的必须完成的学习任务。如果之前没有一点点基础，相较其他同学而言，在学习新知识上就会比较吃力，总是处在追赶其他同学的尴尬境地，使得孩子的学习之路刚刚开启就遭受打击，很容易失去自信，或者干脆逃避、自暴自弃等，会严重影响孩子的学习兴趣，对之后漫长的学习之路也会造成严重影响。所以，虽然不提倡幼儿园提前教授小学知识内容，但最起码小学之前应该具备一定的识字量，能够数数和做简单的运算，会简单的拼音、简单的笔画。如果能上幼小衔接当然很好，如果不上，父母就需提前培养孩子具备一些基础的知识能力。

（二）小升初的孩子，不仅学习、心理上转变较大，就连生理上也进入青春发育期，这是孩子成长非常关键的转折点。父母应积极关注，小心呵护，正确引导。

首先，孩子从五六年级到初中这个阶段，进入青春发育期，生理特征发育明显，比如女孩子的胸部发育、例假，男孩子的变声等，生理上的发育促使他们对性知识有了初步了解，有了明显强烈的异性观，表现为开始注重外表、爱打扮、爱面子、讲排场等。这种生理上的自然变化，对心理和行为习惯的干扰影响也很大。

父母的正确管教对策：

第一，父母应该充分了解孩子这个时期的生理变化特点，提前给孩子足够的生理知识教育，帮助孩子正确认识和对待生理特征的变化，不要让孩子产生自卑心理，也不要让孩子嘲笑愚弄其他同学。

第二，对于孩子的异性观不要恐慌和一味压制，应该理性对待，正确引导。对于孩子开始注重外表，爱打扮时，应给予肯定，帮助孩子树立正确的美学观，即干净、整洁、得体。而不是一味地追求名牌、追求潮流、奇装异服、哗众取宠等。父母对孩子对于异性表现出的好奇和交往欲，也不要一味压制，应引导孩子理性看待两性差别，给予异性尊重和爱护，既要保护自己的隐私，也要尊重别人的隐私。

第三，小升初的孩子心理上转变也较大。这个时期是孩子心理上自我意识发展迅速、有着强烈的自尊心，却又很敏感的时期。他们对事和物有了自己的认识和见解；对光怪陆离的社会生活充满好奇和向往；群体意识增强，非常渴望得到大家的认可、理解和喜爱，渴望有年龄相仿、志趣相投的好朋友，能够一起分享心事，分享见闻见解等；对于别人的忽视、嘲笑、蔑视、不理解等非常敏感，反应强烈……这一系列的巨大变化，导致他们往往会表现出幼稚的感情冲动和短暂的不安定状态，孤独、忧伤、激动、喜悦、愤怒等各种情绪微妙地交织在一起，组成一个强烈、动摇和不协调的情感世界，使得父母明显感觉孩子有了自己的心事、秘密，把父母都隔绝在外，叛逆、冲动、厌学、不服管教等。

这个时期的父母很容易出现两类问题：一种是没有转变意识，惯性思维地仍然把他们当小孩子看待，生活起居事无巨细，不给孩子独立空间，不让孩子有自我意识，不接受孩子自己对事物的认知和见解，凡事仍然替孩子做主，要求孩子完全按照自己的想法来，否则就是不听话、逆反，对孩子失望、指责等。这样的结果要么导致孩子不自信，失去自我意识，凡事都是"我妈说……"；要么导致孩子在父母面前完全武装起来，用无数谎言、欺瞒给父母塑造一个乖顺听话的假象，而另一面则是一个放飞的自我。如果另一面健康正常发展还好，一旦孩子受到一点不好的外界因素引诱，或者心理极端压抑无法疏解，很容易走向另一个极端，走上歧途。就比如那些在父母的高压下，一直是父母眼中引以为豪的乖小孩、学霸，从小到大各种奖项无数，实则内心已极度扭曲，最终走上弑母、报复社会的"学霸吴谢宇"之流。

另一种是认为孩子上了初中就是大孩子了，凡事应该自己做决定，完全地放手让孩子自我管理，自行发展。这种情况下，如果家庭环境以及周围环境良好，孩子可能会较好地成长。一旦受到外界不良因素的诱导，而家长又没有及时发现引导，孩子很容易被带上歧途，严重者甚至偷盗、校园霸凌、抢劫、吸毒等。

　　这两种父母因为自己的管教问题，都可能会对孩子的健康成长带来极大的不利影响甚至是危害，是完全不可取的。我们应该引以为戒，寻求正确的管教模式和方法，在孩子的不可逆的成长道路上，起好教育引导作用，不要等到问题爆发再来悔之晚矣。那么正确的管教对策有哪些呢？

　　第一，应该认识到孩子心理上的变化，肯定并尊重孩子自我意识的发展。凡事征求孩子的意见，多听听孩子的看法和见解，不要武断替其决定，对于孩子好的意见和建议应该给予肯定和支持，对于不合理的意见和建议，也应该尽可能说明认为其不合理的原因，让孩子明白为什么不听从其意见，为什么会给孩子这样的建议，让其从心底自愿接受父母的建议，并去执行。

　　第二，对于孩子对社会生活表现出的好奇和向往，应该给予支持，并给予正确的引导。对于孩子表现出好奇的社会现象，应客观公正地给予解析说明，引导其关注正面积极的社会现象和领域。对于自己不了解的领域，应该通过多种渠道先进行客观了解，或者带着孩子一起去客观了解，不能带着个人主观臆断，不能胡乱敷衍解答。告诉孩子想要什么样的生活或者成为什么样的人，则需要具备什么样的能力，付出何种努力。

　　第三，对于孩子交朋友的意向也应该予以支持和正确引导。不能因为跟朋友玩耍或多参加活动，就认为耽误学习，武断阻止孩子交友。应引导孩子们多参加积极正能量的活动，正确看待友谊，不卑不亢、与人为善、乐观向上、平等友好地处理人际关系。

第四，尊重孩子的隐私，细心维护孩子强烈的自尊心，不要嘲笑、忽视、讽刺孩子，更不要在公众场合指责、斥骂孩子。父母不经意间的一句话，有可能就会给敏感的孩子造成不可逆转的心理伤害。所以在这个孩子自尊心极强的时期，父母应该谨言慎行。成长的困惑是每个人都要经历的，这一时期孩子最需要的就是充分的尊重，有一个情感宣泄的渠道。遇到什么事，家长首先要想到跟孩子好好商量，给他们发言的权利。对于一些日常行为习惯，对的旗帜鲜明地支持，不对的不能搞大棒政策，而是要循循善诱，以引导为主。这样，孩子自然不会站在家长的对立面，关系处理起来也很融洽。

第五，也是最重要的一点，父母需要在这个阶段完成自我角色的转变。从引领主导的教育角色转变为辅助角色。这个阶段的孩子有了较强的自我意识，俗称自己的主意。有了自己向往的生活，或者自己向往成为的社会角色，能够确立自己的目标，管理自己的行为。父母只需从旁辅助，正确引导，创造条件，给予支持，在孩子的成长舞台上退居幕后，让孩子成为自己成长发展的主宰。但这绝对不是完全放手，虽然转为辅助，却更需要时刻关注孩子的心态变化，及时"拨乱反正"，让孩子始终向着正确积极的方向前进。

第六，和孩子交朋友。父母不要将自己摆在高高在上的位置俯视指挥孩子，动不动就说"我吃的盐比你吃的米还多"，

"我说的肯定就是对的，都是为了你好"……应该虚心听取孩子的想法和意见，多换位思考，把自己放在孩子的位置考虑问题，让孩子真心愿意将自己当成朋友，愿意与自己吐露心声，说出自己心底的真实想法。只有这样才能真正了解孩子，了解孩子所需所想，给予孩子正确的引导和最有力的支持。

小升初的孩子在学习上变化也很大。

变化之一：小学时期的学习主要以基础知识的记忆和概念理解为主，而上了初中，则发展为系统的知识体系，以逻辑思维和推理为主，需要学习行为具有连贯性，一环环紧密相扣。以具体科目为例，初中数学渐渐转为代数、几何学习。初中以前是具体数字的加减乘除法的运算，进入初中后，函数、几何画图等抽象的概念需要大量的逻辑思维过程。对于记忆能力较强而逻辑思维能力薄弱的孩子来说，可能一时无法适应，很容易成绩下降或者落后，这都是正常现象。

变化之二：优等生不再冒尖很常见。孩子进入初中后，他们的外部环境发生了重要变化。原来一个片区可能有几所小学，而初中却只有一所。各所小学来的孩子集中在一起，原来各所小学的"尖子生"也都集中到一起，相互之间竞争更加激烈，因而原来成绩优秀的孩子不再"冒尖"很正常，父母感觉"孩子学习退步"是在常理之中。

变化之三：科目增多，课程量增加，学生所要掌握的知识量也相应加大，学业负担变重，学习压力增大。老师对学生的态度也从"监管"转变为"辅助性学习"。进入初中后，不仅科目增加了政、史、地或理、化、生等，学习量也大大增加，最直观的课本也变厚很多，每天的课时也增加很多，这让刚入初中的孩子感受到了很大的压力。而且老师也不再严格地监管检查知识的掌握情况，只会给出每课的学习任务，必须掌握的知识点。具体消化吸收情况，主要还得靠孩子自己。

针对这种情况，父母应做出何种正确对策呢？

第一，父母应提前给孩子讲清楚，初中和小学科目上、思维方式上和知识上的差别。帮助孩子做好心理准备，避免孩子进入初中，面对完全陌生的模式，茫然无措或跟不上节奏。

第二，父母应调整好自己的心态，不仅需自己清楚认识到"拔尖"的优等生进入初中面对更激烈的竞争会失去优势，更需帮助孩子也认识到这点。让孩子进入初中，面对自己的"名次退步"能够坦然面对，不致因受到打击而恐慌、失落、急躁、颓废或消沉、自暴自弃等。父母应该积极鼓励孩子，帮助孩子发现学习上的问题，并协助解决问题。

第三，父母应引导孩子在小升初期间的暑假，提前做好初中学习规划，完成从小学被动式学习到初中自主学习的意识转变。进入初中后最好每周订立一个小目标，家长要督促孩子执行计划，完成目标，由小学按部就班完成老师布置的学习任务，到中学自己给自己设定学习目标和任务，自主完成，把老师的教学变为自己学习的辅助。

第四，初中生课堂上的学习应该追求主动式的听课方式，把握分清主次和做好笔记两个原则。父母应督促孩子养成预习—学习—复习三步走的学习习惯。初中教材中知识点较多，而且分有层次，学生要学会靠自己分清哪些是重点，做到有所侧重，这样不会被繁多的知识点搞得头疼，学习起来也会相对轻松自如。因此，相对于小学阶段，自学能力的养成尤其重要。课前应该先提前掌握重点，并记录问题。课堂上最好能带着问题去听课，对于重点和预习中记录的问题重点关注，之后要紧跟复习，遇到问题及时解决。初中的知识都具系统性、连贯性，有可能一个环节没搞懂，直接会影响后面的学习，所以问题解决需及时，不能坐等靠。

第五，初中的复习更应该注重知识点梳理、串联，达到融会贯通、举一反三的效果。因为初中知识的连贯性、系统性，所以初中的复习不能是简单的知识点记忆和错题纠正，更应该注重知识点梳理、串联，融会贯通，举一反三。同时要多做题，多练习。

（三）初升高的孩子，无论是生理还是心理上，都将完成一个从孩子到成人的转变。家长应深刻认识到这一点，给予孩子足够的个人明辨和决断空间，同时又要细心关注孩子的心理变化，做好积极引导。

首先，高中的孩子多半已经满16岁，生理和心理上都已趋向成人，具有了自己的独立认知和完全行为能力，有了辨别是非对错和对自己的行为做抉择的能力。在我国，法律明确规定，18周岁是完全民事行为能力人，16周岁未满18周岁，但以自己的劳动收入为主要生活来源的，视为完全民事行为能力人。这也从法律上认可了高中这个 16~18 岁年龄段的孩子，不仅生理上已经成熟，心智上也基本成熟，对任何事情都有自己的看法和决断，家长不能过度干涉，更不能包办，应给予其足够的信任和空间，让孩子自己去处理解决自己的事情。家长需要做的就是把握原则，划定红线，随时关注孩子的行为举止和情绪，及时纠正孩子的错误认识及行为。

其次，初升高的孩子，在学习模式上变化也较大。初中时主要由老师引导，学习过程中的每一步都是老师安排好了，直接跟着做即可。孩子只要勤奋一些，按时保质保量地完成老师布置的学习任务，基本就能保证一个好的学习成绩；进入高中后，学生会被当大人看，老师一般只会引导，剩下的事就要求学生自己去做。很多孩子进入高中后，面对老师给予的大量自主学习时间不知道如何安排，尤其是初中严管严控高压被安排得满满当当的学校学生，进入高中后，突然没了老师明确周详的安排，自己就完全不知道该如何去学，成绩很容易出现大的波动。一旦无法及时调整好，就会更加焦躁、惶恐和茫然，对高中的成绩就会影响很大。

对此，家长如遇到孩子初中成绩很好，而进入高中后成绩下滑的，不要急于责备，应当耐心地与孩子一起找到成绩下滑的原因，引导孩子及时自我调整，帮助孩子一起克服最初的不适，找到适合自己的学习方法、节奏以及系统规划。

最后，高中的孩子独立性增强，体现出更多的社会性，也开始有了更强的攀比心、自尊心和一些青春期萌动小情绪。

对此，家长应该细心观察，和孩子像朋友一样友好沟通，帮助孩子及时疏导心理困惑，树立正确的"三观"。切忌说话武断、专制，一否到底；或者像对待小孩子一样，过于偏重鼓励。与这阶段的孩子沟通，应该客观中肯，优势与不足都应该不偏不倚地指出来，帮助他正确认识评价自己，认识每个阶段自己的重点任务。

总之，父母对于孩子的关注，不能只放在学习和生活上，心态才是最敏感和最容易被父母们忽略的。有了好的心态，才更容易沟通，孩子才更容易接受新知识、新环境、新事物，学习和生活才能更顺利。